古典精粹

中国通史

三国两晋南北朝—唐时期

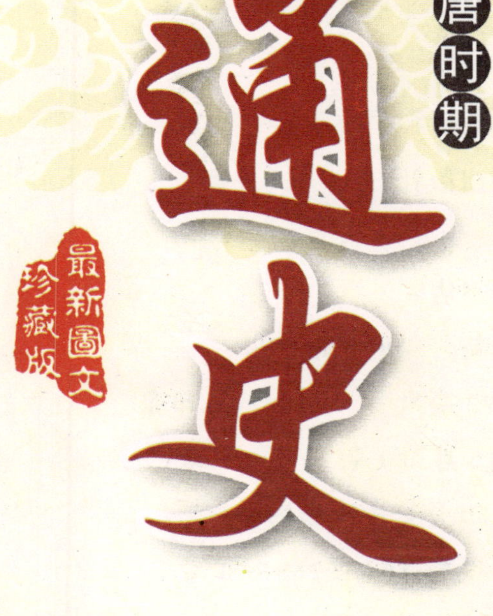

历史犹如一面镜子，让我们可以铭记过去，展望未来。中国历史是中华文明的轨迹，记载了先民们在中国这片富饶的土地上辛勤耕耘，努力创造的历程。从文明的诞生到先秦、秦汉、魏晋南北朝、隋唐、五代十国、宋元明清，朝代的更迭演绎了绵长的时代史，镌刻出了灿烂的中华文明。

我们的历史是一份无比珍贵的遗产，是值得我们自豪的。

——吴晗

中国戏剧出版社

图书在版编目(CIP)数据

中国通史／贾更坤主编.–北京：中国戏剧出版社，2007.11

ISBN 978-7-104-02686-0

Ⅰ.中... Ⅱ.贾... Ⅲ.中国–通史–青少年读物 Ⅳ. K209

中国版本图书馆CIP数据核字(2007)第169053号

主　　编：贾更坤

责任编辑：肖楠　王媛媛

出版发行：中国戏剧出版社

邮政编码：100089

经　　销：全国新华书店

印　　刷：北京朝阳新艺印刷有限公司

开　　本：787×1092 毫米　1/16　60 印张

版　　次：2008 年 10 月第 1 版

2008 年 10 月第 1 次印刷

书　　号：ISBN 978-7-104-02686-0

定　　价：（全套 4 册）89.90 元

前言

QIAN YAN

毛泽东曾经说过："人总是要有点精神的。"精神是一种力量、一种支柱、一种动力。精神的内涵很多、很广，其中最重要的是理想、情操、文化素养等等。学习历史，对于树立远大的理想、培养高尚的情操、提高自身的文化素养，可以说是上好的滋补剂。

古书上说："有志者事竟成。"但这个"志"必须是顺应历史发展趋势的，否则就会倒行逆施，不仅一事无成，而且还要受到相应的惩罚。只有充分认识历史发展的客观规律，才能顺应社会的发展并运用其创造新生活。有了远大的理想才会有崇高的情操，但理想不等于情操。"先天下之忧而忧，后天下之乐而乐。"除了在"忧"、"乐"的内涵上，不同时代的人物具有不同的信念外，这种以天下为己任、先公后私的情操是永远为人们所赞赏的。怎样对待公与私、人与我的关系是情操的核心。在这方面，历史的褒贬起着劝诫的作用，典型人物起着榜样的作用。

历史是一部书卷，记录的是王朝的兴衰，写下的是将相的勇懦。历史是一面镜子，照出忠奸善恶，照出成败更替。历史是一面筛子，剔除的是枯木朽枝，哪怕当时他多么风光荣耀、名闻天下，在历史的网眼里，他只是一颗无足轻重的尘埃，无声无息地淡化在岁月里；留下的是黄金珠玉，也许他一世清贫、两袖清风，但在历史的网眼里，他却变得份量十足，光彩夺目。

历史给人们提供立身处世的法则，做人做事的道理。它具有理论的逻辑力量，但不是抽象的说教，而是生动的范例；它具有故事、小说的动人情节和感染力，但不是出于虚构，而是事实的记录；它包罗万象，而又指出统一的合乎规律的倾向；它说明过去，同时也帮助我们认识现在。现在是过去的延续。要想知道今天，就必须知道昨天。鉴于此，我们精心编写了这部《中国通史》。全书按照中华文明的历史发展顺序和朝代的更替分为四册，从政治、经济、军事、文化、艺术、宗教、思想和生活等方面，以精炼简洁的文字和精美珍贵的图片扼要地勾勒出中国历史演进的基本脉络。

广大的青年朋友，有谁不愿意成为具有远大理想、高尚情操和知识丰富的人呢？那么，就让我们来学习历史吧！让我们一起来品味历史，品味滚滚长河的波澜壮阔，品味芸芸众生的悲欢离合，品味逝去的岁月，聆听时间的脚步。让我们接过前人的火炬，去创造更加绚丽的明天吧！

编　者

三国

曹魏的兴衰

北方经济和文化

蜀汉的统治

东吴的统治

西晋

西晋建立和太康之治

西晋的腐朽和八王之乱

各族人民起义与西晋的灭亡

西晋的文化

东晋十六国

淝水之战前的北方

目录

中国通史

目录

中国通史

三国

（公元220年～公元280年）

赤壁之战后，魏、吴、蜀三大势力成鼎足之势。建安二十五年（220年）曹操薨，子曹丕取代汉献帝，建国号魏。次年，刘备也在成都称帝，国号汉（一般称蜀或蜀汉）。公元229年，吴王孙权在建业称帝，国号吴。三国分立时代正式开始。三国初期，各国主要致力于整顿吏治，恢复社会秩序和发展经济。三国时期虽然仍有不断的战争，但已和东汉末期军阀混战的性质不同，是有顺应民心所向的统一战争。三国鼎立局面对东汉末年军阀大混战来说，是一种历史的进步。晋武帝太康元年（280年），晋灭吴。至此，三国时代宣告终结。三国时期是一个混乱和割据的时期，也是从汉代四百年太平时期到四百年混乱的过渡时代，也可以说是魏晋南北朝大纷乱的开端。

帝王世系表

魏：文帝曹丕（220~226）——明帝曹叡（227~239）——齐王曹芳（240~254）——高贵乡公曹髦（254~260）——元帝曹奂（260~265）

蜀：昭烈帝刘备（221~223）——后主刘禅（223~263）

吴：大帝孙权（222~252）——会稽王孙亮（252~258）——景帝孙休（258~264）——乌程侯孙皓（264~280）

大事年表

220年　曹丕称帝，国号魏。

221年　刘备称帝，国号汉。

222年　孙权称吴王。夷陵之战。

225年　诸葛亮平定南中叛乱。

229年　孙权称帝，国号吴。

249年　司马懿发动高平陵政变。

263年　曹魏击灭蜀汉。

265年　司马炎称帝，国号晋。

280年　西晋灭吴，全国统一。

三国·辽阳公孙氏墓壁画车骑图

曹魏的兴衰

魏国（公元220年~265年），始于魏文帝曹丕，灭亡于魏元帝曹奂，曹丕之父曹操虽未称帝，但曹丕称帝后追封他为魏武帝。魏朝，计曹操共5帝。曹操是东汉末年杰出的政治家、文学家、军事家和诗人。在政治方面，曹操消灭了北方的众多割据势力，恢复了中国北方的统一，并实行了一系列政策恢复经济生产和社会秩序。魏是三国时期最为强大的国家。曹魏末年，司马懿逐渐掌握了政权。司马懿死后，其子司马师、司马昭继续专擅朝政。265年，司马昭病死，其子司马炎继为晋王，不久废曹奂自立为帝，建立晋朝，曹魏灭亡。

曹操的崛起

曹操是沛国谯（今安徽亳县）人，父曹嵩是桓帝时大宦官曹腾的养子，在灵帝时做过太尉。曹操本人镇压过黄巾军，早在董卓入洛阳之前，就已经成为禁军中的有力人物。他以曹氏、夏侯氏等豪族和他们的佃客、部曲，组成自己的基本武装。在从河南向山东发展的过程中，又沿途吸收分散在各地的地主武装，山阳（今山东金乡北）李典、河南任峻，都带领成百上千家部曲投靠他。凭借这些武装力量，曹操先后在东郡、兖州打败了黑山起义军和青、徐黄巾军，取得兖州作根据地，并在被俘的三十万青、徐黄巾中，选拔其中的精锐，收编为自己的队伍，称为“青州兵”，这时曹操的势力才壮大起来。曹操于196年迎汉献帝迁都许昌，挟天子以令诸侯，皇帝成了他手中的傀儡。曹操自迎献帝以后，自己由丞相、魏公、进九锡，终于自称魏王，设有宗庙百官，形式上已和皇帝没有区别。200年，曹操在官渡之战中又战胜河北劲敌袁绍，逐步统一了黄河中下游地区。

◀曹操雕像

乱世之英雄

曹操少年时，就很注意和名士交往。东汉末年，清议之风盛行，汝南有个善于品评人物的名士许邵，曹操便亲自登门请他品评。许邵说曹操是“清平之奸贼，乱世之英雄”，曹操听了十分高兴。当时，谁能得到名士的称赞，立刻就身价百倍。曹操正是利用一些名士的言论，来抬高自己的威信的。年二十，即“举孝廉为郎，除洛阳北部尉，迁顿丘令，征拜议郎”。

曹操的统治

曹操很注意招揽人才。他多次发布《求贤令》，提出“唯才是举”的方针，强调用人不能求全责备，只要有治国用兵的才能，可以不拘微贱，不拘品行，即使名声不好，沾有“不仁不孝”之讥的人，也可以选用。他在军队里选拔出于禁、乐进，在降将中引用了张辽、徐晃。他们后来都成为“佐命”的名将。其它从低微地位选拔出来而升任为州、郡官的人，不可胜数。曹操的谋士荀彧，三代布衣，妻子是宦官的女儿，初投曹操时只是一个县令，曹操赏识他的才干，引为心腹，出征时常把行政大权交他掌管。其他如荀攸、郭嘉等人，也都才智出众，谋略过人。在曹操的幕下，猛将、谋臣可说是风云聚会，他们在曹操的统一战争中发挥了巨大作用。

▲荀攸像

▶位于亳州城区的曹操地下运兵道

曹操为了保证长期控制大量军队，使兵士来源固定，建立了“世兵”制，按照规定士家以当兵为终生职业，有单独的户籍，父子相袭世代为兵，不许改业。为避免兵民混杂，禁止士家与一般民户通婚，婚姻只能在士家之间进行，士逃亡要罪及妻子。士家身份大大低于平民，是依附性加强在士兵身上的反映。

公元 199 年　曹操擒吕布

▲吕布雕像

吕布与王允合谋诛董卓后，董卓部将旋即控制长安，吕布在关中不能立足，率数百骑逃向关东，先后依附于袁术、袁绍、张扬等割据势力。兴平元年（194 年），兖州刺史曹操兴师讨伐徐州的陶谦，其部属共迎吕布发动叛乱，吕布被推为兖州牧。曹操得知消息后，急忙率军还兖州，与吕布战于濮阳。当时蝗灾流行，双方缺乏军粮，所以相持百余日后罢兵，吕布退屯山阳（郡治在今山东金乡西北）。兴平二年（195 年），吕布攻曹操于巨野，结果大败，乃东走徐州，投奔新接任徐州刺史刘备。建安元年（196 年），吕布乘袁术与刘备争夺徐州之机，率军袭破刘备的根据地下邳（今江苏睢宁西北），掳刘备妻子及将吏、家口，吕布自称徐州牧。不久，吕布又攻刘备于小沛（今江苏沛县），刘备败走，依附于曹操。建安三年（198 年）九月，曹操率军攻吕布，十月破彭城（今江苏徐州市），进围下邳。吕布欲降，为部下陈宫所阻。曹操引泗水、沂水灌城，经月余，吕布部将缚陈宫降曹，吕布退守下邳南门之白门楼，后亦被迫投降。曹操处死吕布，吸收吕布军中的谋士武将加入了曹魏集团。曹操消灭吕布，巩固了后方，为以后官渡之战的胜利创造了条件。

▲刘备画像

袁术败亡

袁术，字公路，汝南汝阳（今河南商水西南）人，其家东汉时四世为三公，门第显赫，东汉末拜后将军。关东州郡起兵时，袁术聚众屯鲁阳（今河南鲁山）。不久，孙坚杀南阳太守，与袁术合兵，于是袁术得据有南阳。袁术为袁绍同父异母弟，素不和，二人各结党以相图谋，袁

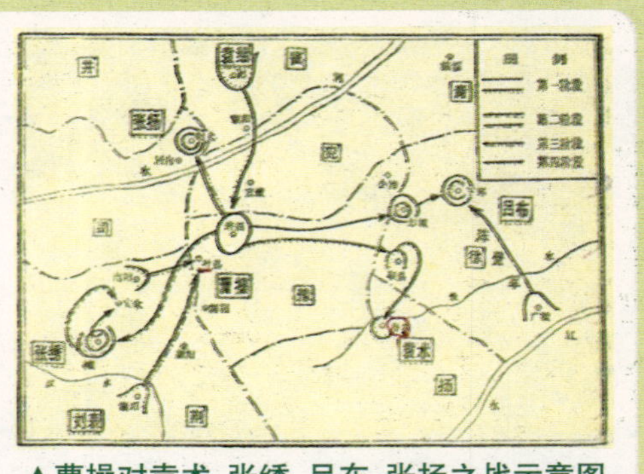

▲曹操对袁术、张绣、吕布、张扬之战示意图

▶刘表像

术远交幽州公孙瓒以抗绍，袁绍南连荆州刘表以牵制术。初平四年(193 年)初，袁术为刘表所逼，引兵屯封丘。继之曹操又破袁术，袁术后逃到淮南。建安二年(197 年)，袁术以汉室衰微，天命归己，不顾部下的劝阻称帝于寿春。他遣使至徐州联结吕布，欲与联姻，遭到拒绝，后派兵伐吕布，反为所败。为解决军粮问题，袁术又带兵入陈（今河南淮阳）。同年九月，曹操率军征袁术，术弃军逃跑，在新县(今安徽宿县)为曹军所败。当时天旱岁荒，而袁术后宫极度奢侈，至资实空尽，不能自立。建安四年(199 年)，袁术焚毁宫室，率众往潜山(在今安徽霍山县境内)，欲依其部曲陈简、雷薄，简等拒不纳，术大窘，士卒多散走。他又遣使归帝号于袁绍，欲往青州依绍子袁谭，结果未能通过。袁术返回寿春，在途中呕血而死。

公元 207 年　征乌桓

乌桓是我国北方的一个少数民族，东汉末年逐渐强大起来。袁绍灭公孙瓒后，曾以汉献帝的名义封乌桓王为乌桓单于，企图利用乌桓势力抗拒曹操。曹操为了彻底消灭袁氏残余，统一北方，于207 年亲征乌桓，斩乌桓单于，降其二十余万。在凯旋归师的途中，曹操过碣石山(河北秦皇岛附近)，写下了《观沧海》一诗，以抒情怀。

▲河北秦皇岛碣石山

公元 211 年　曹操定关陇

汉末战乱，关陇一带为马腾、马超父子及韩遂等割据势力所占有。赤壁之战以后，曹操一时无力南下，就着手稳定后方，谋划对关陇用兵。建安十六年(211 年)春，曹操声称进讨汉中张鲁，向关中进军。关陇割据势力合众 10 万人，屯据潼关，阻挡曹军入关。曹操亲自率军西征，与马超等夹关而阵。后来曹操强力北渡黄河，马超率步骑万余人攻之，矢下如雨，曹操所乘船船工被射死，危险万分，最终曹操始得乘乱渡过黄河。韩遂等迫于形势发展，向曹操表示愿割地求和。曹操假允讲和，乘机进行挑拨离间，使马超等对韩遂更为疑忌。此后，曹操与韩遂约期会战，大破关陇联军。韩遂逃到显亲（今甘肃天水），至建安二十年（215 年）为部下所杀。马超退到凉州，后又归属蜀汉刘备。关陇的平定巩固了曹魏的后方，为以后在西南方面与蜀汉抗衡奠定了基础。

◀马超像

▲曹丕画像

▲曹植画像

公元 220 年 曹丕称帝

赤壁之战后，曹操把兵力转向西方，平定了关中地区。公元 216 年，曹操为魏王，控制了东汉政权。公元 220 年正月，曹操病死，次子曹丕继位为魏王。他以不参加葬礼之罪逼弟弟曹植写下七步诗，又夺下弟弟曹彰的兵权，巩固了自己的地位。同年，曹丕逼献帝让位，改国号为魏，定都洛阳。之后，曹丕将献帝封为山阳公，在封地内仍奉行汉朝历法，按天子的礼仪在郊外祭祀天地，向皇帝上书可以不称臣，追尊曹操为武皇帝。曹丕称帝后，改“尚书台”为“尚书省”，又设置秘书监和中书省，以削弱尚书省的权力，改变东汉后期尚书职权过重的现象；经济上曹丕仍实行屯田制，使得魏国经济得到进一步发展。

魏九品中正制

曹丕称帝以后，延康元年（220 年）采纳吏部尚书陈群的建议制定了九品官人法，即九品中正制。这个制度通过品评，将人分为上上、上中、上下、中上、中中、中下、下上、下中、下下九等，朝廷任命中正官到各地主持品评，被评为上等的人士将被推荐到各级政府中去做官。在当时，老百姓是没有资格参加品评的。所以九品高下，只体现了封建统治阶级内部的差别。九品中正制创立之初，评议人物的标准是家世、道德、才能三者并重。其中一品(即上上)为虚设，不授予人，二品实为最高等第。由于充当中正者一般是二品，二品又有参预中正推举之权，而获得二品者几乎全部是门阀世族，故门阀世族就完全把持了官吏选拔之权。于是在中正品第过程中，才德标准逐渐被忽视，家世则越来越重要，甚至成为唯一的标准，到西晋时终于形成了“上品无寒门，下品无士族”的局面。到了隋代，随着门阀制度的衰落，九品中正制被废除。

公元 226 年　曹叡即位

◀司马懿像

黄初七年(226 年)，曹丕病死，世子曹叡即位。曹叡藏而不露，曹丕怕他担不起重任，故而在谢世之前，安排曹真、陈群、曹休、司马懿等人为辅政大臣。但不久，曹叡就把曹真、司马懿分别调往关中和南阳，而政由己出。这时适逢诸葛亮开始北伐之际，曹叡贯彻曹操的战略防御方针，使西蜀进不得战，粮尽而退，以达到不战而屈人之兵的目的。曹叡在世时，曾两次遣兵讨伐割据辽东的公孙渊。景初二年(238 年)，司马懿斩公孙渊父子，把辽东的广大地区并入了曹魏的版图。

曹叡的弊政

曹叡统治时期，中原的社会经济有了一定程度的发展，他凭借积蓄的经济力量，在洛阳修造了昭阳太极殿、九龙殿、陵霄殿、芳林园。这些规模巨大的土木工程耗尽了国家财力，加重了老百姓的负担。他还在洛阳东面的荥阳、西面的宜阳一带，圈禁许多土地，豢养麋鹿。鹿群践踏附近农作物、食生苗，而百姓不得加以伤害，否则就要处死，财产没官。曹叡的这些弊政失掉了人心，以至于司马氏后来轻而易举攫取了政权。

▶汉魏洛阳故城内城城垣遗址

公元 229 年　魏明帝制定《魏律》

魏明帝时期，鉴于东汉以来律例紊乱，应用不便，且刑禁滋多，百姓不知所从，遂于魏明帝太和三年（公元 229 年）下诏改定律令——《魏律》。《魏律》就当时社会的具体情况，在整理旧律、令、科、比的基础上，于萧何《九章》之外，新增加了《劫掠》、《诈伪》、《毁亡》等九篇，比原有篇目增加一半。《魏律》中还有《州郡令》45 篇，《军中令》、《尚书官令》合为 180 篇以及《邮驿令》等魏令。与此同时，《魏律》还改革旧律体例，将《具律》改为《刑名》，冠于篇首，统率全文，这种体例开历代封建法典首列名例篇的先例。此外，《魏律》又重新统一刑种，将旧律不行于魏者皆除之，制定刑种有死刑三，髡刑四，完刑、作刑各三，赎刑十一，罚金六，杂抵罪七，凡二十七种刑名。曹魏的这次立法，使封建刑律的体例与内容更加合理与充实，对《晋律》的发展具有直接的影响，可惜到隋代全文已失传。

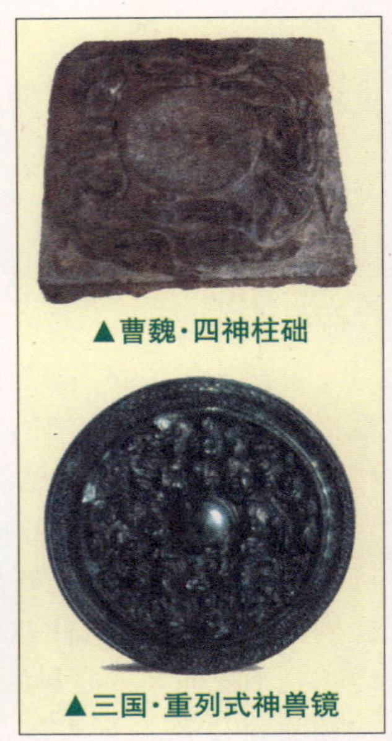
▲曹魏·四神柱础

▲三国·重列式神兽镜

▲魏明帝曹叡之墓

公元 238 年　司马懿平辽东

▶三国·庖丁剖鱼俑

东汉末年军阀混战时，辽东太守公孙度自称辽东侯，拥兵割据辽东。他对内诛灭名豪大姓，对外东伐高丽，西击乌桓，对曹操时叛时降，保持着半独立的地位。及公孙渊继为辽东太守后，对魏更加不逊。他自立为燕王，建元绍汉，置百官，并南通孙权，北引鲜卑单于。太和六年（232 年）、景初元年（237 年），明帝曾两次讨伐公孙渊，皆不利而还。景初二年（238 年）春，明帝改派太尉司马懿领兵 4 万继续征伐辽东。公孙渊派人率步骑数万屯于辽水东岸的辽隧（今辽宁海城县西），作围堑 20 余里，坚壁拒魏。司马懿采用虚张声势、声东击西的战术，盛兵多张旗帜出其南，牵制渊主力，同时又亲率精兵暗渡辽水以出其北，不攻辽军军营，直趋公孙渊老巢襄平（今辽宁辽阳县北）。辽东军大惊，离开营垒堵截魏军，司马懿纵兵还击，三战三捷，辽东军退保巢平，魏军进而围之。不久，公孙渊粮尽，人相食，死者甚多。八月，辽东军溃散，司马懿纵兵击之，公孙渊父子突围逃跑，为魏军所斩。至此，辽东归于曹魏。

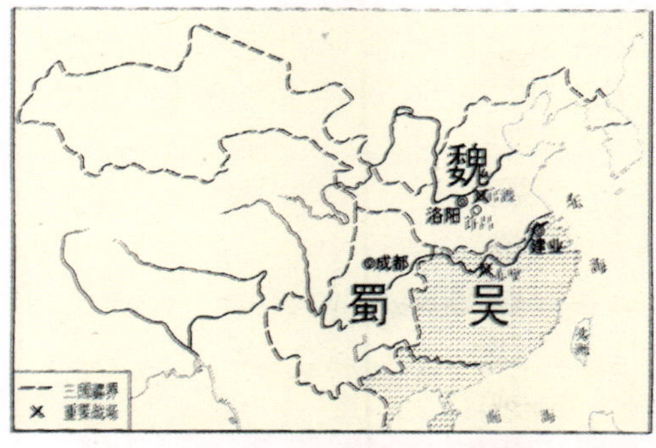

▲三国鼎立形势图

公元260年 司马昭杀曹髦

高平陵事变后不久，司马懿死。魏国大权掌握在他的两个儿子司马师和司马昭手中。魏少帝曹芳欲撤掉司马氏兄弟的兵权，司马师提前动手逼皇太后废曹芳，立曹髦。司马师病死后，司马昭接替大将军位，继续把持朝政。公元257年，司马昭击败诸葛诞及营救诸葛诞的孙吴军队，晋升为晋公和相国，司马昭不受。公元260年四月曹髦打算铤而走险，除掉司马昭。曹髦亲自率领左右仆从、侍卫数百人去袭击司马昭。司马昭得知后立即派兵阻截，杀曹髦，并假传太后诏，立曹奂，是为魏元帝。其时，曹魏政权已名存实亡。

高平陵政变

曹叡死后，继位的养子曹芳年仅8岁，元老重臣司马懿和宗室大将曹爽共同辅政。司马懿出身于河内（河南温县）世家大族，又是三朝元老，老谋深算。曹爽为掌大权，使司马懿为太傅，有职无权。司马懿不露声色，暗中布置党羽。正始十年（249年）正月初六，司马懿趁曹爽陪皇帝拜谒皇陵（高平陵）时，发动政变，控制洛阳，胁迫太后免除曹爽兄弟职位，切断洛阳和高平陵的联系。曹爽面对突然事变，进退失据，同意放弃权力，被司马懿软禁。正月初十，曹爽及其党羽以阴谋反逆的罪名同日被斩首，并诛及三族。这就是高平陵政变。经过这次政变，司马懿独掌大权。此后，司马懿及其子司马师、司马昭平定淮南的军事叛乱和其他朝臣的反抗，巩固了司马氏的统治，奠定了三分归晋的基础。

▲三国魏·三体石经残石拓片

芍陂夕照
曹植墓

北方经济和文化

东汉末年以来，由于统治阶级对农民起义的残酷镇压以及豪强割据势力的连年混战，人民死亡流徙，人口减少，田园荒芜，社会生产受到了严重的摧残。曹魏统治下的北方地区，虽然受到的破坏比较严重，但社会经济恢复发展的速度比起吴、蜀统治下的南方地区却较快一些。除了由于北方地区自古以来就是全国经济中心、生产技术比较先进而外，这主要是因为北方各地是农民起义的中心地带、豪强地主和封建制度受到的打击比较沉重的缘故，从而为曹魏实行屯田、改革赋制和加强集权等一系列顺应社会发展的政策措施提供了有利的条件。三国的文化，以魏较为发达。在哲学领域里，魏开创了清谈玄学的风气。玄学的开创人物王晏宣扬“贵无”论，以非物质性的“无”为宇宙万物的本体，在中国哲学史上有广泛的影响。文学方面，在曹操父子的推动下形成了以曹氏父子（曹操、曹丕、曹植）为代表的建安文学，史称建安风骨，在文学史上留下了光辉的一笔。

改善吏治

曹操非常注意改善吏治，尤其注意地方官的选择，涌现出一大批比较有作为的地方长吏。钟繇治关中，招抚流亡，很快改变了荒残现象，“数年间，户口稍实，太祖征关中，得以为资”。刘馥受命为扬州刺史，他单马去合肥，看到的是一个残破的空城，经过他“立学校，广屯

◀钟繇像

田，兴治芍陂及茹陂、七门、吴塘，以溉稻田”，结果出现了“官民有畜”的新气象。曹魏时从京畿到地方，从中原到西北边境，到处都有奖励农桑、兴修水利、招抚流亡的地方官。

▶魏晋·画像砖·二牛耕地

公元 196 年 推行屯田制

战争频繁，百姓流离，大批土地荒芜，粮食极度匮乏。为了解决粮食问题，曹操接受毛玠的建议，于公元 196 年下达了“置屯田令”，并设置官员，专门负责屯田事宜。屯田分民屯和军屯两种。民屯的农民称为屯田客，也称典农部民，他们只从事农耕，收获物以田租形式按四六或对半与国家分成，此外不再服兵役或一般徭役。屯田客的来源虽称为招募，实际是强迫征集，他们被严格束缚在土地上，没有迁徙的自由。军屯是西汉士兵屯田的继续。从事屯田的兵卒被称为屯田兵或田卒，按军事组织以营为基本单位，从事农业生产。屯田的第一年，就“得谷百万斛”，数年后，“所在积粟，仓廪皆满”。屯田解决了军粮问题，保证了战争供给，对曹操势力的发展起了重要作用，也部分减轻了人民养兵运粮的负担，促进了北方经济的恢复。

打击豪强

东汉时期，豪强地主不仅控制了大量土地和众多的依附佃客，并且拥有实际的免除税役的权利。曹操在其统一北方前后，出于增强集权力量和巩固统治秩序的目的，下令“重豪强兼并之法”。他在颁布租调制的命令中，指责袁绍纵容豪强擅恣，强迫贫弱农民代出租赋，要求地方官严禁这种现象。地方官秉承他的意志，也着意限制豪强。司马芝作济南郡的菅长，打击拥有一千多宾客的豪强刘节的特权，强迫刘节代替被他隐匿起来的宾客去当兵。曹操从弟曹洪的宾客，仗恃曹洪的袒护拒不应长社县的征发，被长社令杨沛杀掉，曹洪去告杨沛，曹操反而对杨沛大加赞誉。曹魏这些打击豪强政策在客观上起了进步作用，但在曹丕称帝以后，随着豪强大族势力的进一步发展，这些打击豪强政策就逐渐销声匿迹。

◀曹洪像

重视农业

▲灌溉农具——翻车

在屯田制推行的同时，曹魏集团还大力兴修水利工程和推广农业生产技术。较大的水利工程有淮河流域的芍陂、茹陂、太寿陂、睢阳渠，河北的白沟、平虏渠、泉州渠、新河、白马渠、戾陵堰等，其中的芍陂灌溉至万顷之多。水利的发达为大量旱田改为水田创造了条件，单位产量也因之提高，多者亩收数十斛。东汉时已经开始使用的灌溉工具翻车，这时经过马钧的改革，也变得更为轻便适用。由于曹魏集团重视农业并采取了有效的措施，经过农民数十年的辛勤劳动，北方的社会经济终于从极度残破中得以逐渐复苏，为重新统一全国奠定了物质基础。

公元 204 年　改革赋税

屯田民、兵只是当时农民的一部分，此外仍有大量的自耕农，对自耕农的赋税征收仍是曹魏政权的主要经济来源。为此，曹操集团在赋税制度方面也进行了改革，即实行了租调制。建安九年(204 年)曹操攻占袁绍根据地邺城(今河临漳西南)。为了对广大自耕农民进行剥削，下令："收田租亩四升，户出绢二匹、绵二斤。"这就是所谓田租户调令。从此，正式废除了汉代征收的口赋、算赋。由于租额固定，自耕农民的负担比东汉时相对减轻。

▶位于河北省临漳县西南的铜雀台遗址

邺城三台遗址

工商业的恢复

在农业生产恢复发展的基础上，北方地区的工商业也相应地有了恢复和发展。冶铁方面经韩暨改进技术，将冶铁鼓风机由过去的马排改为水排，“乃因长流为水排，计其利益，三倍于前”。除上述冶铁业的技术改进以外，纺织业也在严重破坏之后逐渐恢复起来，因而左思《魏都赋》有“锦绣襄邑，罗绮朝歌（今河南淇县东北），绵纩（绵织品）房子（今河北高邑县西南），缣总清河（今河北清河县东）”之称。同时，在豪强混战中成为一片废墟的洛阳、长安，在社会生产恢复中，又逐渐恢复过去的繁荣，特别是洛阳，不仅是曹魏的政治中心，而且也是北方地区的商业中心，西域各地的胡商也远道来此贸易。洛阳、长安之外，曹魏五都（洛阳、长安、邺、谯、许昌）之一的邺城，也成为一个户口殷盛的新兴城市。

汉魏洛阳古城宫殿复原图

马均

龙骨水车（模型）

马钧是三国时期的发明家，他性巧又善于动脑筋，曾改进织绫机，使丝织效率提高了五倍。他发明了龙骨水车，可以连续提水灌溉，直到今天仍然在使用。他还通过想象力复原了黄帝时代的指南车，并利用水力推动齿轮制造了多种玩具，他制作的木头人能跳舞，奇妙无比，被誉为天下名巧。

三曹

曹操其子曹丕、曹植对建安文学起着首创和推动作用。曹操的诗文悲凉慷慨，气魄

▲曹丕、曹操、曹植雕像

雄健，特别是四言乐府诗，立意刚劲，语言古朴自然，其中“老骥伏枥，志在千里，烈士暮年，壮心不已”，不仅表现了他的意志与抱负，而且也成为后世吟诵赞叹的名句。曹丕长于散文，他的七言乐府诗放荡不羁，独创新体。曹植文思敏捷，才华横溢，由于在政治上受到曹丕的排抑，郁郁不得志，故在诗文中流露出满腔忧虑、悲愤的情绪。他的五言诗情景交融，风采并茂。

曹植

曹植（192~233 年）字子建，沛国谯（今安徽亳县）人，三国魏杰出诗人，曹操第三子，封陈思王。因富才学，早年曾被曹操宠爱，一度欲立为太子，后失宠。建安十六年（211 年）封平原侯，建安十九年（214 年）改为临淄侯。魏文帝黄初二年（221 年）改封鄄城王。曹丕称帝后，他受曹丕的猜忌和迫害，屡遭贬爵和改换封地。曹丕死后，曹丕的儿子曹叡即位，曹植曾几次上书，希望能够得到任用，但都未能如愿，最后忧郁而死，年四十一岁。曹植的创作以曹丕即帝位为界，分为前后两期。前期有少数作品写出社会动乱和自己的抱负，诗的基调开朗、豪迈，如《白马篇》、《送应氏》等。后期作品则反映其所受压迫的苦闷心情，部分诗篇掺杂较浓厚的消极思想。其诗善用比兴手法，语言精炼而词采华茂，比较全面地代表了建安诗歌的成就，对五言诗的发展颇有影响。曹植也善辞赋、散文。他的《洛神赋》抒情、优美，富于神话色彩，影响甚大，是建安时期抒情小赋的代表作品。散文也有名篇，如《求自试表》等。

▲位于山东省聊城的曹植墓

▲洛神赋十三行碑刻

建安七子

▲建安七子图

建安七子指东汉末建安时期(196年~220年)的七位著名文学家:孔融、陈琳、王粲、徐幹、阮瑀、应玚、刘桢。建安九年(204年),曹操占据邺城后,在中国北部创造了一个以邺城为中心的相对稳定的政治局面。许多文人在饱经战乱之苦后,相继奔赴邺城,归附到曹氏周围。在这里形成了以"三曹"为领袖,以建安七子为代表的,庞大的邺下文人集团。他们战时大多随军,归来习文作诗,探讨文学,歌功颂德,抒发情怀,写征战之苦,述社会之乱,相互批评、磋商,共同提高写作水平,发展并繁荣了建安文学。后人因其创作风格集中体现了建安文学的时代风貌,称之为建安风骨。建安文学在中国文学发展史上占有相当重要的地位。建安七子的诗歌以五言为主。他们在创作上各有特色,但也具有一些共同的风格:内容上深刻地反映时代的离乱,艺术表现上悲凉慷慨、刚健有力,内容与形式达到了完美的结合。

▲建安七子之一王粲雕像

正始玄风

正始是三国魏齐王芳的年号,自公元240年始迄249年止。在东汉后期以来的社会变动中,旧有的传统儒家思想基础已不复存在,社会长期动荡不安,新的士家大族势力的兴起与自然经济的发展,使玄学思想应运而生。所谓玄学,即玄虚之学,它以精神性的"无"作为思想体系的核心,强调"以无为本"。玄学家认为万事万物这些实际存在的"有"都产生于"无","无"是神秘的而不具有物质属性。这种"贵无"论体现在政治上,便主张"无为"或曰"自然"。认为统治者要无为而治,老百姓要无为而处,不要打乱门阀士族的现成统治秩序。玄学家还从哲学上探讨了自然与名教的关系,宣称"名教出于自然"或"名教即自然",即谓封建的尊

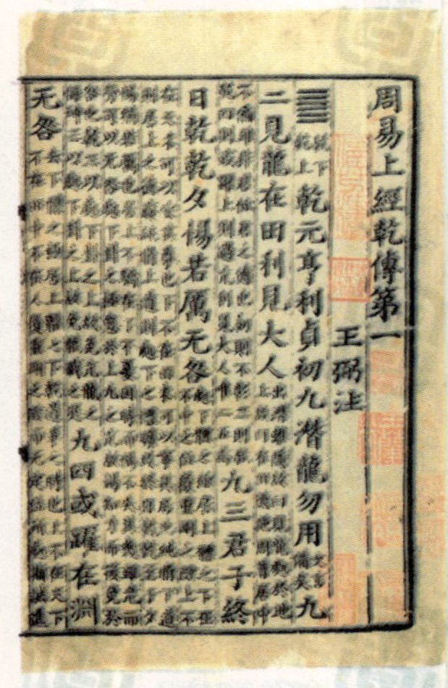

▲王弼注《周易》书影

▲景元本《论语》何晏集解 邢昺疏

卑、上下关系，合乎自然，生而固有，不能否定。他们推崇"三玄"，即道家名著《老子》、《庄子》和儒家经典《周易》，所以说玄学是揉合儒道而形成的一种唯心主义思想体系。在正始年间，出现了著名玄学家何晏、王弼等名士风流，盛于洛下。这一时期，正是高平陵事变的前夕，曹氏与司马氏争夺权力的斗争愈演愈烈，士家大族及其知识分子的忧思之感非常强烈。他们战战兢兢，临渊履冰，为了明哲保身，逃避现实。他们整日坐而论道，谈玄析理，于是此时期的玄学具"清谈"的特色。当时，无论是居于高位的何晏、司马师，还是未甚显达的王弼，都投身于其中。他们在清谈时，分宾主两方，谈主先叙己见，称为通；宾方就论题加以诘辩，称为难。谈玄之士往往执麈尾以指画，废寝忘食，问难析疑，反复辩论。这是玄学发展的一种独特形式。正始士大夫们就是通过这种玄谈，寄心老庄，摆脱现实，逃避即将发生的社会动荡，同时也为他们放荡腐化的生活寻找借口，这对当时的当政者并无妨碍。因此，正始玄谈，蔚然成风。正始十年(249 年)，高平陵事变爆发，司马氏夺得魏政，何晏等正始名士多被杀戮，王弼也以病疾夭亡，司马氏又实行了高压政策，进行统治，正始之风暂告衰歇。

▲王弼像

竹林之游

魏晋之际，随着曹氏、司马氏斗争的加剧，社会极不稳定，文人名士也难以自保。正

▲阮籍墓

▲刘伶醉酒卧像

始以后的一段时间内，当时以嵇康为中心的一批文人名士更是潜心玄谈，逃避现实。他们往往相会于嵇康所居的山阳县（今河南修武县西北），游乐宴集于竹林，或玄谈，或宴饮，或锻铸灌园，超然脱俗，逃避政治斗争，世人称之为“竹林之游”。这批人中，除嵇康外，又有阮籍、山涛、向秀、阮咸、王戎、刘伶，共七人，故又称“竹林七贤”。但随着司马氏权力的加强，政治格局的变化，竹林七贤很快便出现了分化，分道扬镳。他们有的采取了激烈的反抗名教行动，有的转向，有的消沉。其中嵇康、阮籍激烈地反对名教，主张达生任性，把自然与名教对立起来。嵇康更是公开地表示对司马氏的反对与攻击，拒绝出仕，提出越名教而任自然，抨击仁义、六经、礼律这一套名教，终于在景元三年(262 年)为司马昭所杀。阮籍则对司马氏采取了消极的对抗态度，他虽然仕至散骑常侍、步兵校尉，但全不以官职为意，大胆抨击名教，独尚自然。在个人行为上他也是使酒任性，玩世不恭，言谈玄远，不臧否人物、评论时事。通过这种方式，躲过了杀身之祸。山涛在高平陵事变后，虽然也一度隐身不事世务，但不久即依附于司马氏，屡居要职，保全禄位以终。向秀在嵇康被杀后，也被迫入洛，仕至黄门侍郎、散骑常侍。在自然与名教的关系中，向秀采取了与嵇、阮截然不同的态度，他主张名教本于自然，名教不可丢弃，做了名教的辩护人。刘伶、阮咸则荒诞纵酒，完全消沉。王戎回归世俗，贪黩财货，苟全禄位以终。“竹林七贤”各自不同的人生走向，集中反映了魏晋时代知识分子的面貌与特征。

◀竹林七贤图(局部)

位于湖北省襄樊市的古隆中

蜀汉的统治

刘备死后，刘禅继位，诸葛亮被封为武乡侯，主持军政大事。此后，“事无巨细，咸决于亮”。政治上，诸葛亮以“北定中原，兴复汉室”为己任，实行联吴抗魏方略。内政上，诸葛亮厉行法治，而用心平明。他善于识别、提拔人才，吏治清明。经济上，诸葛亮推行屯田政策，闭关息民，重视手工业生产，并改善和西南各族的关系，以利于当地经济的发展，为蜀汉提供了稳固的后方。西南地区少数民族首领孟获反蜀，诸葛亮将他活捉，孟获不服，诸葛亮将他释放。经过七擒七纵，孟获心悦诚服，归附蜀国。在诸葛亮的精心治理下，蜀汉经济有所恢复，于是诸葛亮趁曹丕新死之机，于建兴五年（227 年），北伐曹魏，之后“六出祁山”，取得一些胜利，但因粮草供应不上等问题皆兵败。蜀汉在诸葛亮的治理下，政治清明，阶级矛盾缓和，使蜀汉政权有一定的经济政治实力鼎立于三国之中。

公元 219 年
关羽威振华夏

赤壁之战后，刘备率兵西取益州，留关羽驻防荆州。建安二十四年（219 年）七月，关羽出兵襄樊，向曹军发动进攻。时魏征南将军曹仁防守樊城，曹操闻关羽北伐，命左将军于禁率兵助之。曹仁以于禁、庞德等七军屯于樊北，与城内互为犄角。八月，会大雨十余日，汉水暴涨，平地水深数丈，于禁等七军被水淹没，只有少部分将领登高避水，关羽乘大船猛攻，于禁投降，庞德为羽擒杀。继而关羽乘船急攻樊，围数重，守城曹军

◀关羽像

仅数千人，又遭水淹，岌岌可危。与此同时，关羽还出兵包围了襄阳。曹魏的荆州刺史胡脩、南乡大守博方向关羽投降，许以南的地方势力如孙狼等纷纷起兵反魏，曹操甚至一度想迁都至邺，以避其锐。关羽声名大振，史称其“威振华夏”。

吴蜀荆州之争

◀荆州古城

赤壁之战以后，魏、蜀、吴三家瓜分了荆州：刘备占荆州的南部武陵、长沙、桂阳、零陵四郡，孙权占江夏郡和南郡的南部，曹操占南阳郡和南郡的北部。南郡南部的江陵为军事重镇，为联合抗曹，建安十五年(210年)，孙权同意把南郡的南部借给刘备，此即所谓“借荆州”。此后随着蜀汉势力的不断发展，吴蜀围绕着荆州问题，展开了长期的争夺。荆州人口众多，物产丰富，吴、蜀都不愿放弃这个能筹集大量兵源和物资的重要基地。荆州据长江上游，北上可以进攻曹魏的襄樊，威胁其根据地许都，东下可顺流达孙吴的腹地。蜀若失去荆州，就被封闭在三峡以西的西川，在东、南两面很难与吴、魏抗衡。吴若不占领荆州，就时刻受到长江上游的威胁，无法确保江东。所以从战略上讲，荆州是吴、蜀必争之地。

公元221年　刘备称帝

曹丕代汉称帝，建立魏国后，刘备为了继承汉统，兴复汉室，于第二年，即公元221年，在诸葛亮、许慈、孟光等人的筹划下，刘备在成都即帝位，是为汉昭烈帝，国号仍为汉，亦称“蜀汉”或“季汉”，定年号为“章武”。任命诸葛亮为丞相，许靖为司徒。同年五月，立刘禅为太子。

▲诸葛亮像

▲刘禅像

君臣如鱼得水

刘备字玄德，涿郡涿县(河北涿县)人，汉室疏远宗族，少年丧父，曾“贩履织席为业”。东汉末年，募兵参加镇压黄巾军。在军阀混战中，他先后投靠过公孙瓒、陶谦、吕布、曹操、袁绍等人，但因兵力单薄，始终没有获得一块稳固的地盘。201

年，他带兵南下，投荆州牧刘表，屯兵新野，防备曹军。刘备乘机物色人才，经徐庶推荐，刘备乃“三顾茅庐”，访求隐居在隆中(湖北襄阳西)的诸葛亮。刘备很赞赏诸葛亮的谋略，声称他得了诸葛亮犹如鱼之得水。

公元 222 年　吴蜀之间的战争

▲汉寿亭侯关羽之墓——关林

赤壁之战以后，辖有长江南北八郡的战略要地荆州为曹操、刘备、孙权三方所瓜分。公元 210 年，在刘备的请求和鲁肃的规劝之下，孙权又把位于长江北岸的战略要地借给了刘备。公元 219 年，孙权乘蜀汉荆州守将关羽率军北攻襄阳、樊城，与曹魏大军激战之际，袭占关羽的后方基地江陵。关羽闻讯后仓猝率军回救，结果兵败被杀，孙权遂占据整个荆州。公元 221 年六月，刘备决定大举攻吴，企图为关羽报仇，夺回荆州。公元 222 年二月，刘备亲率主力从秭归进抵猇亭，建立了大本营。同年六月，陆逊抓住战机，命令吴军士卒各持茅草一把，乘夜突袭蜀军营寨，顺风放火。陆逊集中兵力，四面围攻，又歼灭蜀军数万之众。刘备依赖驿站人员焚烧溃兵所弃的装备堵塞山道，才得以摆脱追兵，逃入白帝城中(今四川奉节东)。战后，蜀汉国力大损，孙吴也有北顾之忧，不得不继续联合抗魏。

▲陆逊像

公元 223 年　白帝城托孤

◀白帝城

夷陵猇亭之战，刘备兵败逃至白帝城，一病不起。章武三年(223 年)春，刘备病情加重，便召身在成都的诸葛亮前来嘱托后事。在刘备战败到诸葛亮入白帝城这段时间里，蜀汉先后也有几位重臣去逝，刚刚建立的蜀汉政权对益州和汉中的统治还没有完全稳定；而蜀汉太子刘禅当时年少不能主事。于是刘备便托孤于诸葛亮："君才十倍曹丕，必能安国，终定大事。若嗣子可辅，辅之；如其不才，君可自取。"又遗诏刘禅："汝与丞相从事，事之如父。"并安排中都护李严镇受永安，共同承担起兴复汉室的大业。安排好后事不几天，刘备逝世，终年63岁。刘禅在成都即帝位，改元建兴。

▲白帝城刘备托孤群塑

诸葛亮治蜀

诸葛亮在入川之初，便针对刘焉、刘璋父子时"德政不举，威刑不肃"的情况，实行了旨在加强集权统治的法治。法治主要是为了加强对人民的统治，在当时也包括限制豪强和整肃吏治的内容。诸葛亮极力团结与他们合作的益州地主分子，同时也打击那些横行不法的巴蜀豪强。诸葛亮用法严谨，他亲自制订了一部新律称为《蜀科》，他要求执法者必须做到"赏不遗远，罚不阿近"，他主张"明法"，反对"滥刑"。他又能够以身作则，街亭之战失败，他不因马谡是自己亲信而免予处分，对有功的王平他破格加以提拔，并且不推过于人，自己主动请求自贬三级，所以即使是受过诸葛亮处分的人，也对他心服口服。

在治理蜀汉的过程中，诸葛亮很注意官吏的选拔。他任人唯贤，把一些有才能、忠于蜀汉政权的文臣武将安置到重要岗位上。如张嶷出身低微，而且"放荡无礼"，缺少"德行"，但他忠于蜀汉政权，很有才能，诸葛亮就提拔他为越太守。邓芝"不治私产"，"明于赏罚"，又能贯彻诸葛亮的"联孙抗曹"方针，当了扬武将军。蒋琬本是荆州的一个缮写文书的小吏，随刘备到益州后，担任官吏"为政以安民为本，不以修饰为先"，诸葛亮外出打仗，他常"足食足兵以相供给"，确实是一个很有政治头脑及能力的人。诸葛亮临死时向刘禅推荐，让他做自己的继承人。正是因为诸葛亮为政以民为本，不以修饰为先，"能尽时人之器用"，才使得势力较弱的蜀国，能和曹魏、孙吴相抗衡，构成鼎足之势。

▶蒋琬墓

▶孙权像

公元223年　邓芝出使孙吴

夷陵之战后，吴蜀联盟遭到破坏。孙权为了保存实力，表示臣服于魏，魏封其为吴王。公元223年，蜀汉益州豪强雍闿又乘机叛乱，得到孙权的支持，吴蜀关系一度紧张。诸葛亮为了减轻蜀汉压力，孤立曹魏，决定重建吴蜀联盟，便派邓芝出使东吴。邓芝到孙吴后，慷慨陈词，言明利害，指出吴蜀联合才能各图霸业，孙吴臣服曹魏，势必为其所灭。孙权认为邓芝言之有理，便决定绝魏联蜀，吴蜀联盟重新建立起来。虽然这种联盟是互相利用的产物和手段，但它对诸葛亮整饰内政，南征北伐，却提供了良好的条件。

公元225年　平定南中地区

▶诸葛亮与孟获·浮雕

刘备死后不久，益州大封建主雍闿勾结当地少数民族首领孟获发动叛乱，牂牁郡的朱褒和越嶲郡的高定也起兵响应，整个南中地区陷入混乱之中。建兴三年(225年)，诸葛亮分兵三路，南征平乱。当时，雍闿已为部将所杀，诸葛亮便先攻下越嶲，杀高定。接着，渡泸水(金沙江)，擒孟获。孟获不服，诸葛亮采取马谡提出的“攻心为上，攻城为下；心战为上，兵战为下”的策略，对孟获七擒七纵，使孟获终于认输，表示臣服蜀汉中央。为了减少矛盾，稳定南中的局势，诸葛亮还任用当地少数民族首领为官，“不留兵，不运粮”，还教当地人民兴修水利，使用牛耕，对于南中地区的发展起了重要作用。同时，南中地区后来也为诸葛亮北伐提供了大量物资和兵源。

公元227年～公元234年　五次出师北伐

诸葛亮在建兴五年(227年)向后主刘禅上《出师表》，提出“南方已定，兵甲不足，当奖率三军，北定中原”。次年春，领兵十万北上，扬言出兵斜谷(今陕西眉县南)，吸引曹

军，自己却率主力直入祁山，逼进关中，魏将姜维投降，形势一片大好。可是，先锋马谡未能遵循诸葛亮的部署，失守街亭，诸葛亮被迫退兵。同年冬，再出散关（今陕西宝鸡市西南），围陈仓（宝鸡），又因粮尽退兵。后在公元229年、231年，又进行了第三次、第四次北伐，取得了一些胜利。最后一次是在公元234年，诸葛亮率军十万驻扎在渭水南岸的五丈原（今陕西眉县西南），魏军也在司马懿的率领下，在渭水南岸背水扎营。诸葛亮求战不得，怕日久军需供应不足，便在渭水旁边进行屯田，作长期作战的准备。但是，诸葛亮由于日夜操劳，终于积劳成疾，“出师未捷身先死”，很快病死于五丈原，年仅五十四岁。

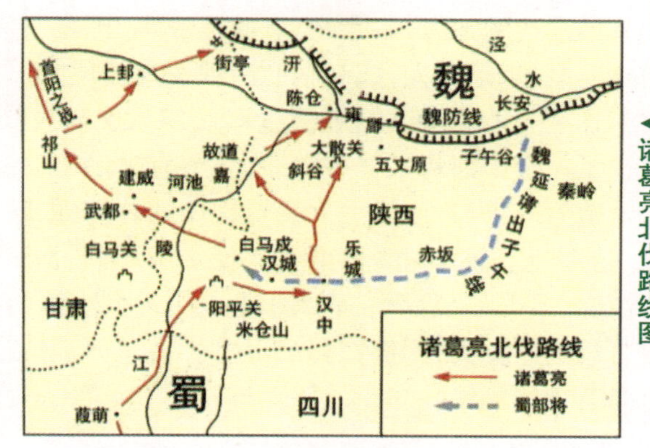

▲诸葛亮北伐路线图

诸葛亮五次出师北伐，虽然也取得一些胜利，但始终未能改变大局，均未达到预定目的，其根本原因在于魏、蜀力量相差悬殊。诸葛亮在以小国对大国的战争中，始终处于主动地位，这与他的治军才能是分不开的，所以我们说，诸葛亮是我国历史上著名的政治家，也是杰出的军事家。

木牛流马与八阵图

为适应山地的运粮需要，诸葛亮总结劳动人民的经验，创制出一种新式的运粮车，叫做“木牛流马”，以代替原来的人力独轮小车。此外他又发明一种发射力很强的新式连弩，名叫“元戎”。弩箭长八寸，一次能发出十支，提高了军队的战斗力。诸葛亮很重视对军队的训练和教育，行军扎营均有一定的条例，秩序井然。他还根据实战需要，发明了一种新的行军阵法，叫八阵图，为后人所称道。

蜀国的经济

蜀统治下的地区“土地肥美，有江水沃野、山林竹木、疏食果实之饶”，自然条件比较优越，社会经济在两汉时就比较发达，到东汉末年又没有遭到战乱破坏，为蜀的建国提供了较好的物质基础。诸葛亮十分注意利用原有的基础来发展社会经济，都江堰及其灌溉区是蜀

▲都江堰

农业最发达的地区，诸葛亮“以此堰农本，国之所资，以征丁千二百主护之”。由于农田得到灌溉，水旱从人，成都平原出现了兴旺现象。

在手工业方面，冶铁、煮盐和纺织有突出发展，政府对这些部门加强了管理，专门设置了司金中郎将来督造农战之器，有时诸葛亮还直接过问兵器和钢铠的制作。蒲元为他造刀三千口，用刀去砍装有铁珠的竹筒，如断草一般，这主要是淬火技术提高的结果。在盐业方面设司盐校尉主持火井煮盐，《蜀都赋》记当地“家有盐泉之井”，可见其发达情况。《蜀都赋》记成都纺织业是“伎巧之家，百室离房，机杼相和”，尤其是纺织品技术有较大的提高，蜀锦在蜀的经济中占重要地位，成为政府主要财政来源。蜀亡时，国库尚有锦绮彩绢各二十万匹。

公元 263 年 蜀汉灭亡

▶姜维像

自 249 年至 258 年，蜀大将姜维继承诸葛亮的遗愿，继续北伐曹魏，连年用兵，使蜀国力大衰。262 年，姜维无力北伐，退至汉、乐二城固守。蜀炎兴元年（公元 263 年）夏，司马昭大举伐蜀，魏将钟会与姜维对峙于剑阁，邓艾趁机偷渡阴平，直抵成都。后主刘禅自知无力抵抗，出城投降，蜀汉遂亡。征战在外的姜维得到后主刘禅的投降命令后，降钟会。至此，由刘备创立的蜀汉王朝，在经历了两代二帝共 43 年之后，被魏国灭亡。由刘邦开创的汉家刘氏天下，至此也彻底宣布告终。蜀汉亡国后，刘禅被魏国贬为安乐公，他和整个蜀汉皇族都被魏国从成都强迁到洛阳居住。此后，这位亡国之君竟苟且偷安、乐不思蜀地在洛阳生活了八九年，直到公元 271 年病逝，终年 64 岁。

黄皓专蜀

诸葛亮死后，尚书令加大司马蒋琬和侍中尚书令董允主持蜀汉政权，他们继续诸葛亮辅政时的政治经济政策，使得蜀汉政治稳定，经济持续发展。公元 246 年，蒋琬、董允先后病死，蜀国政权开始走上混乱。大将军姜维领兵在外，宦官黄皓深得后主刘禅宠幸，任中常侍，把持朝政。黄皓为扩大自己的权力，怂恿后主外出游观，编选民间美女，使后主整日沉湎于声色之中。黄皓朋比为奸，排挤忠良之臣，劝后主隐匿军机，直接导致了蜀汉的灭亡。

▲黄皓像

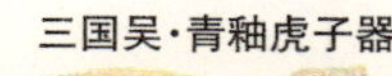
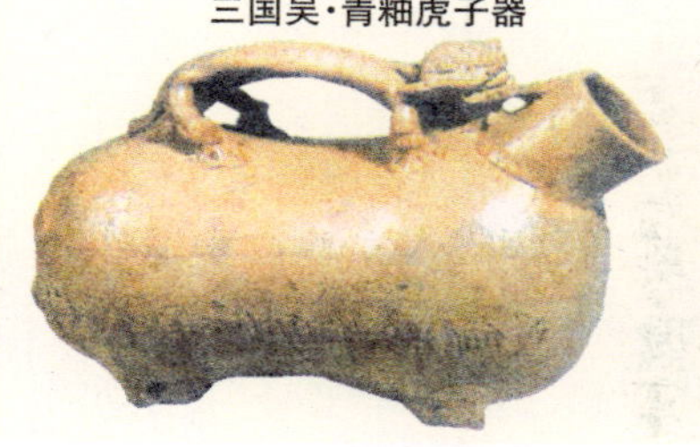
三国吴·青釉虎子器

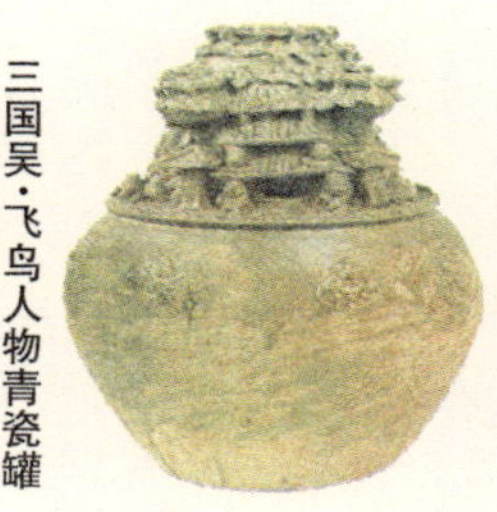
三国吴·飞鸟人物青瓷罐

三国吴·老窑水盂

东吴的统治

夷陵之战后，孙权基于联蜀抗魏的外交政策，与蜀结好，牵制魏南下；同时，迫于形势，曲意事魏。孙权称帝后，善理朝政，体察民情；平定山越，设置郡县；实行大规模屯田；重视造船业，大造客、货运船只和军用战舰；任人唯贤，认真听取反面意见。从而进一步促进了江南经济的发展。在此基础上，他又多次派人出海，扩大了吴国的政治影响。但晚年的孙权“多嫌忌，果于杀戮”，使本已凸显的内部矛盾更加复杂化，其身后的吴国最终沦落为党争剧烈、暴政盛行的黑暗王朝。

公元 195 年 孙吴的兴起

在镇压黄巾起义的战争中，吴郡富春(浙江富阳)人孙坚因战功从一个小小的县吏做到了长沙太守，并封乌程侯。董卓专权，孙坚又参加了关东军讨伐董卓的战争，后依附袁术。在一次进攻荆州刘表的战役中，被刘表部将黄祖所杀。其子孙策统领孙坚部曲，奉袁术命经营江东。孙策得到江北士族周瑜、张昭等人的支持，在公元195 年打败了扬州刺史刘繇，占据江东6郡。

◀周瑜雕像

公元 229 年 孙权称帝

孙策死后，其弟孙权袭职领兵，并得到张昭、周瑜、鲁肃、程普等江南江北士族的竭力辅助，讨伐了不肯归附的庐江太守李术，打败了盘踞夏口的黄祖，力量不断扩充。黄武五年(226 年)七月，曹丕死，平定山越；蜀汉政权在诸葛亮的辅佐下，正致力于内政的发展。在这种情况下，孙权于公元 229 年四月，正式在武昌称帝，改元黄龙。

吴国的世家大族

吴国是在江淮士族支持下建立的，其中尤以江南士族出力更大。吴郡的大族以朱、张、顾、陆四姓为最著名。他们世代为官，在社会上拥有很大势力，并长期操纵着吴国的政治，形成了各自独特的门风。吴国还实行世袭领兵制，将帅们不仅可以长期统辖自己的士兵，而且父死子继、兄终弟及。他们又有优厚的复客制，由政府根据本人功勋的大小赐给一定数量的屯田客和农民作为私属。此外世家大族还占有大量的土地和奴婢，他们的土地上遍布着成群牛羊，山林田池远及千里。他们的僮仆聚集起来可以成军，关起门来可以为市。他们还囤积居奇，兼营工商业，通过商船队的活动出入于江河湖海，进行着大规模的国内外贸易。

领兵制和复客制

为保证大族的特权，吴实行了领兵制和复客制。所谓领兵制，就是由政府赐与将帅们一定人数的兵，或是由将帅自己招募一些兵，这些兵不再属于政府，而变成了私人的部曲。这些部曲是世袭的，如陆逊以功封江陵侯，他死后，他的五千兵就由其子陆抗继承。这种制度反映了吴家族势力的强大，以致发展到“吴名宗大族，皆有部曲，阻兵仗势，足以建命”的程度。复客制是由国家将若干民户赐与功臣、将领，如吕蒙被赐与寻阳屯田六百户，官属三十人，吕蒙死后，又被赐与守墓三百家。蒋钦死，国家也以芜湖民二百户、田二百顷赐钦妻子。这些被赐户也成了私家客户，不再向国家交纳租赋和服兵役徭役，他们的地位比自耕农要低些，比奴隶要高。

▶吕蒙像

▶诸葛恪像

公元 234 年　讨平山越

在吴国境内的山区散居着很多越族居民，他们各有首领，依山据险，聚族而居，号称山越或宗部。吴国为了开拓山林，增加财赋，补充兵员和劳动力的不足，多次对山越发动征讨，强迫他们出山定居，编入国家版籍，强壮者补充军队，其余则征赋服役。山越人为了摆脱孙吴的统治，多次举行反抗，先后达数十年。234年，吴将诸葛恪进攻丹阳山越，迫使山越十万人出降。至此，吴的统治才得以稳定下来。吴对山越的征讨乃是对土著越族的压迫和掠夺，但同时也打破了他们封山自固的闭塞状态，促进了江南地区的开发和民族的融合。

航海技术的进步

▲三国古战船模型

为了适应水战和江海交通的需要，吴国大力发展造船业。建安郡的侯官（福建闽侯）是造船业的中心，设有典船都尉，监督徒工造船。吴水军有战舰五千余艘，大船内分上下五层，可载运士兵三千人。吴黄龙二年（230 年），孙权派将军卫温、诸葛直率领甲士一万人，乘着规模庞大的船队到达夷洲（台湾），这是文献中有关大陆与台湾交通的最早记录。233 年，孙权派将军贺达率兵万人，航海到达辽东。吴国的使者朱应、康泰等人也曾泛海至林邑（越南中部）、扶南（柬埔寨）及“西南大海洲”（南洋群岛），可见当时造船业的发达和航海技术的进步。

▶三国吴·青瓷灯

江南经济的发展

江南有优越的自然条件，发展农业有较好的基础。东汉末年，由于北方人口大量的南迁，在南北方劳动人民共同努力下，提高了农业技术水平，在长江沿岸，出现了不少屯田区。吴的屯田领导机构及屯田组织形式，与曹魏屯田基本相似，屯田客也是“不给他役，使春惟知农，秋惟收稻”。其中规模较大的军屯在庐江（今安做潜山），诸葛恪率万人在那里种稻，积谷百八十万斛，较大的民屯在毗陵（今江苏武进）。

农业的发展也促进了手工业的发展。江南的金属冶炼业比以前更发达，各产铁之郡都设有冶令或丞，以管理采铸。孙权在武昌令工匠用“南钢越炭”铸造大量刀剑。吴还在海盐、沙中（今江苏常熟）设有司盐校尉管理煮盐。吴纺织业中占重要地位的是传统的民间麻纺，丝织业比过去提高，出现了所谓“八蚕之绵”，但高级织品还不发达，如锦类仍仰仗蜀国供应。瓷器生产技术水平这时有较大的提高，青瓷达到完全成熟阶段，产量和产品都有所增加。

公元 238 年　孙权诛吕壹

▲孙权雕像

孙权在江南割据称雄 50 余年。在他统治的前期，虚心下士，任才尚贤，对江东的开发做出了一定的贡献。但到晚期，孙权变得猜忌昏庸，听不进别人的意见，刚愎自用，铸成大错。吕壹为吴中书校事，负责典校诸官府及州郡文书，实际上他充作孙权的耳目，对大臣进行侦察、告密，深得孙权信任。吕壹因此作威作福，到处罗织罪状，陷害无辜。丞相顾雍、江夏太守刁嘉因吕壹陷害，前者几乎丢官，后者几乎被杀。太子孙登多次向孙权进谏，孙权不听。太常潘濬见孙权固执，想借宴会之机杀吕壹，足见吕壹为害之甚。后因大臣的强谏，赤乌元年(238 年)，吕壹被孙权诛杀。事后，孙权派人往告谢诸大将，并征求对政事的意见，诸葛谨等都借口不管事，闭口不言；去问陆逊、潘濬，陆、潘虽有所陈，但心存恐惧。经过吕壹事件后，东吴大臣对孙权都存有很深的戒心。

▶孙权故里的思源堂

孙和、孙霸之争

起初，孙权立长子孙登为太子。孙登死后，又在赤乌五年(242 年)立孙和为太子，并封孙和的同母弟孙霸为鲁王。孙权表面上对二子同样宠爱，实际上则偏爱孙霸。孙霸被封为鲁王后，孙权仍使他与太子同居一室，待遇完全一样。后因大臣上言，太子与鲁王应上下有序，孙权才使和、霸分宫，各置僚属。孙霸不服，到处拉拢势力，谋夺太子地位，孙和也积极反抗。两派势力的发展，造成统治集团的大分裂，乃至中外官僚、将军、大臣“举国中分”。孙霸一党多次向孙权诬告孙和，孙权对太子越来越反感。但孙权没有采取正确政策，而是采取不分好坏、统统打击的做法来解决这个问题。赤乌十三年(250 年)，孙权废太子和为庶人，流徙丹阳故郎(今浙江安吉北)。反对孙权废太子的官吏有的遭到族诛,有的被罢官或流放。同时,孙权又赐鲁王霸死,鲁王的党羽也被诛杀。在这次事件中,孙权制造了大批冤案,进一步加深了统治阶级的内部矛盾。

公元 253 年　诸葛恪之死

▲孙权故里龙门镇

孙权死后,少子孙亮继位,年方 9 岁,大将军诸葛恪辅政。诸葛恪秉政后做了三件事,一是裁撤监视文武百官的校事官;二是豁免百姓欠政府的债;三是除去关津杂税,由此得到吴人的拥护。但诸葛恪在对内稍加整顿后,就轻启边衅,赤乌十六年(253 年)征集 20 万人围攻曹魏合肥新城。围了 4 个月,由于天气炎热,士卒感染瘟疫,死伤太多,只得撤兵,引起朝野对他的不满。吴宗室孙峻利用人们的不满,突然袭击,在酒席间杀掉诸葛恪,自为丞相,代恪辅政。两年后,孙峻病死,其从弟孙琳辅政。又 3 年,孙琳废黜了孙亮,拥立孙权第六个儿子孙休为帝。同年,孙休杀孙琳,自己掌握了政权。

公元 280 年　东吴灭亡

永安七年(264 年),孙休病死。此时蜀汉已亡,魏的威胁日甚一日,朝臣以为当此危急存亡之秋,皇帝应是成年人,于是拥立已故太子孙和的儿子、时已 23 岁的孙皓为帝。孙皓是三国时期著名的暴君,凡认为对他不利的人,一律杀掉,甚至在席间不能饮酒的人也不能逃其难,以至朝野上下人人自危。咸宁五年(279 年),西晋武帝动用 20 余万军队,兵分 6 路,大举伐吴。几乎没有遇到什么大的抵抗,第二年晋军就很顺利地攻占了建康,孙皓投降,吴亡。

◀孙休墓

西晋

曹魏咸熙二年(265 年),司马炎逼迫魏帝退位,自立为帝,是为晋武帝;国号晋,史称西晋,都洛阳。太康元年(280 年),西晋出兵灭吴,重新实现全国的统一,结束了东汉末年以来的混乱局面。西晋是历史上一个短暂而又黑暗的王朝。统治集团腐朽不堪,争权夺利,终于爆发了影响巨大的“八王之乱”,使晋室诸王势力耗尽,社会生产遭到严重破坏,各民族纷纷起兵反晋,西晋王朝无力抵御,随之亡国。西晋时期,盛行门阀制度。门阀士族在政治、经济上享有极大的特权,操纵“九品中正”的选官制度,在政坛造成了“公门有公,卿门有卿”以及“上品无寒门,下品无势族”的局面;他们广占田地,荫庇大量劳动人口,并可免除赋役,从而形成了凌驾社会之上的特权阶层。西晋在经济上实行的占田制度,具有一定的积极意义,促进了农业生产的发展。

帝王世系表

武帝司马炎(265~290)——惠帝司马衷(290~306)——怀帝司马炽(307~313)——愍帝司马邺(313~316)

大事年表

265年　司马炎逼迫魏帝曹奂禅位,废曹奂为陈留王,易魏为晋,是为晋武帝。
271年　吴帝孙皓举兵攻晋,晋遣将屯寿春拒之,吴师中道退兵。
280年　西晋灭吴,全国统一。
282年　医学家、历史学家皇甫谧去世。
290年　晋武帝死,皇太子衷嗣位,是为惠帝。
291年　八王之乱始。
301年　赵王伦称皇帝,齐王司马冏等起兵讨赵王伦。李特起义,据成都。
304年　李特子李雄称成都王。匈奴贵族刘渊起兵,建汉国。
306年　八王之乱结束。
308年　汉王刘渊称帝。
310年　刘渊死,子和继位,刘聪杀和自立。
311年　汉国攻陷洛阳,俘晋怀帝。
313年　刘聪杀晋怀帝。祖逖北伐。
316年　汉国攻陷长安,俘晋愍帝,西晋亡。

西晋·越窑网格纹水盂

西晋·青釉瑞兽辟邪

西晋建立和太康之治

265年，司马昭死，司马炎袭晋王位，同年十二月废元帝曹奂自立，是为晋武帝，晋朝建立。晋武帝即位后，于公元280年灭东吴，结束了三国时代，统一了全国。晋武帝在位期间，鉴于曹魏末期的腐朽统治，“矫以仁俭”，容纳直言，重视法律，抚鳏寡，并多次劝课农桑，废除民屯，使屯民成为州郡编户，颁行户调式，包括占田制、课田制、户调式、限田制以及荫亲荫课制等；严禁私募佃客，使得社会经济得以恢复和发展，太康年间(280~289年)出现一片繁荣景象，史称“太康之治”。但由于晋武帝实行一些有利于门阀士族的措施，大封宗室为王，予以军权，使得诸王势力过于强大，为之后的“八王之乱”埋下了种子。

▶司马昭像

公元265年 西晋分封

晋武帝即位后，认为曹魏虚封诸王，并对之严加防范，是导致魏室孤立、迅速灭亡的原因。因此，在他即位的泰始元年(265年)底，就大封同姓诸王27人，以屏藩皇室。诸王以郡为国，计有五大国，六次国，余皆为小国。西晋一朝共封同姓王57人。诸王虽享分土，但不治吏民，王国行政由中央委派的国相处理。由于封国有军队，诸王又往往出则都督军事，持节总管一方军权，入则掌握中央朝权，这就逐渐形成了与中央王朝相对抗的若干势力，为以后“八王之乱”种下祸根。诸王之下，西晋又以公、侯、伯、子、男五等裂地封爵。高级士族多有封爵，实封土地与官属，且郡公、郡侯、县侯可以置军，亦有一定独立性。西晋分封，虽然以设屏置藩为目的，但结果却加速了西晋王朝的混乱与崩溃。

▶山涛像

公元 266 年 废民屯制度

曹操在建安元年（196 年）开始推行的民屯制度，至曹魏后期已渐趋破坏。其原因首先是官员们肆无忌惮地侵吞屯田土地，这就使国家的屯田土地越来越少。其次是曹魏后期国家不断征调屯田客服徭役，使他们难以忍受，因此迫使屯田客纷纷逃亡，投靠到大族门下为佃客，这使屯田地上的劳动人手也越来越少。再次，屯田客负担耕种的土地日益增多，耕作流于粗放，造成产量锐减，甚至“不足以偿种”。这不仅严重地影响了屯田客的收入，也使国家无利可图。因此，在咸熙元年（264 年），统治者就下令废除民屯制度，“罢屯田官以均政役，诸典农皆为太守，都尉皆为令长”。但这时司马氏集团正忙于魏晋禅递，这个命令或未立即执行，或执行而不够彻底。西晋初年，发生了刘友、山涛等众多官员哄抢屯田土地的案件，从而迫使统治者于泰始二年（266 年）底又重申前令：“罢农官为郡县。”至此，曹魏开创的大规模民屯制度被彻底废止。

公元 268 年 制定《新律》

《新律》又称《晋律》、《泰始律》，其修订始于魏末咸熙元年（264 年）。当时晋王司马昭认为陈群等人所修《魏律》本注繁杂，科网严密，就命贾充、郑冲、羊祜、杜预等硕儒名臣，以汉律为基础，制定新律。至晋武帝泰始四年（268 年）修成，颁行全国，故又称《泰始律》。《新律》依汉律《九章》新增 11 篇，共有 21 篇，630 条。新增的 11 篇分别为：刑名、法例、告劾、系讯、断狱、请赇、诈伪、水火、毁亡、卫宫、违制、诸侯律。律文条目与内容亦大为简约。自西汉萧何作律《九章》以来，法律总的发展趋势是由简到繁，内容庞杂，而《新律》反博为约，它是我国古代法律由繁到简的一个分水岭。

◀羊祜像

▶西晋·青瓷武士

公元 269 年　晋武帝诏禁募客

魏晋以来，门阀士族势力形成。他们广占田地，建立庄园，役使佃客等依附农民进行劳作。曹魏时门阀大族的经济势力进一步膨胀，他们到处招募佃客，至"贵势之门动有百数"。由于他们的佃客不向国家服役纳税，这就严重地削弱了国家的力量。晋武帝为了维护中央集权的利益，在泰始五年（269 年）就下诏禁止募客，"豪势不得侵役寡弱，私相置名"。"置名"就是把佃客的名字注于官员的家籍上，通过这种手续把佃客变成官员的合法荫户；不准"私相宜名"，也就是禁止募客。时外戚王恂为河南尹，严格执行晋武帝的这项命令，"所部莫敢犯者"。咸宁三年（277 年），中山王司马睦通过招诱逋亡、变易姓名等非法手段，私自招募佃客七百余户，结果被人检举，司马睦被贬为县侯。这说明，那时执行禁止募客的命令还是很认真的。但到太康元年（280 年）颁布占田令，令文中规定品官有权占有相应的佃客，禁募客的命令实际上就废止。

公元 280 年　晋灭吴统一全国

晋泰始五年（269 年），晋武帝司马炎命尚书左仆射羊祜镇守襄阳，都督荆州诸军事，羊祜在此屯兵操练，为伐吴作好物资准备，增强军队战斗力。晋咸宁四年（278 年）羊祜病逝，镇南大将军杜预都督荆州诸军事，继续伐吴的准备。自公元 252 年孙权死后，吴国朝政开始陷入混乱，至孙皓继位，更是骄奢淫逸，政治腐败，统治阶级内部矛盾十分尖锐。咸宁五年（279 年），晋武帝采纳杜预的建议，下诏伐吴。咸宁六年（280 年）三月晋龙骧将军王濬攻至吴都建业，吴军骄惰，不战自溃，兵至石头城（今江苏南京北郊），吴主孙皓投降晋军，吴亡。至此，三国鼎立局面结束，西晋统一全国。

▲杜预像

公元 282 年　罢州郡武备

▲西晋·陶持盾武士俑（复制品）

魏晋的军队分为两种：一种由中央直接统率，这种军队一部分用来拱卫京都，一部分由都督指挥分驻全国各要地；另一种由州刺史、郡太守统率，这属于地方武装。州郡领兵的现象东汉时已出现，黄巾起义以后更为普遍。曹操曾一度取消州郡领兵，但至建安十三年（208 年）以后又逐渐恢复。晋武帝平吴以后，于太康三年（282 年）下诏罢州郡武备，“大郡置武吏百人，小郡五十人”。但实际上当时的一些重要州郡并未裁减武备，仅是大多数州郡都不再领兵了。山涛曾对罢州郡武备提出反对意见，但晋武帝没有接受。西晋在平吴以后推行占田制度，晋武帝罢州郡武备，用意是把地方武力转化为占田的课丁，向国家服役纳税。这虽是为了扩大剥削，但对促进社会经济的发展是有利的。西晋罢州郡武备的时间并不长，元康（291~299 年）以后随着社会动乱的加剧，州郡领兵的现象又渐渐恢复了。

公元 280 年～公元 289 年　太康之治

太康为晋武帝司马炎的年号，前后共十年（280~289 年）。太康元年，西晋灭吴，全国又恢复统一，这对生产的发展是有利的。西晋政权在统一前后，又执行过一些对社会经济发展有利的政策。如奖励垦荒和兴修水利，汲郡太守王宏督劝百姓开荒 5000 余顷，受到了晋武帝的表扬。又如废民屯制、行占田制，民屯制废除后，屯田客的负担有所减轻；在占田制度下，农户的负担也较为平均，对官员占田、荫客等特权也有所限制。又如罢州郡兵，减轻了人民的兵役负担，原来的州郡兵转为占田户后，也有利于生产的发展。由于西晋执行了上述政策，故太康年间经济发展较快，出现了初步的繁荣。太康元年至太康三年短短三年间，国家增加了 130 多万户。国家户口增多，说明社会上不向国家呈报户口的流民少了，从事生产的人多了。但由于统治阶级愈来愈腐朽，西晋政权的内外危机很快由潜在走向公开，天下又复大乱，所谓“太康之治”仅经历十年就消逝了。

▲西晋·青釉镂空双系罐

始建于西晋的潭柘寺

西晋的腐朽和八王之乱

西晋统治者是通过政变夺取政权的，不像汉初统治者那样，亲身经历了轰轰烈烈的农民战争，他们看不到人民群众的力量，所以，一开始就表现出极度腐朽和残暴。西晋的政治在世家大族把持之下，黑暗腐败，从皇室贵族到各级官吏都极力剥削人民，搜刮钱财，过着荒淫奢侈的腐化生活。封建统治者的挥霍浪费，加重了人民的负担，也造成了各种矛盾的激化。公元 291~公元 306 年终于爆发了“八王之乱”，从根本上动摇了西晋的统治。

晋武帝的淫逸

晋武帝本人是一个十分荒淫、奢侈的君主。他很好色，曾两次下诏选天下美女到后宫。泰始九年(273 年)，选中级以上文武官员的女儿入宫。次年，选下级文武官员和普通士族家女儿入宫。经他挑选后，不合格的才可出嫁，隐瞒者要以“大不敬”罪名杀头。灭吴以后，建业皇宫中留下来的 5000 多宫女，也统统收入后宫。这样，宫女后妃将近 1 万。晋武帝每日退朝就乘羊车游荡宫苑，羊车到那里停下，他就进去宴饮就寝。后妃宫女们为了招来羊车，在门前沿途洒上羊爱吃的盐水，门旁挂上羊喜爱的新鲜竹叶。为了满足其恣意挥霍，武帝向人民征收苛重的赋税，征收额比曹魏时期增加一半。晋惠帝司马衷极端昏庸，听到各地发生饥荒，人民多被饿死，竟说：“没有饭吃，为什么不吃肉粥？”大臣何曾日食万钱，还说：“无下箸处。”晋武帝的女婿王济吃用人乳喂的猪。贵族官僚们争相奢侈，造成了极大的浪费，大臣傅咸上疏皇帝指出，“奢侈之费，甚于天灾”，要求禁止，武帝不理。

▲晋武帝司马炎

石王斗富

“石”即石崇，晋开国功臣石苞之子，曾为荆州刺史，靠劫掠远使商客致富。“王”指王恺，晋武帝舅父。西晋之门阀士族享有政治、经济诸特权，广殖财货，骄奢淫逸，竞相炫耀。王恺用饴糖洗锅，石崇用蜡作柴。王恺作紫丝布步障四十里，石崇就作锦步障五十里。王恺敌不过石崇，晋武帝便从中相助，赐恺一株二尺多高的珊瑚向石崇炫耀，石崇顺手以铁如意将珊瑚击碎，随后摆出自己的珊瑚，有高三四尺者六七株，光彩耀目，株株绝俗，让王恺挑选。王恺设宴，以美人劝酒，客饮不尽，便将其杀死，有的客人故意不饮，看王恺杀人取乐，残暴至极。

▲西晋·青瓷鸡首壶

公元 280 年　推行品官占田荫客制

早在东汉时期，世族豪强就以宗族为纽带，拥有大批的徒附、宾客和部曲。曹魏时期，为了保障世族豪强的经济利益，由政府赐给世族地主以土地、耕牛和客户，并免除这些客户对国家的田租、徭役负担，从而使世族占有客户法律化。太康元年(280 年)，为了保障士族官僚的经济特权，晋武帝颁布了品官占田荫客制，规定：其官品第一至于第九，各以贵贱占有不同数量的土地，第一品占五十顷，第二品四十五顷，第三品四十顷，每低一品，减少五顷，至九品占田十顷，规定了各级官僚占有土地的数目。同时还规定，各级官僚可以荫亲属、衣食客及佃客。这些庇荫户和佃客，不负担国家徭役，完全归主人役使，实际上成为私家

▲西晋·越窑鸽形魁

▲西晋·青釉贴花洗

人口。虽然规定了世族豪强占地荫客的具体数目，但在当时情况下，真正做到限制是根本不可能的。相反，世族豪强依据国家允许他们占田荫客的法令，更加肆无忌惮地兼并土地和荫庇客户。

▶西晋·舂臼俑

九品中正制注重门第

在实行九品中正制之初，由于政府选拔中正官坚持了“贤有识鉴”的标准，而中正也能够认真品评人才，从而使中央控制了选举权，在当时历史条件下，具有一定的积极意义。但是，后来中正官都由世家大族担任，状（根据士人德才行为定下的简短评语）的编写便逐渐流于形式。特别到西晋时期，九品中正制的消极因素便越来越明显，品评人物不再重视才能品德，只注重门第的高低，“居上品者，非公侯之子孙则当途之昆弟”，门第高者居上品，门第低者居下品，出现了“上品无寒门，下品无势族”的局面。为了维护自己的特权地位，世族地主与庶族地主间保持严格的界限，互不通婚，挚虞还编成《族姓昭穆》十卷，专门记述世族门阀官僚的家谱，作为中正官品评士人的依据。

世族门阀地主的形成

◀董仲舒像

世族，也称“士族”，是自西汉武帝以后在地主阶级内部逐渐形成的世代为官的大姓豪族。西汉武帝时，董仲舒提出“罢黜百家，独尊儒术”，得到汉武帝的采纳和重视，从此，儒学在思想上取得了独尊的地位。国家立五经博士，设科射策，劝以官禄，从此儒学和政治结下了不解之缘。于是，在封建地主阶级中，便出现了一批由儒学起家而累世公卿的大地主，简称为世族地主。到魏晋时期，世族门阀地主的经济力量和政治地位迅速膨胀起来。九品中正制和品官占田荫客制的出现，标志着士族门阀的形成。

公元 291 年 ~ 公元 306 年 八王之乱

太熙元年(290 年),晋武帝薨,太子司马衷继位,是为晋惠帝。晋武帝遗诏皇太后父亲杨骏辅佐惠帝,惠帝皇后贾南风野心勃勃,于永平元年(291 年)借口谋反杀死杨骏,专擅朝政。元康元年(299 年),贾后又杀太子,引起诸王强烈不满,赵王司马伦首先起兵杀贾后,自立为帝。此后,齐王司马冏、成都王司马颖、河间王司马颙相继起兵反对赵王伦,赵王伦无奈又拥惠帝复位,齐王冏独揽大权。自此,诸王为争权混战不止。永兴三年(306 年)东海王司马越毒死惠帝,另立司马炽为帝。至此,八王之乱结束。八王之乱严重破坏社会经济,致使阶级矛盾和民族矛盾激化,北方各少数民族大规模内迁和各地流民起事,从根本上动摇了西晋的统治,直接导致 270 余年南北分裂的局面。

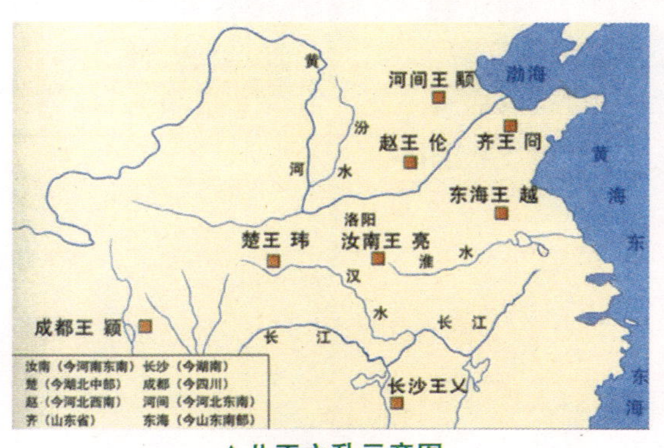

▲八王之乱示意图

◀西晋·青釉镂空香熏

公元 311 年 永嘉之乱

八王之乱后,地方严重破坏,国势衰弱,杂居在北方的胡人乘机入侵。晋怀帝永嘉四年(310 年),汉帝刘渊死,其子刘聪继位。第二年,刘聪派石勒、王弥、刘曜等攻晋,在平城(今河南鹿邑西南)歼十万晋军,杀太尉王衍及诸王公。永嘉五年(311 年),刘聪又遣刘曜攻破洛阳,俘获怀帝,纵兵烧掠,杀士兵百姓三万余人。永嘉之乱后不久,怀帝被匈奴人所杀,其侄愍帝被拥立于长安。但这时皇室、世族已纷纷迁至江南,西晋王朝名存实亡。永嘉之乱后,大量人口为避战乱从中原迁往长江中下游,史称"衣冠南渡",为东晋偏安一隅作了准备,客观上促进了长江中下游经济的发展,中国古代经济中心进一步迁往南方。

▲石勒塑像

始建于西晋的司马迁祠

各族人民起义与西晋的灭亡

西晋的门阀政治十分腐败，武帝分封诸王、宗王都督重镇，又立白痴司马衷为太子，种下了祸根，导致他死后出现“八王之乱”，使社会经济遭到严重破坏，人民被迫流亡，终于爆发了广泛的流民起义，少数民族贵族也乘机起兵。建兴四年（316年），匈奴贵族刘聪率兵攻破长安，晋愍帝司马邺出降，西晋遂亡。

▲西晋·持刀陶俑

▲西晋·『五星出东方利中国』锦质护膊

五胡内迁

东汉以来，北方各少数民族不断向南迁移。魏晋时期，中原统治者为了控制他们和充实内地的劳动人手，还招引他们入居内地，散居于黄河流域。内迁的少数民族与汉人杂居，逐渐学会了农业，过上了定居生活。南迁的少数民族很多，主要有匈奴、羯、鲜卑、氐、羌等，历史上称为“五胡”。

东汉时候，南匈奴纷纷内迁，入居内蒙古和山西北部，后来又逐渐进入山西南部。到西晋初年，内迁的匈奴人更加多了。随同匈奴内迁的还有别的族人，羯人就是其中的一种。他们定居在山西的东南部。氐人和羌人很早就和汉人交往杂居。东汉时，氐人散居在甘肃、陕西、四川的邻接地带。到了西晋越来越多的氐人迁移到陕西居住。羌人也由青海逐渐移居到甘肃和陕西一带。鲜卑人原来居住在东北地区，东汉时，以檀石槐为首的鲜卑贵族，曾经建立一个强国，占有东起松花江流域，西到蒙古草原的广大地区。东汉末年，鲜卑人陆续内迁，一部分南下河北、山西，一部分东入辽河两岸，一部分西入甘肃、青海。其中最重要的有段氏、慕容氏、宇文氏、拓跋氏诸部。他们在历史上曾经产生过很大的作用。

◀晋·鲜卑归仪侯金印

这些内迁的少数民族，在汉族经济文化的影响下，大部过着定居的农耕生活，有的改用汉姓，使用汉语，开始了民族融合的过程。但是，他们有的还保留着部落组织，在很大程度上保留着自己的语言和生活习惯。

江统《徙戎论》

在齐万年起义过程中，有一个山阴（今浙江绍兴）县令江统深感各少数族入居内地会造成祸乱，于是写了一篇洋洋数千言的文章，题名为《徙戎论》。中心思想就是要把各少数族迁回到边地去。江统认为，按照《春秋》之义，是“内诸夏而外夷狄”，关中地区历来是帝王所属，不能让各少数族人居住；少数族居住在腹心地区，一旦作乱，就是心腹之患，十分危险。因此应该尽早把他们迁到塞外，使“戎晋不杂”。时人称此有远识，然惠帝未予采纳。不及十年，诸族乱事四起，晋室已无法控制。

公元270年　秃发树机能起义

秃发氏为鲜卑族的一支，魏晋时迁居河西。晋武帝泰始六年（270年），秃发树机能率族人起兵于凉州，据万斛堆（今宁夏固原县境内）。泰州刺史胡烈率兵前往镇压，兵败被杀。晋又以石鉴为安西将军、都督泰州诸军事前往镇压树机能，也不能取胜。泰始七年（271年），树机能与北地胡联合，围晋军于青山（今甘肃环县西），杀凉州刺史。咸宁四年（278年），树机能部下又在武威附近打败晋军。翌年春，树机能攻占凉州的武威。司马督马隆向晋武帝自荐愿往征讨，晋武帝拜马隆为讨虏护军、

▲晋武帝乘羊车图

▶西晋·青瓷谷仓罐

武威太守,使其自募勇士3500人,并于武库挑选精锐兵器,给三年军资而遣之。马隆西渡温水(在武威东),树机能守险抗拒。隆以山路狭隘,乃作扁箱车,上建木屋,转战而前,行千余里,杀伤甚众。隆至武威,鲜卑首领率众万余投降。咸宁五年(289年)十二月,马隆与树机能发生大战,树机能兵败被杀。秃发树机能起兵反晋前后历时十年,使晋王朝损兵折将,屡遭惨败,给西晋统治者以沉重打击。

尖锐的民族矛盾

汉族地主阶级对内迁各族进行了残酷的压榨,他们或以胡人充当佃客,或强迫胡人为奴隶,甚至还有的官员大批掠卖胡人,"两胡一枷"。汉族地主阶级政权及一些军事集团,还驱逼胡人去当兵打仗,幽州刺史王浚所部就有大量鲜卑兵,在八王之乱时被他沉于易水者达八千人。地位最悲惨的还是胡族人民,因为他们除了受汉族地主的剥削外,还要受本族贵族的剥削。汉族地主对他们的压迫,既是阶级的又是民族的压迫,他们的地位比汉族人民更低,所以胡族对汉族地主阶级的敌忾达到了"怨恨之气,毒于骨髓"的程度,因之西晋时期的民族矛盾,非常尖锐。

公元297年　齐万年起义

元康七年(297年),关中氐、羌各族人民共推氐人齐万年为首领,爆发了大规模的起义,起义军达数十万。前去镇压的晋军相继覆没,战火愈烧愈旺。朝廷很焦急,派周处带兵去镇压。周处率兵5000进攻屯聚在梁山(今陕西乾县西北)的齐万年军。战斗从早晨一直打到晚上,最后周处全军覆没,周处战死。周处死后,西晋朝廷又派强弩将军孟观统率数万精兵攻打齐万年。孟观统率的是宫城的禁卫军,个个矫捷勇悍,经过大小数十仗,齐万年终于失败被俘,这次起义被镇压。齐万年起兵对西晋统治是一次沉重打击,它对后来发生的流民起义也有很大影响。

◀西晋·青瓷神兽尊

▼西晋·青釉六足洗

流民起义

西晋王朝的残酷统治，尤其是绵延十几年的八王之乱，严重破杯了社会生产。频频的天灾，又和兵祸、人祸一起，带来遍地饥荒。迫使数以万计的农民漂流异乡，随处觅食，一些业已封建化的少数民族也加入到这一行列。从元康八年(298年)开始，十年间人民大规模流亡，各地流民群较大者自河东、平阳、弘农、上党徙至颖川、建城、汝南、甫阳一带的有数万家，自巴蜀徙至荆襄一带的有十余万家，自并州徙至青冀一带之四万余家，自关中徙至汉川地区之数万家，自略阳、天水等六郡徙入巴蜀之数万家，等等。仅见于记载之流民有三十余万户，约一百万人之上。这些流民到了新的地方，生活依然没有着落，多数“为人佣力”。他们不但尝尽饥寒之苦，还饱受地方官吏、豪强的欺凌与残害，与土著居民也时常发生冲突，且西晋王朝又采取了逼遣流民还乡等不当措施，致使众多流民群走投无路，起来反抗，因此，爆发了多次流民起义。因蜀汉荆襄流民最多，矛盾也最突出，故流民起义多爆发于这些地区，有力地打击了西晋王朝的统治，加速了它的崩溃。

此起彼伏的流民起义

公元301年，略阳、天水等六郡(今甘肃东部)汉族和氐族饥民数万家十余万口流亡入蜀求食，因西晋政府强迫他们返回本土，限期上道，遂激起忿恨，共推巴氐人李特为首领，在绵竹(今四川绵竹)起义。起义军屡次击败西晋官军，攻下广汉(今四川广汉)，又进围成都，取得了一连串的胜利。但西晋政府从各方增派军队并勾结地方豪强地主共同镇压，起义军遭到严重挫折，李特英勇牺牲。李特的弟弟李流和儿子李雄率领流民继续战斗，经过几次大战，又转败为胜，于304年攻入成都，

▲西晋·瓯窑青釉狗圈碗

▶西晋·青瓷骑士俑

并占据了益州(今四川)全部地区。

公元303年,张昌在江夏郡安陆县(今湖北安陆)的石岩山领导流民数千人起义,附近的流民和逃避戍役的人民纷纷前来参加,一个月之内就发展到三万人,连破西晋官军,占据了江夏郡。接着向外发展,不过四个月,势力发展到荆州、豫州、扬州、徐州、江州等五州地区,曾杀死西晋的将军、太守等重要官吏多人。后来西晋增派大批官军合力镇压,起义军逐渐失败,张昌于公元304年被俘,惨遭杀害。

公元310年,从雍州(今陕西、甘肃一带)流亡到南阳郡(今河南南部)的人民,因反抗西晋政府强迫他们返回本土,由王如领导起义,南阳附近的流民也分别由庞实、侯脱等率领参加。不久,起义军发展到四五万人,共推王如为大将军,攻杀地方官吏,连败西晋官军。起义军又沿汉水流域,进逼襄阳(今湖北襄樊市),经过一年的战斗,终因缺乏粮食而失败。

公元311年,从巴蜀(今四川)一带流亡到荆州、湖州(今湖北、湖南)的人民数万家,因不堪当地豪强地主的欺压,遂起义。起义军打败了荆州和湘州的官军,杀死了安城、长沙、宜都、邵陵等郡的太守,后来又与官军进行了几十次激烈的战斗,起义军因死伤过多而失败。

公元316年 西晋灭亡

▶西晋·龙纹金带扣

公元313年,刘聪将怀帝毒死,晋尚书、左仆射鞠允,卫将军索琳、梁芬等人,于四月在长安扶立秦王司马邺为帝,是为晋愍帝。改年号为“建兴”。但这时的皇室、世族已纷纷迁至江南,西晋王朝已经名存实亡。公元316年八月,刘曜率军围攻长安。十一月,城内粮尽,又无外援,无法拒守。愍帝出城投降,刘汉军将他押到平阳,废封为光禄大夫,封怀安侯。西晋至此灭亡,共历四帝五十二年。

位于四川省南充市的陈寿居万卷楼

西晋的文化

西晋士族生活是优越的，礼法的束缚是疏松的，全国统一以后，见闻也比三国分裂时丰富了。这些，使得一部分士族中人有条件去从事文化事业。西晋一朝虽极短促，但文化上成就却是巨大的：名医王叔和著有《脉经》；地理学家裴秀编有《禹贡地域图》；史学名著《三国志》即由西晋时的陈寿所著。这时的诗歌讲究形式的华美，内容上却由于过多模仿古人。左思创造了西晋文学的最高成就。不准盗冢是我国古代史上出土文物最多的一次发掘。

陈寿和《三国志》

《三国志》是一部记载魏、蜀、吴三国鼎立时期的纪传体国别史。其中，《魏书》三十卷，《蜀书》十五卷，《吴书》二十卷，共六十五卷。记载了从魏文帝黄初元年（220年），到晋武帝太康元年（280年）六十年的历史。在古代纪传体正史中，与《史记》、《汉书》和《后汉书》并称为前四史。作者陈寿（233~297年），字承祚，蜀国巴西安汉（今四川南充北）人，仕蜀时为散骑黄门侍郎，入晋后曾任著作郎、治书侍御史。晋灭吴后，陈寿著《三国志》，受到大臣张华的称赞，并说要把晋史也托付给他。陈寿虽然名义上尊魏为正统，实际上却是以魏、蜀、吴三国各自成书，如实地记录了三国鼎立的局势，表明了它们各自为政、互不统属，地位是相同的，这表现了他的卓识与创见。三国时期政治、经济、军事上的人物，以及在学术思想、文学、艺术、科学技术上有贡献的人，书中都记录下来，此外也记载了国内少数民族以及邻国的历史，《魏志·倭人传》就是日本古代历史的重要史料。全书只有纪和传，而无志和表，这是一大欠缺。陈寿对于史料的取舍选择，比较审慎谨严，文字也以简洁见长，所以前人说其书“裁制有余，文采不足”。

▲陈寿雕像

▲西晋·越窑双鸟钮四系盖盂

裴秀绘《禹贡地域图》

裴秀，字季彦，河东闻喜（今山西闻喜）人。西晋时，他负责总理中枢，掌管全国户籍、土地与田亩租税，故对地域之图十分关注。西晋朝廷所藏既无先秦所绘地图，又无萧何所收秦朝图籍，只有汉代舆地图及诸杂图。这些地图制作粗率，极不精审，既不讲比例，又不定方位，亦未备名山大川，难可依据。裴秀上考《禹贡》山海川流、原隰陂泽、古之九州，下稽西晋十六州、郡国县邑，进行综合，制成地图 18 篇，名《禹贡地域图》。这是一部前所未有的详备地图，举凡当时的行政区域、山川地形及古今地理沿革，均囊括其中。同时裴秀还创立了绘制地图的科学理论，提出了“制图六体”，即绘制地图的六项原则，它们是：分率（比例）、准望（方位）、道里（距离）、高下（地形）、方邪与迂直（道路曲折径直）。这六条原则，互为补充，除纬线和投影外，已与今天绘图原则相同。直至明末，我国绘图办法基本依照裴秀所创的六体说。这种卓越成就，结束了我国绘制地图的原始状态，在科学史上有着重要意义。可惜的是，裴秀的《禹贡地域图》今已失传。

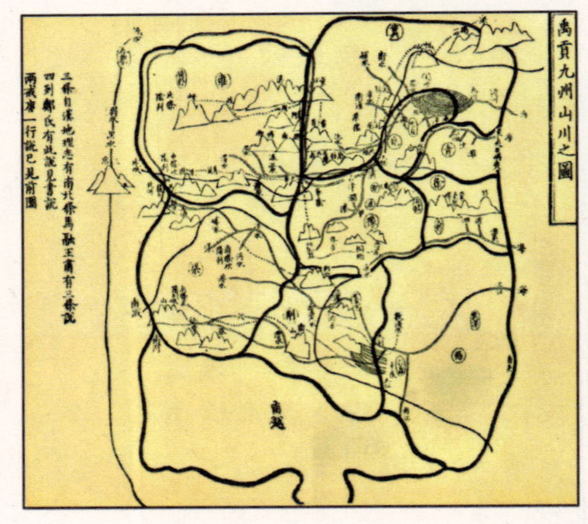

◀《禹贡》所绘九州山川之图

鲁褒著《钱神论》

鲁褒，字元道，西晋南阳人，好学多闻，以贫素自立。西晋时，随着社会经济的恢复和发展，货币经济有一定程度的活跃。那时的门阀士族生活奢侈，贪得无厌。如晋武帝司马炎就卖官鬻爵，卖官钱入私门；王戎“积财聚钱，不知纪极”；王济在京城“买地为马路，编钱满之，时人谓为金沟”；和峤家产丰富，人称有“钱癖”。这样，就使西晋纲纪大坏，贿赂公行，整个社会弥漫着铜臭气。鲁褒伤时之贪鄙，乃隐姓名，于元康年间（291~299 年）著《钱神论》以刺之。文章对“钱能通神”的现象进行了深刻地揭露，也对货币在流通领域中的作用作了肯定。作者对统治阶级爱财如命的丑恶嘴脸深恶痛绝，寓愤世嫉俗于嬉笑怒骂之中，辛辣讽刺了金钱万能、是非不分的黑暗现实。本文成功地运用了拟人手法，借用假托人物的口，把对社会的不满与看法，无拘无束、形象生动地表达出来。语言活泼多用排比和反语。《钱神论》在揭露权贵的贪鄙上有一定的深度。它也从一个侧面反应了西晋时货币经济活跃的情况，在思想史上是一篇有特色的文章。

西晋文学

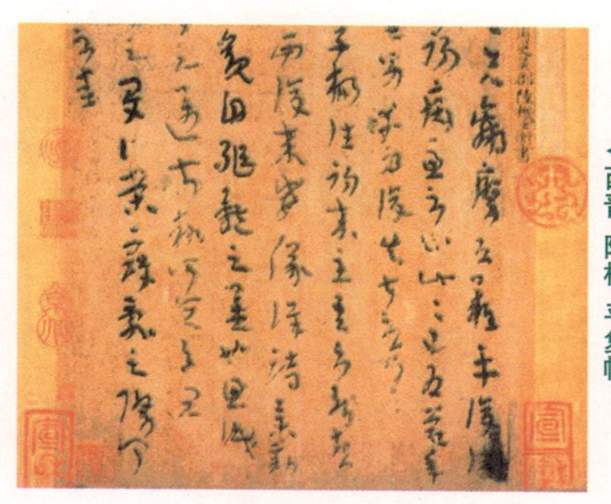

◀西晋·陆机·平复帖

司马氏取代曹魏建立西晋，文学的风气又有了新的变化。这时的诗歌讲究形式的华美，内容上却由于过多模仿古人，和现实脱了节。文学史上称这一时期的诗风为“太康体”，这是由于此体盛行于晋武帝太康年间的缘故。太康时期的作家主要有三张、二陆、两潘、一左。“三张”指张载、张协、张亢三兄弟。“二陆”指陆机、陆云兄弟俩。“两潘”指潘岳、潘尼叔侄俩。“一左”指左思。太康诗风的主要代表人物是陆机和潘岳。左思则独树一帜，创造了西晋文学的最高成就。

洛阳纸贵

左思，字太冲，齐国临淄（今山东临淄）人，出身士族，其妹左棻选入晋宫，举家徙居洛阳。他天资迟钝，学书学琴俱不成，但刻苦用功，以勤补拙，写出的文章质量很高。他曾用一年的时间，为他的家乡临淄写了一篇《齐都赋》。后来，他开始着手写魏、蜀、吴三国都城，书名叫《三都赋》。他字斟句酌夜以继日、耗费了十年的时间才把《三都赋》写完。当时，《三都赋》并没有引起人们的注意。后来因为当时的著名学者皇甫谧为《三都赋》作了序，加上文史界名人的赞誉，使得《三都赋》一下子出了名。左思的《三都赋》很快在京城流传开来，洛阳的文人墨客、达官贵人，都希望自己家里存留一本《三都赋》。于是，大家纷纷买纸抄写，唯恐落后于他人，竟至一时之内洛阳纸价大涨，贵得惊人。

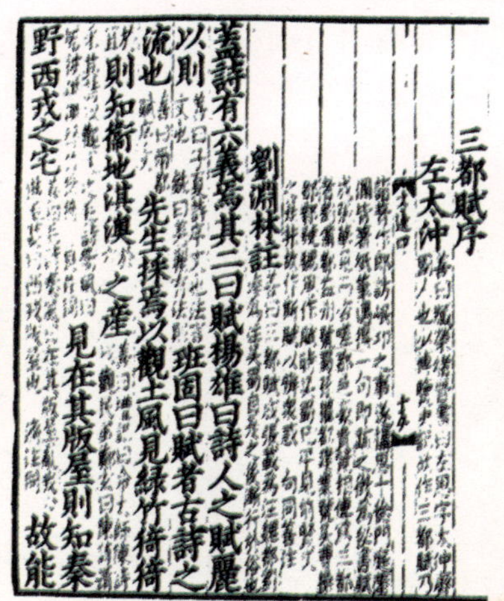

三都賦序
左太沖
劉淵林註
蓋詩有六義焉其二曰賦揚雄曰詩人之賦麗以則 班固曰賦者古詩之流也 先生採焉以觀土風見綠竹猗猗則知衛地淇澳之產 見在其版屋則知秦野西戎之宅 故能

▶《三都赋》书影

不准盗冢

不准，西晋汲郡（今河南汲县）人。咸宁五年（279 年），盗掘魏襄王冢，得竹简小篆漆书十余万言，载之数十车。因其竹书皆竹简文字，故称竹书；又因其出于汲郡魏王冢，亦称汲冢书。太康元年（280 年），武帝令竹书藏于秘府，使中书监荀勖、和峤、卫恒、束皙等人整理之。汲冢共得书 16 种，75 篇。其中有魏国文书，以编年体记夏以来至魏襄王近 2000 年事，整理者分其为 13 篇，题名《竹书纪年》，其所载史事多有异于传世文书之处。此书赵宋时亡佚，清朱右曾辑有《汲冢纪年存真》，王国维据此补辑为《古本竹书纪年辑校》，为研究古代史之重要资料，并可校正《史记》所载战国史事年代之误。另又有《竹书纪年》两卷，近人称为《今本竹书纪年》，系出后人伪托。汲冢书中还有：《汲冢琐语》11 篇，为诸国卜梦妖怪相书，对古史研究有一定参考价值；《穆天子传》五篇，记周穆王游行四海，见帝台、西王母的故事，晋人郭璞为之作注，流传至今；还有《易经》两篇；记楚晋事之《国语》三篇；《师春》一篇，书《左传》诸卜筮事；《缴书》两篇，论弋射法；《大历》两篇，邹子谈天之类。诸书经整理后均改以当时通行文书写定，唯其中七篇因竹简损坏，无法考知书名。其中还发现玉律、钟磬等文物。不准盗冢虽为私盗，但它却是我国古代史上出土文物最多的一次发掘。

◀西晋·青釉履形研

▲郭璞像

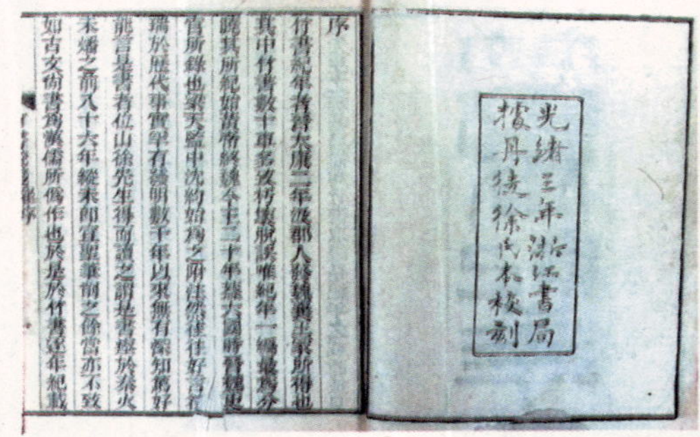
序

光緒三年浙江書局據丹徒徐氏本校刻

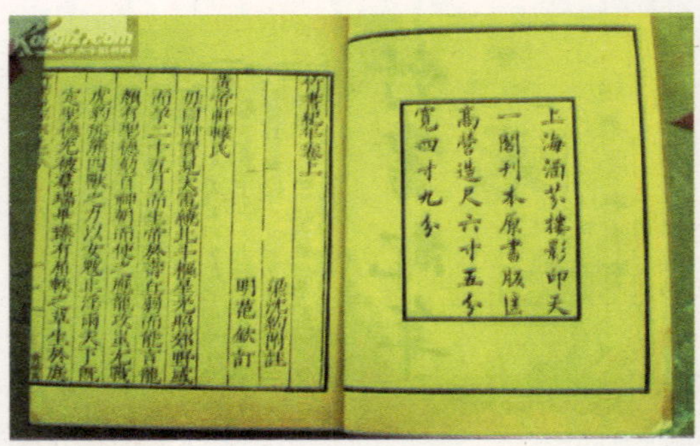
竹書紀年卷上

梁沈約附注

明范欽訂

黃帝軒轅氏

上海涵芬樓影印天一閣刊本原書版匡高營造尺六寸五分寬四寸九分

▲《竹书纪年》书影

向秀、郭象注《庄子》

▲向秀像

向秀，字子期，曹魏河内怀人，喜好老庄之学，曾注《庄子》，名为《庄子隐解》，吕安读后惊叹："庄子不死矣。"郭象，字子玄，晋惠帝时人，比向秀晚二三十年，他也"好老庄，能清言"，著有《庄子注》而传世。郭象《庄子注》问世后，向秀以及魏晋时其他人的《庄子注》均渐次散佚。郭注《庄子》不仅吸收了向注的内容，而且还吸收了司马彪等人的《庄子》注解。他在广泛吸收各家《庄子》注以后，综合各家，集其大成，通过注《庄子》发挥自己的哲学见解，建立起自己的哲学体系，在"有无"、"性"、"命"、"有对"、"无对"等一系列玄学重要命题中提出了自己的见解，使他的《庄子注》在当时成为玄学第二阶段发展的顶峰，后来取代各家《庄子注》一直流传下来。

▲皇甫谧像

西晋的医学

皇甫谧是西晋有名的医学家。他总结了古代针灸疗法的经验，著成《针灸甲乙经》十二卷，从生理、病理、诊断、治疗、预防各个方面，对针灸治疗的理论、方法以及人体经络穴位分布作了详细的说明。他根据脏腑功能和各器官间的联系，把人的体质类型分类并分别使用不同的针灸疗法。皇甫谧总结了过去针灸学的成果，对此后针灸学的发展起着推动作用。直到现在《针灸甲乙经》还是中医学针灸工作者所必读的书籍。

◀西晋·越窑青瓷鸡笼

王叔和是西晋时著名内科医生。他对脉学有精深的研究，著有《脉经》十卷，把脉象分为二十四种，并根据不同的脉象，判断疾病。这是他在长期的医疗实践中总结出来的宝贵经验，对内科学的发展作出了一定的贡献。

东晋十六国

（公元317年~公元420年）

西晋灭亡后，公元317年，琅琊王司马睿在南渡过江的中原氏族与江南氏族的拥护下，在建康称帝，国号仍为晋，史称东晋。东晋王朝偏安江左，借助长江天险和江南富饶的人力和物力，与中原16国对峙，延续了11帝，共104年。东晋是依靠门阀士族的支持建立的，东晋统治阶级内部矛盾错综复杂，皇权与士族之间、南北士族之间、北方士族之间、门阀士族与低级士族之间的内争不断发生。公元420年，东晋被刘裕创建的宋灭掉后，形成南北朝的局面。由于东晋安于江南，使得江南的名士与渡江的中原人士有了更多的交流机会，促进了社会文化的发展。东晋的手工业水平比西晋有了大幅度的提高。另外，自曹魏以来，中国的文学发展一直处于大步前进的时期，其中以东晋年间的文人最为著名。东晋出现了山水诗人谢灵运、田园诗人陶渊明等人，为后来隋、唐的诗文盛世创造了前提条件。当东晋在江南建国的同时，中国的北方则被少数民族控制着。由于少数民族入主中原，使他们更多地接触到华夏文化，使之与汉民族逐渐发展为同一生活习惯的民族，进而被汉族融合。

帝王世系表

元帝司马睿(317~322)——明帝司马绍(322~325)——成帝司马衍(325~342)——康帝司马岳(343~344)——穆帝司马聃(345~361)——哀帝司马丕(362~365)——废帝司马奕(366~371)——简文帝司马昱(371~372)——孝武帝司马曜(373~396)——安帝司马德宗(397~418)——恭帝司马德文(419~420)

大事年表

公元 317 年　司马睿于健康即位称帝,建立东晋王朝。

公元 319 年　石勒称王,以赵为国号,史称后赵。

公元 322 年　王敦第一次举兵。晋元帝死,太子司马绍即位,是为晋明帝。

公元 324 年　王敦第二次举兵。

公元 326 年　石勒令王波典定九流,始立秀、孝试经之制。

公元 327 年　苏峻、祖约之乱爆发。

公元 328 年　石勒生俘刘曜。东晋、前凉、成汉、前赵、后赵并立局面形成。

公元 329 年　东晋平定苏峻、祖约之乱。

公元 330 年　石勒称帝,改元建平。

公元 347 年　桓温率军西进灭蜀。

公元 349 年　冉闵挑唆民族仇杀。

公元 353 年　殷浩北伐前秦。

公元 356 年　桓温收复洛阳。

公元 357 年　王猛为前秦尚书。

公元 370 年　秦王苻坚遣兵灭燕。

公元 376 年　前秦统一北方。

公元 382 年　前秦命吕光西征。

公元 383 年　淝水之战。

公元 384 年　慕容垂重建燕国。慕容泓建西燕。姚苌建后秦。

公元 386 年　拓跋珪重建代国,旋改国号为魏,都平城。

公元 394 年　慕容垂灭西燕。

公元 395 年　北魏推进中原。

公元 400 年　陇西李暠被众举为敦煌太守,后称凉公,史称西凉。

公元 403 年　桓玄称帝,国号楚,旋失败。

公元 412 年　乞伏乾归被杀,乞伏炽磐自称河南王。

公元 417 年　刘裕入长安,后秦亡。

公元 420 年　刘裕建立刘宋王朝,东晋亡。

淝水之战前的北方

十六国时期的历史，以淝水之战为界，可以分为前后两个时期。永安元年(304 年)，略阳人李雄在成都称王，建立了成汉政权。到永和三年(347 年)被东晋所灭。在成汉建立的同一年，匈奴贵族刘渊也在山西离石起兵建立汉国，永嘉二年(308 年)称帝，都平阳(今山西临汾)。永嘉四年(310 年)，刘渊死，子刘聪继位，次年攻下洛阳，俘晋怀帝。建兴四年(316 年)，刘曜攻下长安，灭西晋。东晋大兴二年(319 年)，刘曜夺取政权，迁都长安，改国号为赵，史称前赵。同年，羯族人石勒在河北称赵王，都襄国(今河北邢台)，史称后赵。汉、前赵和后赵政权实行残酷的民族压迫政策，胡汉分治，滥杀人民，民族矛盾和阶级矛盾十分尖锐，社会生产破坏严重。但他们也都利用各族上层分子，学习汉族地主的统治经验，以巩固政权，实行以少数民族贵族为主和汉族地主相结合的胡汉联合统治。石勒后来在政策上有所转变，仿行魏晋租调制，督劝农桑，赏赐力田，使其统治的黄河中下游地区经济文化有所恢复和发展，并得以在咸和五年(330 年)灭前赵，称帝，使后赵成为北方唯一能与东晋相抗的大国，全盛时，占有南过淮河、北到燕代、西起河西、东至海的广大地区。石勒死后，其侄石虎杀继位的石勒子石弘自立为帝。石虎极为残暴，激起各族人民的起义和反抗，规模最大的有永和五年(349 年)的梁犊起义。石虎死后，诸子争权，互相残杀，政权落入石虎养孙汉人冉闵手中。冉闵于次年称帝，改国号为魏，史称冉魏。冉闵大杀胡人，引起各少数族人民的反抗。永和八年(352 年)，冉魏被前燕所灭。

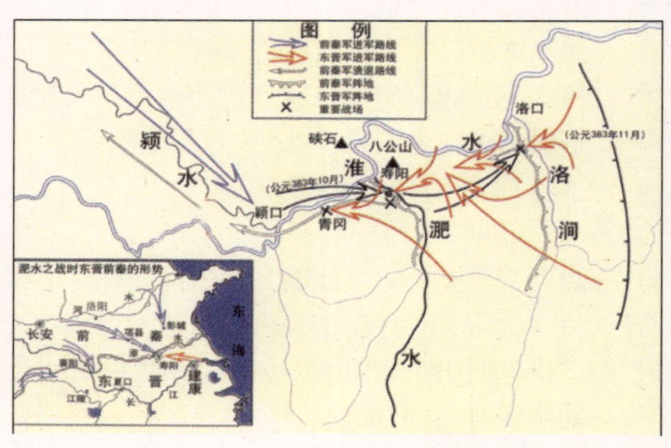

◀淝水之战时东晋前秦的形势图

公元 308 年　刘渊建汉

刘渊像

晋怀帝永嘉二年(公元 308 年),刘渊称帝,国号汉,改元永凤,迁都平阳(今山西临汾)。刘渊,字元海,匈奴冒顿单于直系后裔。公元 290 年晋惠帝继位,杨骏辅政,任命刘渊为建威将军、五部大都督,成为晋朝的北方守将和被晋朝承认的南匈奴最高统帅。刘渊努力推行法治,打击邪恶势力,恤贫济苦,以诚待人,在匈奴五部中树立起崇高的威望。晋惠帝永安元年(公元 304 年)八月,刘渊在离石(今山西离石县)起兵反晋,自称大单于。随着刘渊影响的扩大,其他反晋势力先后依附于其麾下。为了进一步提高影响,加强自身的政治权力,永嘉二年(公元 308 年)十月,刘渊正式称帝。刘渊是汉化的匈奴贵族后裔,他在西晋日趋衰败、各地流民纷纷起义反晋的浪潮中,趁势在中原建立了第一个少数民族政权。汉国政权建立进一步把中原推向战争和动乱,同时改变了曹操以来匈奴五部统治结构,重新恢复了匈奴传统旧制。但少数民族对汉人的长期统治,为各民族之间深层次的融合,准备了条件。他所建立的汉国是十六国最早的割据政权。自此中国开始了一个四分五裂的混乱时期。

胡汉分治

十六国时期,汉、前赵和后赵所实行的一种统治政策。匈奴贵族刘渊、刘聪、刘曜和羯族石勒建立政权,控制中原地区以后,面临着尖锐的民族矛盾。为了便于进行统治,便采取了以汉制治汉人、以胡制治胡人(即少数民族人)的政策,称为胡、汉分治。汉国刘聪时,曾设左右司隶、内史、令长,统治 40 多万户汉人,以子刘粲为大单于,并设单于左右辅、都尉统治“六夷”,即匈奴、鲜卑、氐、羯、羌和巴氐等少数民族 20 多万部落。前赵刘曜时,以子刘胤为大单于,置单于台于渭城,又置左、右贤王,其以下皆选胡、羯、鲜卑、氐、羌豪酋担任。后赵石勒规定称

东晋·越窑鸡首壶

羯人为“国人”,汉人为“赵人”,并以子石宏为大单于,统治胡羯。随着民族融合的发展和各少数民族的封建化,十六国时期由少数民族在中原地区建立的其他政权不再实行胡汉分治政策。

公元 312 年 石勒称霸

▼石勒墓

石勒(274~333 年)上党武乡人,羯族。石勒 14 岁就随邑人行贩于洛阳,20 岁时被晋并州刺史司马腾掠卖为奴,被赦后认识牧苑的牧率汲桑。晋永兴二年(305 年),与汲桑在河北起兵反晋,任前队督。永嘉元年(307 年),石勒兵败,投汉王刘渊,被封为辅汉将军、平晋王,转战河北,南下江汉地区,连战皆捷,力量日益壮大。石勒建立君子营,与常山(今石家庄东北)、巨鹿(今河北巨鹿西北)一带的汉人合作,重用有才干的赵郡人张宾为谋主,并采纳其建议,决定先定河北,后争雄天下。于是,在永嘉六年(312 年)五月,移军北上,占据襄国(今河北邢台),定都于此。之后,石勒控制了并、幽、冀三州之地,息境安民,积蓄力量,同时西附刘汉,南阻东晋奋威将军祖逖北进,稳定了北方,实力也逐渐强大起来。

▶刘曜皇后羊献容像

公元 318 年 刘曜建前赵

刘曜,字永明,匈奴族,刘渊族子。自幼好读兵书,善文,工书法,长于骑射,号为神射。历任汉国大司马、相国、都督中外诸军事等要职,镇守长安。建武二年(318 年),靳准在平阳(今山西临汾西南)发动政变,杀刘粲,刘曜闻变,率兵东讨,进抵赤壁(今山西河津西北的赤石川),在属下拥戴下即位称帝。灭靳氏后,迁都长安。次年夏,改国号为赵,史称前赵。前赵建立后,刘曜剿抚兼施,镇压了关中氐、羌、巴、羯 30 余万人的反抗,又先后平定了南安(今甘肃陇西)和陇右,30 余万汉、氐、羌、巴、羯等族人民被迁到长安及其附近。刘曜采用胡、汉分治政策,利用各族上层分子治其原来部落。又选用汉族地主做官,在长安设立学校,学习汉族文化。其军旅最盛时,有兵 28.5

万。咸和三年(328 年)初,刘曜在洛阳城西兵败被俘,为石勒所杀。

公元 328 年　高侯原之战

▼高侯原之战

咸和三年(328 年),石勒命石虎率四万大军自轵关(今河南济源县西)西征刘曜,河东 50 余县响应,遂进击蒲坂(今山西永济县西)。刘曜亲率水陆精锐自边关北渡救援,石虎引兵撤退,刘曜追之,双方在高侯原(今山西闻喜县北)决战,石虎大败,将军石瞻被杀,枕尸二百余里,武器辎重损失以亿计,石虎逃奔朝歌(今河南淇县)。刘曜乘胜南渡,围石生于洛阳金墉城,并分兵攻后赵之汲郡、河内。后赵荥阳太守尹矩、野王太守张进等相继投降。高侯原之战是后赵势力扩张过程中遭到的一次重大挫折。

▶石勒称帝图

公元 329 年　石勒灭前赵

咸和三年(328 年)八月刘曜在高侯原(今山西闻喜北)大败后赵石虎后,乘胜南渡,围石生于洛阳金墉城。石勒命石虎进据石门,石勒亲率主力前往洛阳。刘曜天天与近臣饮酒作乐,不注意安抚士卒,得知石勒攻来,军势甚盛,遂撤金墉之围,将十余万众列阵于洛阳城西。同年十二月,石勒进驻洛阳后,命石虎率步卒三万,自城北向西攻击刘曜中军;石堪、石聪各率精骑八千,自城北向西攻击刘曜前锋。石勒亲率主力夹击刘曜军。刘曜一向嗜酒,临战犹饮酒数斗,结果在西阳门被后赵大军击溃。刘曜在昏醉中奔逃,马陷石渠,陷坠于冰上,为石堪俘获,不久即为石勒所杀。次年正月,刘曜的诸子放弃长安,逃奔上邽(今甘肃天水),关中大乱,石生乘机进占长安。八月,石虎攻占上邽,杀前赵太子及诸王公侯将相以下 3000 余人,前赵灭亡。

公元 330 年　石勒建后赵

公元 330 年,石勒称帝,建都襄国(今河北邢台),史称后赵。石勒早年深受汉族官僚的残酷压迫，起兵初期，曾大量屠杀汉族官吏、降卒和百姓，后来逐渐转变政策，曾以汉族士人张宾为谋主，后任为大执法，总管朝政。攻陷冀州后，将当地衣冠人物集为“君子营”，加以保护。下令胡人不得侮衣冠华族，并通过恢复九品中正制和察举、考经等办法，吸收汉族地主做官。经济上仿效魏晋租调制，进行封建剥削，并注意劝课农桑，恢复农业生产。文化思想上设专官主管经学、律学和文学，又在都城、郡国设立学校，令贵族子弟学习汉族文化。后赵全盛时，占有南过淮河、北到燕代、西起河西、东到海的广大区域，成为与东晋对抗的大国，其声威远及西域和辽东塞外。

张宾

◀张宾像

张宾，字孟孙，赵郡中丘(今河北内丘西)人，博学有大志，常自比张良。永嘉三年(309年)，石勒与诸将攻略山东，张宾认为可与之共成大事，乃提剑到军门求见。起初石勒对他并不重视，后来张宾多次为石勒出谋划策，逐渐受到石勒的信任和重用。石勒称赵王后，张宾任为大执法，专总朝政。石勒曾以“右侯”呼之，以示敬重。张宾帮助石勒制定正确的斗争策略，歼灭王衍，攻破洛阳；兼并王弥，占据襄国；诱杀王浚，逐走刘琨，控制幽、冀、并三州，奠定了建立后赵政权的基础。后赵立国之初，许多重要制度如恢复九品中正制等也大多由张宾制定。

▲东晋·陶牛车

公元334年　石虎继位

延和八年(333年)，石勒死，子石弘继位。次年，石勒之侄石虎杀石弘，自立为天王，迁都于邺。石虎在位时不断与东晋、前燕、前凉交战，穷兵黩武，强行征发人民当兵，三丁发二，五丁发三，还曾下令：出征士兵五人出车一辆，牛两头，米各十五斛，绢十匹，不能完成者斩。人民被迫卖儿卖女，自杀于道路。又大兴宫室，在邺城造台观40余所，营造长安、洛阳二宫，先后征发民工80余万。石虎还大量掠夺年13岁以上20岁以下民女3万余人充实后宫，致有“夺人妻女，十万盈宫”之说。石虎统治期间，刑政苛暴，社会生产受到严重破坏，各地人民不断起义。咸康三年(337年)，安定(今甘肃泾川)侯子光自称佛太子，聚众数千人在杜南山起义。咸康八年(342 年)，贝丘(今山东临清)人李弘率数千家起义；永和五年(349 年)，梁犊起义，参加者达十余万人。石虎死后不久，后赵即亡。

公元 349 年　梁犊起义

▲东晋·德清窑黑釉盘口壶

永和四年(348 年)，后赵太子石宣因为自己的弟弟受宠于石虎，派人杀了自己的弟弟，并想杀石虎。后来事情泄露，石虎杀了石宣，东宫卫士十余万人也被发配到凉州。次年，石虎称帝，大赦天下，但是自邺城西行到达雍城(今陕西凤翔)的士卒不在赦例，马匹又被雍州刺史张茂夺去，被迫步行推小车载粮去戍所，引起士兵的强烈不满，于是推梁犊发动起义。梁犊自称晋征东大将军，率领众人攻打后赵。戍兵皆力大善射，勇敢善战，以民间大斧、长棍为武器，攻郡县，杀长吏，所向披靡。到达长安时，已有十万之众。因长安未能攻下，遂东出潼关，进击洛阳。石虎派将领率步骑十万前往阻遏，在新安(今河南渑池东)、洛阳两次交战均被起义军击败。梁犊乘胜东进荥阳、陈留诸郡。石虎忙以燕王石斌为大都督，督中外诸军事，统兵进行镇压，在荥阳击败起义军，梁犊被杀，起义军余众也被消灭。梁犊起义削弱了后赵的统治，促使它迅速瓦解。

公元 350 年　冉闵灭后赵

冉闵的父亲冉瞻为石虎养子，改姓石，冉闵为石虎养孙。后赵主石虎死后，诸子争久，石遵杀石世自立，冉闵以都督中外诸军事掌兵权。不久，冉闵与大将李农等杀石遵，立石鉴为帝。永和六年(350 年)，石鉴利用冉闵和李农率兵在外作战之隙，派人攻冉闵的邺(今河北临漳西南)，后来事情泄露，冉闵遂杀鉴及石虎五子，即位称帝，国号大魏，复姓冉，史称冉魏。后赵宗室石祗听说石鉴被杀，遂在襄国(今河北邢台)称帝，匈奴、鲜卑、羯、氐、羌等少数民族兵将纷纷响应。冉闵亲率步骑十万攻围襄国百余日，石祗恐惧，乃于次年二月去帝号，称赵王，向前燕求救。三月，石祗率领十余万军队大败魏军于襄国城下，魏兵将死者十余万人，冉闵仅与十余骑还邺。石祗遣其大将刘显率众七万攻邺，冉闵全军出战，大败刘显，刘显秘密遗使以杀石祗为条件请降。四月，刘显在襄国杀石祗十余人，后赵遂亡。

反胡羯斗争

▲东晋·德清窑黑釉鸡首壶

后赵石虎死后，石虎的养孙汉人冉闵控制了实权。冉闵为了巩固政权，便依靠汉族，开展反胡羯的斗争。他下令禁止“六夷”即匈奴、鲜卑、羯、氐、羌和巴氐等少数民族携带武器，违者处斩。“六夷”恐慌，纷纷斩关逾城而出。冉闵又下令“与官同心者住，与官不同心者各任所之”，于是胡羯纷纷出城，邺城百里内的汉人纷纷进城。冉闵认为羯人与自己不同心，便下令大杀羯人，不分贵贱、男女、少长，共杀 20 余万人。冉闵在反胡羯斗争中采取了错误的民族仇杀政策，引起各少数民族人民的反对，加剧了民族矛盾。冉魏政权建立后，连年与羌、胡等少数民族相攻，中原大乱，氐族苻健的前秦和鲜卑慕容儁的前燕乘机而兴，冉魏政权亦在少数民族武装的夹攻下被消灭。

公元 352 年　慕容儁灭冉魏

后赵主石虎养孙冉闵在建立冉魏、灭掉后赵政权的过程中，对胡羯等少数民族采取的政策加剧了北方的民族矛盾，导致了青、雍、幽、荆州的被迁户及氐、羌、胡、蛮数百万人各回本土，互相杀掠，生产破坏，中原大乱。冉魏政权亦在与氐、羌、鲜卑等少数民族的连年相攻中日趋衰弱。此时，氐族苻健乘机在关中建立前秦政权，前燕慕容儁自辽西进兵幽冀。永和八年(352 年)三月，冉闵攻克襄国，势力伸展到常山、中山诸郡，与南下燕军正面接触。四月，双方在魏昌大战，燕兵十战皆不胜。燕将慕容恪用参军高开之计，将以步卒为主之闵军诱至平地决战，又把燕之骑兵分为中左右三部，择五千善射骑兵以铁锁连其马，列成方阵，作为前锋，待冉闵率军冲击燕兵中军时，燕左右两军从旁夹击，魏军大败，冉闵虽突出重围，仍为燕兵所俘，被斩于龙城(今辽宁朝阳)。冉魏政权遂亡。

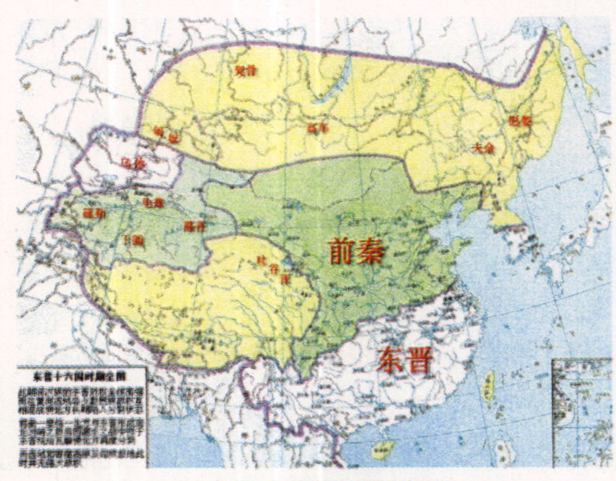

▲东晋十六国时期全图

十六国简表

统治期	国名	开国者	民族	首都	亡于何国
304~347	成汉	李雄	巴氐	成都	东晋
304~329	汉赵	刘渊	匈奴	平阳(今山西临汾),长安(今陕西西安)	后赵
319~351	后赵	石勒	羯	襄国(今河北邢台西),邺(今河北临漳西南)	冉魏
320~376	前凉	张茂	汉	姑臧(今甘肃武威)	前秦
337~370	前燕	慕容皇光	鲜卑	龙城(今辽宁朝阳),邺(今河北临漳西南)	前秦
350~352	冉魏	冉闵	汉	邺(今河北临漳西南)	前燕
351~394	前秦	苻健	氐	长安(今陕西西安)	西秦
384~407	后燕	慕容垂	鲜卑	中山(今河北定州)	北燕
384~394	西燕	慕容泓	鲜卑	长子(今山西长子)	后燕
384~431	后秦	姚苌	羌	长安(今陕西西安)	东晋
385~431	西秦	乞伏国仁	鲜卑	金城(今甘肃兰州)	夏
386~403	后凉	吕光	氐	姑臧(今甘肃武威)	后秦
397~414	南凉	秃发乌孤	鲜卑	乐都(今属青海)	西秦
397~439	北凉	段业	汉	张掖(今属甘肃)	北魏
398~410	南燕	慕容德	鲜卑	广固(今山东青州)	东晋
400~421	西凉	李暠	汉	敦煌	北凉
405~413	西蜀	谯纵	汉	成都	东晋
407~431	胡夏	赫连勃勃	匈奴	统万(今陕西靖边县北白城子)	吐谷浑
407~439	北燕	高云	朝鲜	和龙(今辽宁朝阳)	北魏

东晋·顾恺之·《列女传》(宋人摹本)

前秦的统治

前秦是氐族首领苻健在永和七年所建，都长安，占据关中一带。升平元年(357年)苻坚登位后，在汉人王猛帮助下，改革内政，打击豪强，加强中央集权；争取汉族地主和各族上层分子的支持，缓和民族矛盾；设立学校，提倡儒学，发展文化；重视农业，兴办水利，发展经济。使前秦国力大为增强，先后灭前燕，夺益州，灭前凉和代，控制西域，基本上统一了中国北方地区。太元八年（383年），前秦攻伐东晋，淝水之战，秦军大败，北方再次陷入分裂。

公元351年 苻健立国

晋永和六年(350年)，苻洪被后赵降将毒死，苻健嗣位，去秦王号，对东晋称臣。当时京兆杜洪占据长安，自称晋征北将军、雍州刺史，颇得汉族和少数民族的支持。苻健在枋头(今河南浚县西南)经过充分准备后，自称晋征西大将军、雍州刺史，集中全部力量西进，分兵两路，同时进击长安，在潼关击败杜洪部将张先。杜洪召集关中之众以抵抗苻健，不敌，杜洪的弟弟杜郁率所部降，杜洪逃亡，苻健遂进入长安，据有关陇，并与桓温修好。永和七年(351年)，苻健自称大秦天王、大单于，国号秦。次年，改称皇帝，史称前秦。永和十年(354年)，东晋大将桓温亲率步骑四万北伐前秦，进军至长安附近的霸上。不久，苻健弟苻雄率兵在白鹿原击败桓温，晋军死者万余。前秦又采用坚壁清野政策，使晋军饥饿乏食，被迫退兵。此后，苻健在关中发展生产，减轻赋税，优待士族，尊崇儒学，使前秦政权得以逐步巩固。

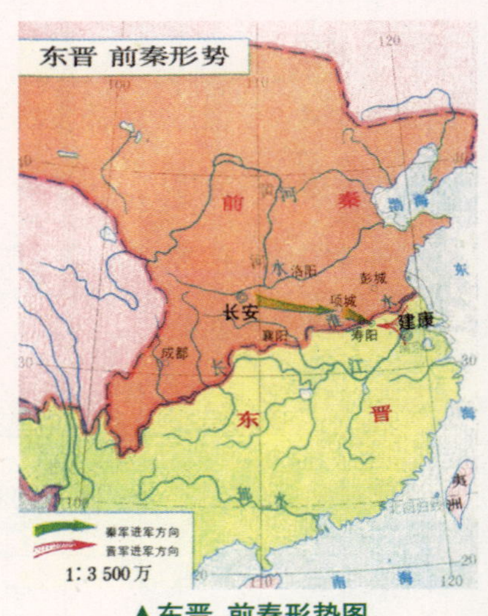

▲东晋、前秦形势图

公元 357 年 王猛辅政

◀王猛像

公元 357 年，苻坚即位，他虽然采取了一些有效的措施，以图缓和阶级矛盾，但是，在前秦社会中，氐族贵族豪强飞扬跋扈，从上到下形成了一股强大的社会势力，危害极大。王猛，出身贫寒但博学多才，善于谋略和用兵。苻坚与其一见如故，于晋升平元年(357年)，起用王猛等辅助朝政。当时关中因多年战乱，经济凋敝，百废待兴。王猛采取了一系列的措施来整顿政治，发展经济。他打击犯法的豪强贵族，“举异才，修废职”，创立荐举赏罚制度和官吏考核新标准，形成了“才尽其用，官称其职”的新局面；凿山起堤，招纳流民，减租减税，奖励耕种，使得平原的经济得到了恢复和发展，大大增强了前秦的国力；同时，王猛通过德化教育，改善社会风气，竞学之风日盛。很快前秦就出现了中国历史上少有的“人思劝励、号称多士、盗贼止息、田畴修辟、帑藏充盈、典章法物靡不悉备”的太平盛世。

公元 370 年 灭前燕

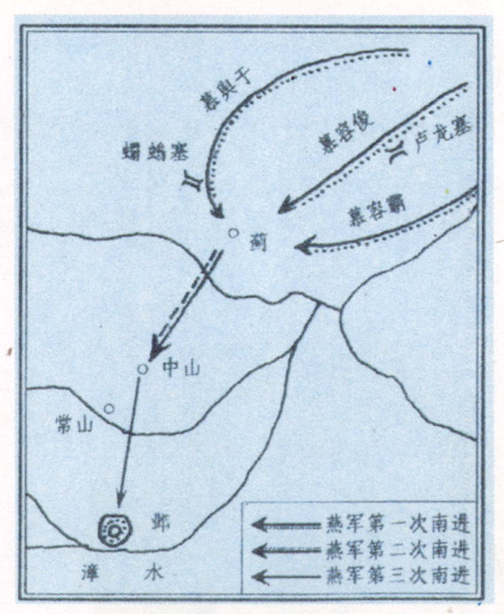

▲前燕入据河北示意图

前燕是鲜卑人慕容氏建立的政权。慕容氏部落原居辽河流域。公元 286 年，其首领慕容廆建立政权，公元 337 年，其子慕容皝称燕王，正式建立前燕政权，都于龙城(今辽宁朝阳)。当时，前燕地偏东北，战乱较少，前燕统治者又招徕汉人，因此，内地的许多汉族流民纷纷进入前燕。前燕组织汉族流民垦荒屯田，农业很快发展起来，慕容部落在汉族先进经济文化的影响下，很快进入封建化阶段。前燕灭冉魏后，其疆域向南扩展，为了控制新占领的地区，便把都城南迁，初迁于蓟(今天津市蓟县)，后又迁到邺。前燕迁都之初，政治状况还比较好，社会也比较安定，经济有所发展。公元 360 年，慕容儁死，其子暐即位后，穷奢极欲，生活腐朽，政治腐败，不断加重对人民的剥削，阶级矛盾和民族矛盾很快激化。公元 369 年，前燕统治者内部又发生了夺权斗争，贵族慕容垂投降前秦。前秦以王猛为统帅，慕容垂为先锋向前燕发动进攻，很快攻占了洛阳。公元 370 年，又破燕兵四十万，攻下邺，慕容暐被俘，前燕灭亡。

公元 376 年
前秦统一北方

前秦占据关中，当时东面有燕，南面有晋，西北有凉，东北有代，西面还有吐谷浑。经过苻坚和王猛以及其他大臣的治理，前秦的政治稳定清明，经济快速发展，军事强大，已经具备了扩张的实力。苻坚于公元 369 年以王猛为大将，灭亡前燕。此后数年，苻坚先后消灭了仇池（今甘肃成县西）的氐族杨氏、前凉、代等割据势力，并于晋太元七年（382 年）进军西域，相继讨平了西域三十六国。至此，自西晋末年以来长期的割据纷扰的黄河流域，实现了统一，前秦与东晋形成南北对峙的局面。

▲前秦“大秦龙兴化牟古圣”瓦当

公元 376 年　灭前凉

前凉是凉州地区存在的一个汉族政权。从“八王之乱”到“五胡乱华”，西晋凉州刺史张轨及其子寔守土保境，中原人民纷纷前来避乱，张氏子孙世守凉州，人民生活比较安定。汉族士人在那里传授儒学，保存了中原失传的一些经籍和学说。州治姑臧（今甘肃武威）成为西北地区的文化中心。张氏虽接受东晋封号，但与建康相距万里，实际上也是一个割据政权。前凉先后打退了刘曜、石虎的进攻，又西越流沙，攻龟兹，西域诸国先后归附。然后击败伊吾戊己校尉赵贞，在其地设立高昌郡，控制了从陇西到西域的广大地区。353 年张重华死后，张氏宗室内乱不绝，凉州百姓也起兵反抗。十年争权夺位的斗争，使国势大衰，到张天锡时已失去今甘肃南部。376 年，前秦主苻坚以步骑十三万大举进攻，张天锡被迫出降，前凉亡。

▲前凉铸币——凉造新泉

公元 383 年　淝水之战

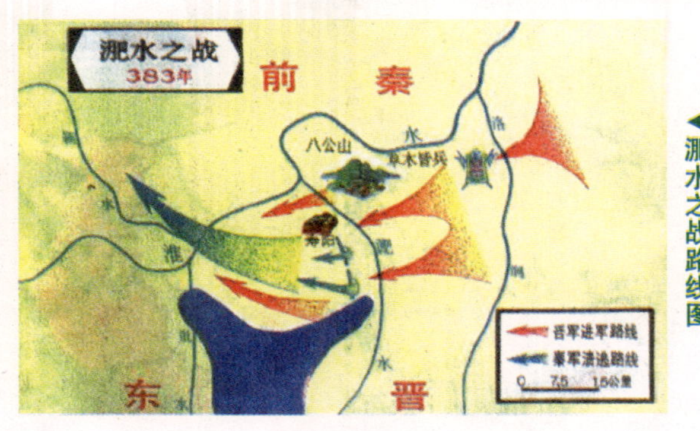

◀淝水之战路线图

前秦在统一北方后，不断向南扩张，相继攻占东晋梁、益（约今陕西南部及四川）二州及襄阳、彭城等地，苻坚急欲灭亡东晋，统一天下。晋太元八年（公元 383 年），苻坚征集 80 多万人进攻东晋，东晋丞相谢安命其弟谢石、侄谢玄等率军八万迎敌。同年十月，前秦军队攻占寿阳（今安徽寿县），苻坚派被俘的东晋将军朱序到晋军中去劝降。朱序乘机告诉谢石，前秦军队到达前线的只有 25 万人，建议先发起进攻。十一月，晋军在淝水与前秦军隔水对阵。谢玄以隔水不方便打仗为由，请秦军后退。苻坚想乘晋军渡河时消灭晋军，答应后退。可是，由汉人及各族被役者组成的前秦军不愿再战，秦军一退便失去控制，此时，朱序又乘机大喊："秦军败了！秦军败了！"前秦军队顿时大乱。晋军趁机渡过了淝水，秦兵溃散逃跑，死亡大半，苻坚也被箭射伤，逃回长安。淝水之战后，前秦瓦解，北方再度陷入割据混战的局面，而东晋相对稳定的局面得到了巩固，江南经济、文化进一步发展。

公元 382 年　伐晋之议

苻坚即位后，在汉人王猛的帮助下改革内政，缓和民族矛盾，发展生产，国力迅速增强，先后灭前燕、前凉和代国，取得汉中、益州，攻占襄阳、彭城两大战略要地，全部控制了黄河流域和长江上游广大地区，与东晋对峙于淮水一线，苻坚遂有伐晋之心。太元七年（382 年），苻坚会群臣于太极殿，提出要亲率 97 万大军，一举消灭东晋，让群臣讨论。有人随即附和，认为大军压境，东晋必不战而降。有人坚决反对，认为东晋虽弱，但有谢安、桓冲等江表伟人，君臣和睦，内外同心，故不宜出兵。太子也认为东晋有长江之险，民为所用，不可伐之。由于多数大臣反对出兵，这次廷议久而不决。苻坚将其弟阳平公苻融单独留下，继续商议。苻融提出伐晋有三难，希望苻坚不要忘记王猛临终之言。太子和爱妾等均劝谏苻坚不要伐晋，苻坚却坚持己见，认为强兵百万，资仗如山，投鞭长江，足断其流，以此击晋，犹疾风之扫秋叶，何愁不克。

▲苻坚墓

东晋·墓顶壁画

东晋的建立和北伐

当西晋末年北方混战之时，琅邪王司马睿于永嘉元年(307年)以镇东大将军，都督扬、江、湘、交、广五州诸军事，从下邳移镇建业，依靠王导为首的南迁北方士族，联合江南士族，逐渐稳定了在江南的统治。西晋灭亡后，司马睿遂于317年称晋王，次年称帝，都建业，是为东晋。其疆域最大时占有长江、珠江、淮河流域及今山东大部。东晋虽有祖逖、桓温、刘裕等多次北伐，但均无力实现统一。

公元313年 祖逖北伐

祖逖，字士稚，范阳遒县(今河北涞水北)人。年轻时就胸怀大志，立志为国家效力，半夜听到鸡叫，说"此非恶声也"，立即起床舞剑，加强锻炼。西晋灭亡后，祖逖率亲党数百家南逃，深得流民拥护，被推为"行主"。他看到在匈奴统治下的中原人民，流离失所，决心北伐。可是，司马睿却素无北伐之志，一些世家大族也只顾巩固自己的地位，竭力反对，因此司马睿对他的北伐并不支持，只给了祖逖一个豫州刺史的虚名和一千人的口粮、三千匹布，让他自己招募军队。祖逖不怕困难，率部曲一百余家于公元313年渡江北伐，渡船行至中流，祖逖慷慨激昂，击楫而誓曰："祖逖不能清中原而复济者，有如大江！"祖逖渡江后，一面在江阴制造兵器，一面招募士兵，队伍很快发展到两千余人。当时进入河南后，当地许多起义武装都纷纷响应，听他指挥，多次打败石勒军，黄河以南州县全部为祖逖收复。可是，正在祖逖准备继续向黄河以北进军时，司马睿却害怕祖逖势力过大，会危害朝廷，又派戴渊为都督，节制祖逖。这时东晋朝廷内部也矛盾重重，祖逖见北伐难以成功，忧愤成疾，抱恨而死。他领导的北伐也宣告结束，收复的土地又丢失了。

▲祖逖雕像

新亭对泣

西晋灭亡之后，司马睿在建业称帝，建立东晋，原来西晋士族旧臣纷纷避兵南渡。每到天气和美的日子，士族旧臣便相邀来到城南的新亭。他们坐在芳草地上，饮宴狂欢。行酒之间，周顗突然慨叹道："风景不殊，正自有山河之异！"意思是说风景依旧，但山河已改。士族旧臣相对哭泣，只有丞相王导不以为然，以为河山破碎，当共戮力王室，克复神州，不应自作楚囚，相对哀泣。他言辞慷慨，鼓励过江士族竭力辅佐东晋政权。王导还建议司马睿招引吴姓士族，抚绥新旧，使江东归心，以便安定江左。

▶晋元帝司马睿画像

公元 317 年　司马睿建东晋

建兴五年(317 年)，琅琊王司马睿在南渡过江的中原氏族与江南氏族的拥护下，在建康称帝，国号仍为晋，改元建武，大赦天下，司马睿是为晋元帝。司马睿即位后，因为他在皇族中声望不够，势力单薄，本人才能也不高，所以得不到南北士族的支持，皇位不稳。但是，他重用了政治家王导。王导运用策略，使南方士族支持司马睿，使北方南迁的士族也决意拥护司马睿，稳定了东晋政权，维持了偏安局面。东晋初年，政治上有王导主持，军事上依靠王敦，时人谓之"王与马，共天下"。

王导

王导，字处忠，琅邪临沂人，出身士族，是北方士族的代表人物。早在洛阳时，王导就和司马睿友善，"契同友执"。他随司马睿到江南后，更成为心腹，"每事咨焉"，对其倍加亲信。随着司马睿政权在江南的巩固，王氏家族的势力也与日俱增。王导任丞相，掌朝廷大权，王敦为镇东大将军，都督江、扬、荆、湘、交、广六州诸军事，江州刺史，控制军权。司马睿称帝，接受百官朝拜时，百官陪列，司马

◀王导像

睿竟让王导"升御床共坐"贺，王导坚辞固让再三，方作罢。王氏势力几乎达到与司马氏平起平坐的地步，故当时民谣曰："王与马，共天下。"

公元 322 年　王敦兵变

▲东晋·越窑青瓷蛙形双耳罐

当司马睿正式称帝以后，王导、王敦兄弟掌握了东晋的军政大权。由于王氏弟兄权力太重，司马睿想控制一下王氏弟兄的权力，便任用刘隗、刁协、戴渊等人为亲信，还在军事上逐渐分散王敦的权力，引起王敦不满，终于在永昌元年(公元 322 年)发动兵变。王敦从武昌发兵，王敦的死党沈充从吴兴(今浙江吴兴一带)起兵响应，南北同时向建康进攻。晋元帝司马睿见王敦造反，立即让刘隗、戴渊守卫京城，任命王导、戴渊等人领兵御王敦，又命令右将军周札专门守卫当时的军事重镇石头城(今江苏南京市清凉山)。王敦领兵来到石头城下，猛攻石头城。城中守将周札坚持不住，率兵投降。刘隗等人本来就不会打仗，士兵们与王敦的军队一接触就四散奔逃，溃不成军。晋元帝的士兵失去了战斗力，眼看着只能任王敦宰割了，无可奈何之下只得发下诏书，说王敦不但无罪，而且有功，给他加封为丞相，封武昌郡公。诏书到达时，王敦坚决推辞，不受加封，但也不听元帝退兵的命令，驻于石头城，也不去朝见皇帝。当年元帝病死，明帝即位，在胁迫下手诏征王敦入朝辅政。王敦自武昌移镇姑孰(今安徽当涂)，以王导为司徒，自领扬州牧，不久病重。太宁二年(324)明帝下令讨伐。王敦以兄含为元帅，使钱凤等率兵三万攻建康，明帝亲率六军抗拒。王敦病卒，含军崩溃。王敦之乱揭开了东晋中央与地方权力之争的序幕。

▶东晋·青釉点彩碟、勺

◀东晋·青釉龙柄镳斗

王允之告密

◀东晋·青釉笔筒

王敦的侄子王允之，正当童年，王敦因他聪明机警，异常宠爱，经常让他跟随自己。王敦有一次在夜间饮酒，王允之以醉酒为由告辞先睡，王敦便和钱凤一起商讨叛乱之事，被王允之原原本本听到。王允之随即在睡卧的地方大吐，衣物、脸面都沾上了污秽，钱凤走后，王敦果然持灯前来察看，见王允之睡卧在呕吐的污物中，便不再有疑心。不久，适逢王允之的父亲王舒升任廷尉，王允之请求归省父亲，便将王敦、钱凤密谋的内容全部告诉了王舒。王舒与王导一块儿禀告皇帝，私下为应付突变做准备。

公元 326 年　苏峻、祖约之乱

东晋建立初期，内朝与方镇之间矛盾尖锐，先是王敦两次起兵，苏峻因平定王敦叛乱有功，进使持节、冠军将军、历阳内史，颇为骄纵，有轻视朝廷之意。祖约在寿春亦持名望功劳，以不得明帝顾命为恨，对朝廷不满。咸和元年（326 年），司马衍继位，是为成帝，由外戚庾亮辅政。于是苏峻联结祖约，以诛执政庾亮为名，起兵反晋，攻入健康，大肆杀掠并专擅朝政。不久温峤、陶侃起兵讨伐，苏峻兵败被杀，祖约逃奔石勒。至咸和四年（329 年）春，晋师南迁以来最大的叛乱得以平息。苏峻、祖约之乱对东晋当政的门阀士族打击很大。此后，士族内争在方式上有所顾忌，不敢轻动干戈，因而东晋得以免除内战达七十年之久。

▲始建于东晋的夫子庙

公元 346年　桓温灭成汉

建兴三年（306 年）流民起义领袖李雄称帝，国号大成，都成都。永和二年（346 年），执政的安西将军、荆州刺史桓温乘成汉李势继位之机，发兵攻汉。桓温以衰乔率2000人为先锋，亲率周抚、司马无忌等大军随后，直击汉都成都。桓温首战连连告捷。次年春，汉帝李势全军出战，在成都笮桥（今成都西南南河上）同桓温军激战。桓温军前锋受挫，众士卒欲退时，鼓吏误击进鼓，袁乔乘势督士卒力战，大破成汉军。晋军乘胜直追，火烧城门，李势连夜逃走，至葭萌关（今四川广元西南），遣使向桓温请降。至此，成汉灭亡。桓温还军时以周抚镇彭模。周抚经两年扫除成汉残余势力，使蜀地全归东晋。

▲东晋·青瓷兽环洗

公元354年～公元369年 桓温北伐

桓温，字子元，东晋谯国龙亢（今安徽怀远西）人。东晋穆帝时，任荆州刺史，曾出兵灭成汉，将四川地区归入东晋版图，手中拥有一支强大军队的桓温是个政治野心很大的人，因此和东晋王室有一定的矛盾。为了提高自己的威信和捞取政治资本，桓温几次请求北伐，朝廷却置之不理，另派褚裒、殷浩先后率军北伐，结果都遭到惨败。在这种情况下，才同意桓温北伐。

桓温北伐共有三次，第一次是在永和十年（354年），桓温率军进攻前秦，一直打到关中，取得重大胜利。关中人民得知后，争持牛酒犒劳晋军。可是，北伐军并未得到东晋王室的支持，前秦又采取坚壁清野的战略，使晋军粮食供给不足，陷入饥困之中，不得不退兵南归。第二次北伐是在永和十二年（356年），桓温率军从江陵出发，勇猛进军，打败了羌人首领姚襄，一举收复洛阳。桓温建议晋穆帝还都洛阳，穆帝不理。不久，桓温回到江南，洛阳又被前燕攻占。第三次北伐是在太和四年（369年），一直进军至枋头（今河南濬县西），对前秦震动很大，但这次也由于粮草不给，被迫退兵。退兵中途，又遭到前秦骑兵追击，晋军死伤三万余人，北伐失败。

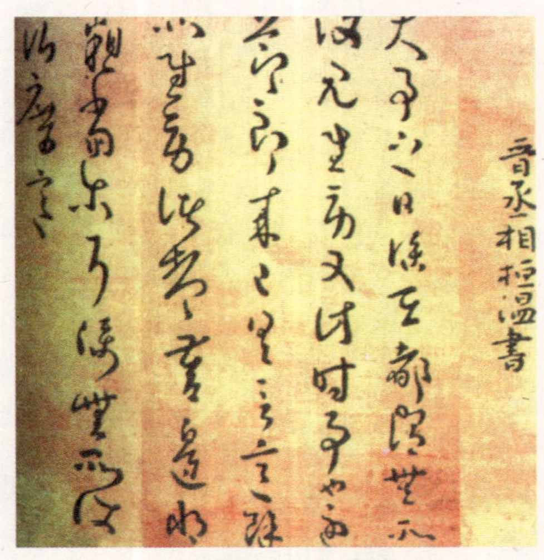

▲东晋·桓温·大事帖

东晋后期的统治

自太元八年(383 年)淝水之战后，东晋统治集团内部中央与地方、南北士族之间、皇权与士族当权派之间的矛盾日益尖锐，政局极不稳定，社会矛盾激化，导致了孙恩、卢循起义的爆发，东晋政权更趋衰弱。由谢玄招募和组建的北府兵在淝水之战建立奇功之后，又在统治阶级内部斗争和镇压农民起义过程中发挥了重要作用，北府兵低级将领刘裕在掌握了这支武装的领导权之后，进一步控制了东晋政权，并于元熙二年（420 年）代晋建宋，结束了东晋的统治。

士族的统治

东晋士族在政治上、经济上都拥有种种特权。在政治上，朝廷对北来士族常根据他们的门阀和社会势力给予不同的高官美职。他们可以自己统率家族、宾客、部曲，自立户籍，建立侨居的州、郡、县，享有减免赋税的优待。东晋政府委派的当地官吏不能对他们进行管理，形成州外有州、郡外有郡、县外有县的错杂局面。在选举用人和刑赏方面，朝廷总是“举贤不出世族，用法不及权贵”，对士族多方照顾。士族子弟只要凭家世门第就可以做地位清高、职务悠闲的校书郎、秘书郎等美职。在土地占有上，不论南北士族，都在大力侵并土地，封山占泽，广建田园别墅，同时还荫庇着大量的徒附、佃客，不向政府交赋服役。有人指出，东晋士族是：仆射、尚书成为他们垄断的官职，万顷土地成为他们的产业，千百成群的奴仆、佃客成为他们的私养。在这种情况下，士族的势力和地位也就愈来愈巩固了。

▲谢安像

▶东晋·陶俑

士族的争斗

东晋建国之初政权就控制在士族手中。他们统治着军政要地，一般庶族士人无从染指。在士族内部，地位亦有很大差异，他们之间既有地区的南北之别，又有门望的高下之殊。大体上说，北方士族是东晋王朝的支柱，先后交替执政的有王（王导、王敦）、谢（谢安、谢玄）、庾（庾亮、庾翼）、桓（桓温、桓玄）四大族。江南吴姓士族的地位则要比他们低些，只能做较次的官。这些士族在抗击北方少数民族政权进攻、保卫江南安全上，利益是一致的。因此，他们能暂时联合起来，拥戴司马氏。但他们亦有各自不同的利益，彼此间常存在着种种矛盾和斗争。这种情况贯穿着整个东晋的历史。

公元 320 年　侨置州郡县

▲东晋·青瓷加彩蛙形双系壶

西晋八王之乱以后，北方战乱频仍，进入中原地区的各少数民族统治者，对于汉族百姓的压迫和剥削异常残酷，大批中原人民或随同豪强大族南迁，或分散流移到江南。中原人民南下后，主要集中在荆、扬、梁、益诸州。他们被称为侨人，大部聚族而居，不上户籍，因此南北权豪竞招游食，挟藏户口，以为私附，有的流民甚至被掠为奴婢。东晋政权为了维持统治秩序和保护南迁士族的利益，便在流民集中的地方，用他们原籍的名称设置州郡县。太兴三年（320 年），晋元帝立怀德县于建康，安置随他过江的千余家琅邪侨民；成帝司马衍咸康元年（335 年），在江乘县（今江苏句容）侨立琅邪郡，称南琅邪郡，以此区别北方的琅邪郡。其后侨置州郡县纷繁。

公元 339 年　庾亮专权

明帝司马绍于太宁二年（324 年）平定王敦之乱后，王氏势力受到严重削弱。太宁四年（326 年），明帝病死，其子成帝司马衍继立，年仅 5 岁，由王导、郗鉴、庾亮等共同辅政，而政事全部决于庾亮。庾亮，字元规，颍川鄢陵（今河南鄢陵）人，为南渡北方世家大族，其妹为明帝皇后。庾亮因伐王敦有功，又是帝舅，于是独擅朝政，颇失人心。咸和二年(327年)，庾亮以苏峻骄恣，召其入朝为大司农，欲夺其兵权，导致苏峻、祖约叛乱，攻破建康。庾亮依据温峤、陶侃联军东下，始平叛乱。庾亮以此乱事由他引起，求出外镇。庾亮身居外镇拥有重兵，同时仍然执控朝廷大权，排挤王导。咸康五年(339年)，王导病死，庾氏遂独擅朝廷大权，置成帝于傀儡之位，东晋当时为庾氏与司马氏共掌。咸康六年(340年)，庾亮病死，其弟庾翼代镇武昌。至永和元年(345年)翼病死，庾氏专权的局面才告结束。

◀王羲之像，他曾在庾亮手下任参军等职

公元 341 年　实行土断

东晋政府为了安置大批南渡的北方流民，曾经设置了侨州郡县，给他们以免役免税的优待。但因此也导致了行政区划和户籍的混乱，往往一郡分为四五，一县割成两三。同时，经过一个时期的繁衍生息、开发经营，侨户也有了相当的经济实力，具备了负担赋役的条件。所以，后来东晋政府为了改变行政区划和户籍的混乱状况、扩大剥削对象，实行了土断政策。当时侨人单立户籍，为白籍，当时侨置州的侨户达 18 万，人数达 96 万。侨户最初享有不向国家纳租服役的优待。咸康七年(341 年)，东晋政府为了增加收入和加强控制，调整了地方行政机构，改变过去优抚侨州郡人民的办法，实行土断，将北方侨民断入和当地人民一样的黄籍(即东晋正式户籍)，取消优待。自东晋咸和至陈天嘉元年，经过先后九次土断，东晋统治者从世家豪族庄园中检括了大量户丁，成为国家编户齐民，担负着封建国家的徭役，造成东晋一时财阜国丰。土断也使东晋租调日益苛重，激化了东晋时期的社会矛盾。

公元 377 年　北府兵之建

宁康元年(373 年)，谢安继桓温执掌东晋朝政后，“镇以和靖，御以长算”，深得朝野拥护，又以不大干涉下游事权的桓冲为荆州都督，执掌上游大权，使东晋内部相对安定。为了加强中央的军事力量以抗衡上游，也为了对付国力强盛并且时刻企图南下消灭东晋的前秦，谢安于太安二年(377 年)用兄子谢玄为兖州刺史、领广陵相、监江北诸军事，让他组建一支新军。谢玄上任后，积极招募新兵，当时集中在京口(今江苏镇江)一带的北方侨户纷纷应募入伍。这支新军驻在京口，当时称京口为北府，因而称北府兵。这支不过十万人的军队，由于士兵来源于北方侨民，他们渴望收复中原，经过一段时期的严格训练，很快就成为一支骁勇善战的精锐军队。北府兵在东晋对外战争中，发挥了重大的作用。

公元 399 年　孙恩、卢循起义

孙恩，琅邪（今山东临沂）人，其叔父孙泰为五斗米道首领，因谋聚徒起兵，被东晋政府所杀，他被迫流亡海岛。司马元显征兵江南，民怨沸腾。公元 399 年，孙恩乘机率流亡农民百余人从海岛登陆，发动起义，攻会稽、虞等城。孙恩自称征东将军，得到江南人民的支持，旬日之内，起义军发展到数十万人。义军所到之处，击杀官吏、焚烧官府，东晋政府十分惊慌，立即调兵遣将，进行镇压，最后被刘牢之率北府兵击败，孙恩被迫率众退回海岛。次年再次登陆，大败晋军，攻下余姚、上虞等城，杀东晋将领谢琰等。由于晋军多方截击，被迫再次退回海岛。401 年，第三次登陆，图取建康。见东晋有备，转攻广陵（今江苏扬州），后浮海北上，攻打郁州（今江苏连云港），为东晋下邳守刘裕所败，乃南撤入海。402 年，第四次登陆，进攻临海，不幸失利，孙恩投海自杀。孙恩牺牲后，其妹夫卢循继续领导起义军。404 年，卢循率军攻入广州。410 年，起义军从广州出发，进入长江流域，进攻长沙、豫章（今江西南昌）、建康等地，后被晋军刘裕所败，退往广州，转攻交州，兵败，卢循自杀。

▶孙恩领导的起义

公元 403 年　桓玄篡位

▲东晋·青釉印花唾壶

桓玄，桓温之子，隆安二年（398 年），桓玄与青兖两州刺史王恭及荆州刺史殷仲堪起兵，反对专擅朝政的会稽王司马道子及其子司马元显。晋安帝元兴元年（402 年），司马元显矫诏，命自己为骠骑大将军、征讨大都督，以刘牢之为前锋都督，征讨桓玄。桓玄举兵东下，迎击司马元显，司马元显不战而溃，桓玄进驻健康城，杀司马元显，掌握朝政。元兴二年（公元 403 年），桓玄代晋自立，国号楚，年号建始，后改称永始。桓玄称帝之后，私欲膨胀，骄奢淫逸，游猎无度，夜以继日。朝野怨声四起。元兴三年（公元 404 年）2 月，建武将军刘裕与何无忌、刘毅等在京口起兵声讨桓玄。桓玄兵败被杀，安帝司马德宗复位，刘裕专政。

淝水之战

淝水之战后北方的分裂

淝水之战后，前秦政权分崩离析，黄河流域又陷入分裂割据的局面，出现了许多少数民族建立的政权。今河北、山东及山西一带有鲜卑慕容氏先后建立的后燕、西燕和南燕，汉人冯跋在辽西地区建立的北燕。今陕西和甘肃的东部及内蒙古的伊克昭盟，有羌族姚氏建立的后秦，匈奴赫连氏建立的大夏和鲜卑乞伏仁氏建立的西秦。今青海乐都、西宁一带和甘肃的河西走廊，当时民族杂居最为复杂，前后出现了鲜卑秃发氏的南凉、氐族吕氏的后凉、汉人李氏的西凉、泸水胡沮渠氏的北凉。这些割据政权，不论是少数民族还是汉族建立的，其内部矛盾都很复杂。为了争夺土地、财富、人口，彼此间不断攻战，统治者又大多凶残暴虐，任意屠杀人民。

公元384年　慕容垂重建燕国

慕容垂本为前燕贵族，因遭奸臣陷害，被迫出走，投奔敌国前秦，得到苻坚的赏识和重用；淝水之战后，前秦帝国瓦解、苻坚去世，慕容垂率部返回河北旧地邺，经过一系列东征西讨，于前秦建元十九年（384年），慕容垂自称燕王，改秦建元二十年为燕元年，封官拜爵，建立燕国，史称后燕。后围攻邺城，苻丕（苻坚庶长子）放弃邺城，奔往晋阳。慕容垂进入邺城，河北大部分地区都归于慕容垂统治。386年，慕容垂自立为皇帝，定都中山（今河北定县）。392年，慕容垂攻占滑台（今河南滑县），尽取丁零族翟钊所统治七郡三万余户。394年，慕容垂取长子和晋阳，杀慕容永，灭西燕，得西燕所统八郡七万余户。至此，经过多年征战，后燕成为北方诸政权中较强盛的一个王国。395年，燕、魏参合坡一战，燕国力日衰。公元407年，慕容熙为冯跋和高云等所杀，后燕亡，共历24年。

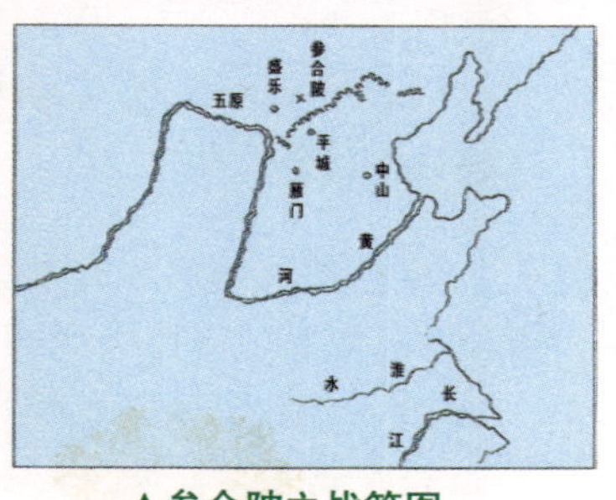

▲参合陂之战简图

后燕的征战

北魏石雕观音

后燕通过多次兼并战争，灭掉了境内的丁零翟氏、鲜卑慕容永的西燕，攻取了东晋的青、徐等州，占有了黄河中下游和幽、并等地。在北部中国，除了关中的后秦外，后燕的主要对手就是鲜卑拓跋氏的北魏政权。后燕与北魏之间，连年累战，互有胜负。公元395年参合陂（内蒙凉成县东北）一战，后燕惨败，文武将吏被魏俘者达数千人，北魏坑杀所俘燕军数万人，后燕精锐尽失。这是后燕衰弱，北魏兴起的关键一战。次年，慕容垂亲自率军攻下平城，收魏人3万多，但没有损害魏军的主力。慕容垂回军经过参合陂时，看到积尸如山的作战处，惭愤呕血而死。

公元386年　后秦建立

后秦是羌族姚苌所建政权。后赵末年，姚苌兄姚襄率羌众自河北返回关中，在三原（今陕西三原东北）为苻生将邓羌所杀，苌率众降于前秦，被封为扬武将军、益都侯。淝水之战苻坚战败后，西州豪族推姚苌为盟主，于太元九年（384年）在渭北称大将军、大单于、万年秦王，年号白雀。太元十一年（386年），又乘慕容冲被部下所杀、鲜卑人弃长安东归之机，进入长安，即皇帝位，改元建初，国号大秦，史称后秦。姚苌任用汉族地主，提拔贤才，政权日渐巩固。太元十八年（393年），姚苌病死，其子姚兴继位。义熙十二年（416年），姚兴病死，懦弱多病的太子姚泓继位，东晋太尉刘裕乘机北伐。这时，后秦王室内部自相残杀，国力大衰。义熙十三年（417年）八月，晋将王镇恶攻入长安，姚泓率群臣降晋，后秦亡。

后秦·鸠摩罗什舍利塔

姚兴的统治

后秦在姚兴统治时期，政治上、经济上颇具特色。在用人方面，姚兴能包容广纳，用人之长。他大兴儒学，也提倡佛教。佛教在后秦极为盛行，沙门自远而至者5000余人。他针对当时刑罚滥酷的状况，设律学于长安，调集郡县散吏以授之，回去后论绝刑狱。如果碰到疑难案件，而州县不能判者，可以送到中央要廷尉判决。

姚兴本人也经常听判决，减少了冤狱。另外，姚兴还下令把那些因饥荒而自卖为奴婢的人，全部免为良人，这个政策对缓和阶级矛盾，发展社会经济有相当大的意义。姚兴统治的22年，是后秦最强盛的时期，版图东越汝、颍，西控西河，南到汉川，北至上郡，占有今陕西、甘肃、宁夏、山西和河南的一部分。

公元394年　西秦建国

西秦是陇西鲜卑贵族乞伏国仁所建政权。西晋泰始(265~274年)初，乞伏可汗率5000户迁到夏缘，后辗转定居于苑川(今甘肃榆中北)一带。淝水之战后，乞伏国仁召集诸部，有众十余万，于385年，自称大都督、大将军、大单于，领秦河二州牧，建元建义，筑勇士城(在今甘肃兰州东北)为国都。387年，被前秦苻登封为苑川王。次年，国仁死，其弟乞伏乾归继位，自称河南王，改元太初，迁都金城(今甘肃兰州)，被苻登封为金城王。乾归尽有陇西、巴西之地后，于394年自称秦王，史称西秦。隆安四年(400年)，乾归降后秦，被后秦主姚兴扣留于长安，其子炽磐在苑川统领所部。义熙五年(409年)，乾归回到苑川，再称秦王，改元更始。412年，乾归死，其子炽磐继位。414年，西秦乘南凉衰乱之机，出兵灭南凉，又屡败吐谷浑，势力达到鼎盛，其版图据有今甘肃东南部。428年六月炽磐死，子乞伏暮末继位，政刑酷滥，民多叛亡；又屡为北凉主沮渠蒙逊所侵逼。430年暮末欲东趋上(今甘肃天水)，归附北魏，途中遭夏主赫连定阻击，退保南安(今甘肃陇西东南)。431年夏军攻围南安，暮末出降，西秦亡。

◀西秦·炳灵寺石窟·飞天及供养人

西燕建国

西燕也是鲜卑慕容氏建立的国家。秦建元二十年(384年)，从前被苻坚灭前燕时迁至关中的鲜卑贵族，乘苻坚之败，共推慕容泓为主在华明起兵，大败秦军，泓自称济北王。秦平阳太守慕容冲，也在山西起兵与泓联合。泓被杀后，鲜卑贵族推慕容冲继立，在阿房(今陕西西安市西)，自称皇帝，史称西燕。慕容冲与羌族姚苌合攻长安，苻坚出走，遂占领了长安。后来西燕内乱，权力落入慕容永手中。中兴元年(386年)，慕容永在长子(今山西长冶西)称帝。后被后燕慕容垂所灭。

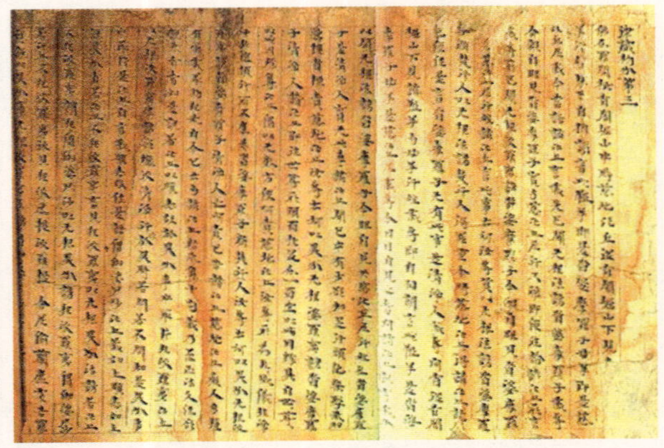

▲律藏初分·西凉建初十二年写本

公元400年　李暠建西凉

西凉（400~421年）是陇西狄道（今甘肃临洮）地方汉族豪族李暠所建。李暠字玄盛，小字长生，西汉李广十六世孙，世为陇西大族，高祖、曾祖都在西晋时任郡守，父任前凉武威将军。李暠好文学，习武艺。后凉吕光末年，段业自称凉州枚，李暠为其敦煌太守。庚子元年（400年），李暠据敦煌自称大将军、沙州刺史、凉公，史称西凉。李暠建西凉后，息兵按甲，务农养土，设侨郡安置江淮和中州流人，在玉门、阳关一带屯田，积极发展农业，西凉一时出现了年谷丰登、百姓乐业的繁荣景象。义熙十三年（417年），李暠病死，其子李歆继位后，严刑峻法，大修宫室，使西凉人力凋残，百姓愁悴，国力大衰。西凉是河西最小的国家，立国仅二十一年，便被北凉所灭。

公元400年　慕容德建南燕

太元二十一年（396年），北魏主拓跋珪南下伐燕，迅速攻占河北大部，后燕主慕容宝逃往龙城，留守中原的后燕残余势力纷纷集结到镇守邻城的范阳王慕容德周围。慕容德于隆安二年（398年）正月，率4万民户，从邺城南迁到滑台（今河南滑县东南），称燕王，设置百官。第二年率师东进，割据青、齐，都广固（今山东青州西北）。第三年，在广固称帝，年号建平，史称南燕。其疆域东至海，西到今巨野，南滨泗水，北临黄河，占有今山东大部。慕容德在位时，提倡儒学，兴立学校，发展农桑，南燕国势最盛。慕容德死后，继位的慕容超不恤政事，专事畋猎，社会矛盾激化。义熙五年（409年）四月，东晋大将刘裕从建康出兵北伐南燕，六月，包围广固。次年二月，刘裕全力攻城，南燕尚书悦寿打开城门，迎接晋军。慕容超被送建康，后被杀，南燕灭亡。

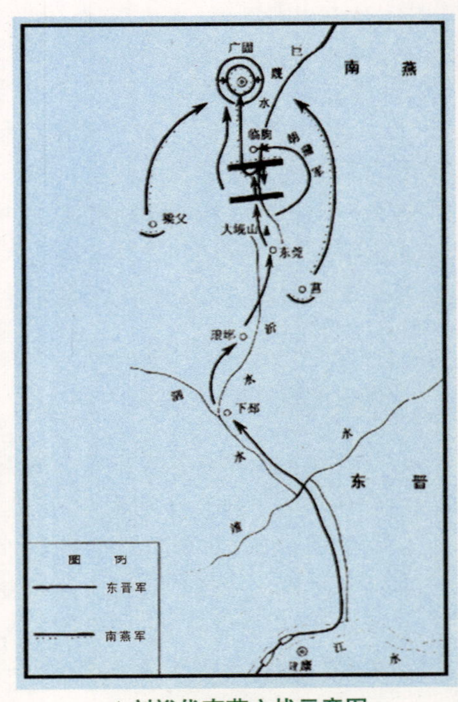

▲刘裕伐南燕之战示意图

慕容德括户

慕容德在青齐地区建立南燕政权后，最初对河北迁来的士族地主和鲜卑贵族实行免役免税的优待政策，后来鉴于户口荫漏严重，遂采取了严厉的括户措施。元兴二年(403 年)，尚书韩卓上建议搜括荫户，充实编户，以益军国兵资之用。慕容德采纳了这一建议，以韩卓为行台尚书，巡行郡县，检括户口。又派人率骑兵3000，沿边严防，以备百姓逃窜。这次括户成绩显著，共括出荫户 5.8 万。

公元 402 年　南凉建国

南凉(397~414 年)是鲜卑拓跋氏所建。魏晋之际，原鲜卑拓跋部的一支进入河西，秃发乌孤时部众强盛，居廉川堡(今青海乐都东)。太初元年(397 年)，乌孤自称大将军、大单于、西平王，后改称武威王，徙乐都(今青海乐都)。弟秃发利鹿孤时徙西平(今青海西宁)，改称河西王。利鹿孤在位时，曾袭姑臧，俘后凉 8000 余户，又劝课农桑，发展生产；兴建学校，培养人才。弘昌元年(402 年)，秃发傉檀再迁乐都，改称凉王，史称南凉。南凉先后遭大夏及北凉的进攻，嘉平七年(414 年)，降于西秦。

▲西宁南凉虎台遗址

阳武之战

义熙三年 (407 年)，大夏主赫连勃勃向秃发傉檀求婚，傉檀不许，勃勃大怒，率骑 2 万从杨非行军 300 余里至枝阳，杀伤万余人，掠 2.7 万余口，牛羊马数 10 万。傉檀率兵追至阳武时，勃勃在此凿冰埋车以塞通路，回兵击傉檀，傉檀大败，勃勃追赶 80 余里，南凉死伤万计，名臣勇将死者十之六七。傉檀与数骑远奔南山，几为夏兵俘虏。勃勃将南凉阵亡战士士卒尸体堆积为高台以土封之，号“骷髅台”。此战给南凉以致命打击，傉檀怕夏兵再来，将 300 里内的百姓全部迁入姑臧，百姓怨恨，乘机聚众谋反，使南凉政权一度呈现内外交困的困难形势。

公元 403 年　后凉灭亡

▲北凉故都骆驼城遗址

后凉(386~403 年)是略阳氐吕氏所建。淝水战前,苻坚派太尉吕婆楼之子吕光率兵出征西域。吕光攻破焉耆、龟兹等三十六国,掠获大量珍宝和马匹。淝水战后,吕光回归姑臧(今甘肃武威)。大安元年(386 年),吕光自称大将军、凉州牧、酒泉公,后又称三河王。龙飞元年(396 年),称凉天王,史称后凉。吕光在位时,对外不断战争,内部权臣擅命,刑罚失中,人不堪役。吕光死后,内乱迭起,政事败坏,府库竭尽,百姓饿死者过半。隆安五年(401 年),吕隆被拥立即天王位。吕隆多杀豪望,以立威名,内外喧嚣,人不自固;刑法峻重,社会矛盾尖锐,国力大为削弱。同年,后秦伐后凉,后凉大败请降。次年,北凉和南凉出兵后凉,包围姑臧。姑臧城内连年饥荒,斗米五千文,饿死者十余万人。百姓乞求出城为戎夷奴婢者日有数百,吕隆怕人心动摇,尽坑之,积尸盈于道路。元兴二年(403 年),吕隆宗族、百官及一万民户被后秦迁至长安,后凉亡。

公元 407 年　大夏建国

▲大夏故都统万城遗址

大夏是匈奴族铁弗部赫连勃勃所建政权,都统万(今陕西横山西北)。赫连勃勃初隶属于后秦姚兴,历任骁骑将军、安远将军、安北将军,镇守朔方。后秦弘始九年(407 年),率其众袭杀后秦高平公没奕于,自称大夏天王、大单于,建元龙升,史称大夏。东晋刘裕灭后秦后,不久退回江南。勃勃乘机夺取长安,于义熙十四年(418 年)在长安即帝位。大夏盛时,其版图东至浦津、西收秦陇、南依秦岭、北至黄河,占有今陕西北部和内蒙古宁夏、甘肃的一部分。赫连勃勃死,其子赫连昌继位,由于数子互争帝位,大夏政局不稳,北魏乘机出兵。

▶统万城遗址

北魏始光四年(427 年),北魏袭击统万,赫连昌兵败逃往上邽(今甘肃天水),魏军入城,获大夏王公百官、后妃宫女万人。428 年,北魏又攻克上邽俘获赫连昌。同年,赫连昌的弟弟赫连定收余众数万人逃到平凉自称夏皇帝。431 年,赫连定欲率众渡黄河西去,渡河时遭吐谷浑骑兵袭击,被俘,大夏亡。

赫连勃勃暴政

赫连勃勃在位时,穷兵黩武,杀人成性。义熙九年(413 年),勃勃发岭北胡汉 10 万人于朔方水之北、黑水之南营建都城。用蒸熟的土筑城,筑成后用铁锥刺之,如锥入一寸,即杀筑者并将其筑入城内。勃勃欲君临万邦,故称都城为统万城。统万城高十仞,基厚二十步,宫墙高十仞,其坚硬程度可磨砺刀斧。城南门称朝宋门,东门称招魏门,西门称服凉门,北门称平朔门。勃勃又命工匠制造兵器,皆十分精锐。所造兵器射甲不入即斩弓人,如其射入就斩铠匠,凡杀工匠数千人。勃勃残暴好杀,因隐士韦祖思恭敬过礼,当即斩杀。又置剑于侧,略有嫌疑不满,举手就杀。群臣有忤视者便挖其目,笑者决其唇,谏者谓之诽谤,先截其舌然后斩杀。勃勃的暴政激起人民的极大仇恨,社会矛盾十分尖锐。

▶北凉·墓室壁画·月亮与西王母

公元 412 年　北凉建国

北凉(397~439 年)是临松(今甘肃张掖南)卢水胡酋长沮渠蒙逊建立的国家。蒙逊叔父沮渠罗仇原仕于后凉,后被吕光所杀,蒙逊遂动员部众起兵反吕光,神玺元年(397 年),推建康太守段业为凉州牧、建康公,段业入张掖,自称凉王。永安元年(401 年),蒙逊杀段业,自称大都督、大将军、凉州枚、张掖公。玄始元年(412 年),蒙逊迁姑臧,改称河西王,史称北凉。

公元 436 年　北燕亡国

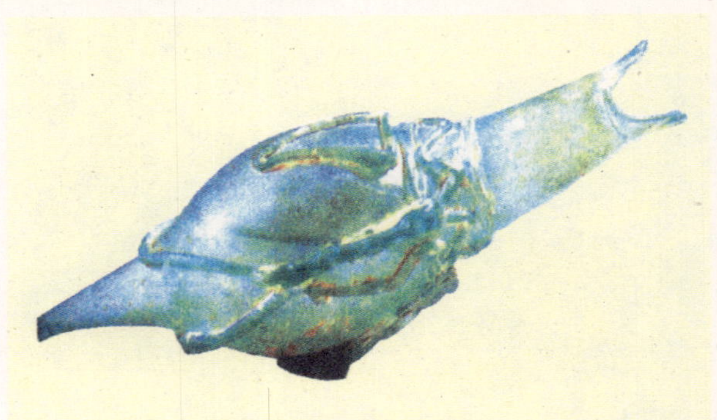
▲北燕·鸭形玻璃注

北燕(409~436 年)主冯跋,是个胡化的汉人,曾任后燕禁卫军将领。后燕建始元年(407 年),慕容宝养子慕容云在冯跋支持下,取得后燕政权,后燕亡。北燕太平元年(409 年),慕容云被部下所杀,冯跋继位自称燕天王,仍都龙城。冯跋"励意农桑,勤心政事,乃下书省徭薄赋",改变了后燕末年慕容熙时的"赋役劳苦,百姓困穷"状况。辽宁北票出土的北燕宰相冯索弗墓葬中的文物所表现的官制、葬制、舆服制度以及工艺水平,都与中原一致,说明这个东部鲜卑居住区的经济、文化已提高到中原水平。北燕太兴六年(436 年),北燕被北魏所灭。

▶北燕·玉盏

公元 439 年　北魏灭北凉

沮渠蒙逊在位时，北凉任用汉族地主,重视儒学,与西域诸邦均有友好来往。但蒙逊荒淫猜忌,朝无纲纪,又与南凉、西秦连年争战,国力受到削弱。北魏延和二年(433 年),蒙逊死,其子沮渠牧犍继位,娶北魏拓跋焘妹武威公主为王后。牧犍虽对北魏称臣,暗中却破坏北魏与西域诸国以及柔然的关系，并企图谋杀武威公主。太延五年(439 年),拓跋焘派人出使凉州,以观虚实。使者返回后不久,拓跋焘即列举牧犍十二条罪状，亲率大军伐北凉,沮渠牧键出降,北凉亡。

◀北魏·云冈石窟壁画

东晋·顾恺之·《洛神赋图》(局部)

东晋的文化

东晋时期文化和科学技术方面有许多新的发展。葛洪把南方的原始道教改造成为贵族化的宗教,他的《抱朴子》一书成为道教经典之一。法显西行取经回国后,写了记述其取经经历的《佛国记》一书,成为研究古代中亚、印度及南海诸国历史、地理、风土人情和佛教历史的珍贵资料。常璩的地方志名著《华阳国志》,陶渊明的诗,顾恺之的画,王羲之、王献之的书法,都为祖国文化增添了光彩。科学技术方面,则有天文历法专家虞喜发现岁差原理、王叔和的奠定脉学理论基础之作《脉经》、皇甫谧的第一部针灸学专著《针灸甲乙经》、葛洪的验方汇编《肘后备急方》等。

顾恺之

顾恺之(约348~409年),东晋画家,字长康,晋陵无锡(今属江苏省)人,曾任桓温、殷仲堪参军、散骑常侍。多才艺,工诗赋,尤精绘画,善画肖像、历史人物、道释、禽兽、山水等。顾恺之的人物画,强调传神,注重点睛。其笔迹紧劲连绵,如春蚕吐丝,又如春云浮空,流水行地,皆出自然,通称为高古游丝描。着色则以浓色微加点缀,不求藻饰。他善于用睿智的眼光来审察题材和人物性格,加以提炼,因而他的画具有一定的思想深度,耐人寻味。时人称顾恺之有“三绝”,即才绝、画绝和痴绝。顾恺之作画,意在传神,其“迁想妙得”、“以形写神”等论点,以及提出的“六法”,为我国传统绘画的发展奠定了基础。顾恺之与曹不兴、陆探微、张僧繇合称“六朝四大家”。

▲东晋·顾恺之·洛神赋图卷·龙鱼

公元 352 年　常璩著《华阳国志》

常璩，字道将，蜀郡江原人。少好学，成汉李势时，任散骑常侍，掌著作，接触大量文献，进行许多调查研究，写成《汉之书》10 卷，记成汉历史，后改名《蜀李书》。晋穆帝永和三年(347 年)，桓温伐蜀，常璩等劝李势降，桓温以常璩为参军，随至建康。因不被重用，遂把主要精力用于著书立传，于永和十年(352 年)，著成《华阳国记》，后更名《华阳国志》。《华阳国志》全书 12 卷，约 11 万字，所载内容肇自开辟，终于永和三年(347 年)，由三部分组成。1 至 4 卷主要记载梁、益、宁三州的历史、地理，以地理为主；5 至 9 卷，以编年体叙述公孙述、刘焉刘璋父子、蜀汉、成汉四个割据政权以及西晋统一时期的历史；10 至 12 卷记载三州自西汉至东晋初年的贤士烈女。《华阳国志》在内容上，是历史、地理、人物三结合；从体裁来说，是地理志、编年史、人物传三结合，这构成了《华阳国志》的一个显著特点。《华阳国志》是我国现存的最早的比较完整的地方志，是研究西南地方史和西南少数民族以及蜀汉、成汉政权的重要史料。

▲《华阳国志》书影

公元 353 年　王羲之书《兰亭集序》

汉魏以来，书法艺术日臻完善，字体渐由篆书、隶书转变到楷书、草书和行书。在众多的书法大家中，最享盛誉的是王羲之。王羲之，字逸少，7 岁学书，博采众长，摆脱汉魏笔风，创造了妍美流便的新体，笔势开放俊朗，结构十分严谨，其字飘若浮云，矫若惊龙。永和九年(353 年)农历三月初三，早春之时，王羲之和谢安等有名的文人墨士四十多人，来到会稽郡山阴(今浙江绍兴)的兰亭游宴兴会，作诗吟咏。王羲之也乘兴挥毫，为诗集写序，是为《兰亭集序》。《兰亭集序》共有 28 行，324 字。书体遒媚劲健，笔飞墨舞，气象万千，达到了高度的艺术境界，

▶王羲之《兰亭集序》临摹贴

全文以“之”字最多,字字别开生面,无一雷同。其序以行书书写,柔中有刚,秀中带硬,成为王羲之行书作品的代表作。王羲之的真书,成为代替汉魏笔法的书体正宗。王羲之集书法之大成,兼善隶、草、真、行各体,被后人誉为“书圣”。《兰亭集序》的手迹原来保存在王羲之子孙手里,传到唐朝,为唐太宗所访得,视为至宝。唐太宗死后,将《兰亭集序》放在墓中作为殉葬品,后世流传的只是摹本。

◀东晋·王羲之·书法作品

▲魏晋妇女衫裙

戴逵雕像

魏晋以来,雕塑艺术得到较大的发展,最著名的雕塑家是东晋戴逵。戴逵,字安道,工于书画。所画人物山水,情韵绵密,风趣巧发。戴逵尤擅长佛像雕塑,孝武帝时,戴逵在会稽山阴(今浙江绍兴)的灵宝寺,做木雕无量寿佛一尊,两侧做菩萨两尊。戴逵做完后,躲在帷幔后面,听取观游人的意见,反复加以修改,精益求精。他核准度于毫芒,审光色于浓淡,其和墨点采,刻形绫法,都极端严格,前后花费了三年时间,方才完工,在雕塑艺术上妙绝当时。

葛洪炼丹

魏晋以来,道教逐渐蜕变为封建统治阶级的御用工具,使道教贵族化的主要代表人物,北方有寇谦之,南方有葛洪。葛洪,字稚川,丹阳句容人,自号抱朴子,约生于西晋太康四年(283 年),卒于东晋建元元年(343 年)。以参与镇压农民起义有功,被东晋政府封为关内侯,并当过司徒王导咨议参军。葛洪笃志道教,

▲葛洪炼丹图

少时就好神仙导引之法，从郑隐受炼丹术。咸和元年(326年)，葛洪闻知交趾出丹砂，求为勾漏令。晋成帝以葛洪资高望重，有损名誉，不予答应。葛洪不以官禄为念，只求炼丹，终于求得成帝同意，携带子侄到了广州，在罗浮山上专心炼丹。葛洪优游山上多年，一面炼丹闲养，一面著述立说，写成《抱朴子》一书。该书内篇20卷，论神仙方药、鬼怪变化、养生延年、驱邪却祸之事，是道教的理论；外篇50卷，论人间得失，是政论性著作。葛洪适应当时门阀士族妄图永享奢靡腐化生活、追求长生不死的心理，大力宣传炼丹，声称服食金丹，就能成仙，因而被后世荐为道教金丹教派祖师。经过葛洪的改造，道教更加适应门阀士族的需要，因而获得了新的发展。《抱朴子》一书也被奉为道教的经典。书中记载了炼丹术，也保存了古代中国在化学、医药学方面所取得的某些成就，具有一定的科学价值。

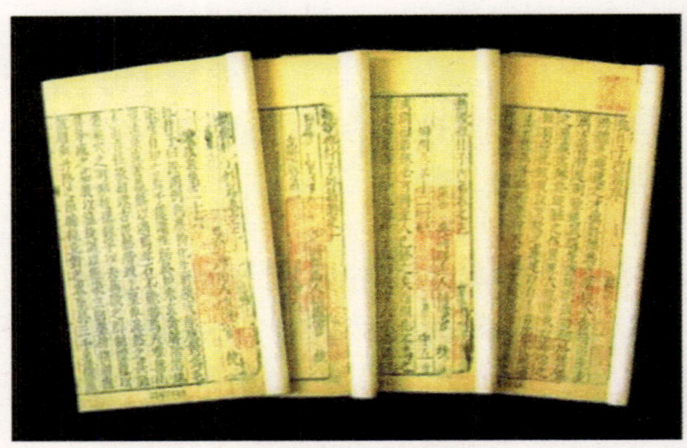
▲《抱朴子》书影

《肘后备急方》

葛洪从小喜欢读有关医药、保健和炼丹制药的书，还很留心民间流行的一些简便的治病方法。他把在广大的农村里搜集到的验方，结合自己学到的医药知识，写成了一本书，取名叫《肘后备急方》。书名的意思是可以常常备在肘后(带在身边)的应急书，是应当随身常备的实用书籍。书中收集了大量救急用的方子，这都是他在行医、游历的过程中收集和筛选出来的，他特地挑选了一些比较容易弄到的药物，即使必须花钱买也很便宜，改变了以前的救急药方不易懂、药物难找、价钱昂贵的弊病。他尤其强调灸法的使用，用浅显易懂的语言，清晰明确的注明了各种灸的使用方法，只要弄清灸的分寸，不懂得针灸的人也能使用。该书关于天花病的记载，是医学史上现存最早的科学文献，对结核性传染病的认识，也比国外早一千多年。

▲葛洪塑像

公元 399 年　法显西行取经

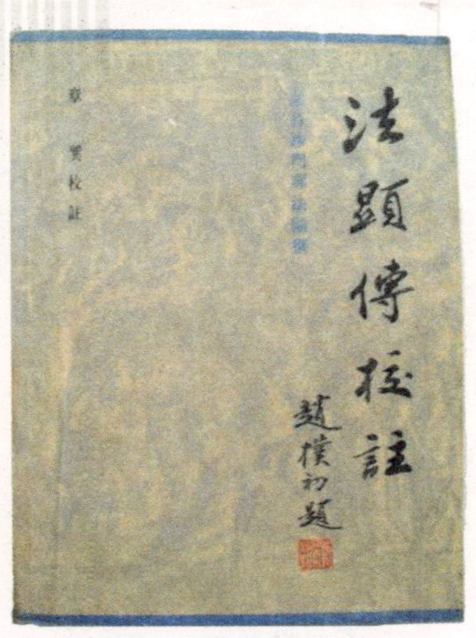

▲《法显传校注》书影

魏晋以来，随着佛教的广泛传播，佛教僧徒对佛教教义的理解不同，出现了许多宗派，因而许多僧侣跋山涉水，西行取经。其中，对佛教发展影响较大的是法显。法显俗姓龚，平阳武阳（今山西沁县东南）人。为了寻求佛教戒律，他于隆安三年（399 年）三月，从当时的后秦都城长安出发西行取经。前后历时 14 年，游历约 30 个国家，单身携回很多梵文经典。义熙十年（414）写出历时 14 年西行天竺的旅行经过。两年后增补为流传至今的《法显传》（又名《佛国记》），并与他人合译经律论 6 部、24 卷。《法显传》是中国古代关于中亚、印度、南洋的第一部完整的旅行记，也是中国与印度之间陆海交通的最早记录和公元 5 世纪初亚洲重要的佛教史料。法显是中国僧人留学古印度的先驱，是中国经陆路到达印度，并由海上回国而留下记录的第一人。

►法显像

田园诗人陶渊明

►陶渊明像

陶渊明（376~427 年）东晋人，为中国文学史上第一个大量写作田园诗的著名诗人，其品性高洁，私谥“靖节”，后人尊称为“靖节先生”。其诗风格大都平易自然，韵味悠长，常常描写乡村风光，所用语言也几近口语，无雕琢痕迹，却浅中见深，淡中见味，具有较高的审美价值。他的名作《桃花源诗》和诗序《桃花源记》，通过一个渔人于迷离恍惚之中，步行入桃花源时的所见所闻，构思出一个人人怡然自乐，不知有秦汉魏晋，与世隔绝的理想乐园，作为自己精神寄托之所。陶渊明的诗歌，清逸恬淡，真实动人，在思想内容和艺术风格上都有很高成就，对后世诗歌的发展，起着重大的影响，被后人誉为田园诗的开拓者。

（公元420年~公元589年）

东晋灭亡后，南方先后出现宋、齐、梁、陈四朝，北方也先后产生了北魏、东魏、西魏、北齐和北周几个政权，史称“南北朝”。在南朝，门阀士族开始衰落，寒门地主势力崛起，并掌握了政治军事大权。宋、齐、梁、陈四朝存在的时间都较短，而上层既昏庸无能，其内部矛盾又相当激烈，于是国势日趋颓废。南北朝时期在文化方面的贡献，突出表现在特有的玄学思想的发展，乱世的自由给思想提供了沃土肥壤，文学的成就也很高，最突出的是诗歌。

帝王世系表

宋：武帝刘裕(420~422)——少帝刘义符(423~424)——文帝刘义隆(424~453)——孝武帝刘骏(454—464)——前废帝刘子业(465)——明帝刘彧(465~472)——后废帝刘昱(473~477)——顺帝刘準(477~479)

齐：高帝萧道成(479~482)——武帝萧赜(483~493)——鬱林王萧昭业(494)——海陵王萧昭文(494)——明帝萧鸾(494~498)——东昏侯萧宝卷(499~501)——和帝萧宝融(501~502)

梁：武帝萧衍(502~549)——简文帝萧纲(550~551)——元帝萧绎(552~555)——敬帝萧方智(555~557)

陈：武帝陈霸先(557~559)——文帝陈蒨(560~556)——废帝陈伯宗(567~568)——宣帝陈顼(569—582)——后主陈叔宝(583~589)

北魏：道武帝拓跋珪(386—409)——明帝拓跋嗣(409~423)——太武帝拓跋焘(424~452)——南安王拓跋余(452)——文成帝拓跋濬(452~465)——献文帝拓跋弘(466~471)——孝文帝元宏(471~499)——宣武帝元恪(500~515)——孝明帝元诩(516~528)——孝庄帝元子攸(528~530)——长广王元晔(530~531)——节闵帝元恭(531~532)——安定王元朗(531~532)——孝武帝元脩(532~534)

东魏：孝静帝元善见(534~550)

西魏：文帝元宝炬(535~551)——废帝元钦(552~554)——恭帝元廓(554~556)

北齐：文宣帝高洋(550~559)——废帝高殷(560)—孝昭帝高演(560~561)——武成帝高湛(561~565)——后主高纬(565~576)——幼主高恒(577)

北周：孝闵帝宇文觉(557)——明帝宇文毓(557~560)——武帝宇文邕(561~578)——宣帝宇文赟(579)——静帝宇文阐(579~581)

大事年表

公元 420 年　刘裕建立刘宋王朝。
公元 422 年　魏明元帝建立太子监国制。
公元 439 年　魏太武帝经过 16 年征战，统一北方。
公元 444 年　魏太武帝灭佛。
公元 450 年　宋文帝北伐失败，魏军兵临瓜步。北魏爆发国史之狱。
公元 452 年　魏太武帝在政变中被杀。
公元 453 年　宋文帝在政变中被杀。
公元 466 年　魏文明太后临朝称制。
公元 471 年　文明太后开始改革。
公元 479 年　萧道成代宋，齐朝建立。
公元 485 年　北魏推行均田制度。
公元 493 年　魏孝文帝迁都洛阳，开始推行汉化政策。
公元 502 年　萧衍代齐，梁朝建立。
公元 524 年　北魏各族人民起义爆发。
公元 528 年　尔朱荣发动河阴之变。
公元 531 年　高欢起兵反对尔朱氏。
公元 534 年　北魏分裂为东、西魏。
公元 537 年　东、西魏沙苑之战。
公元 543 年　东、西魏邙山之战。
公元 548 年　侯景之乱爆发。
公元 550 年　高洋代东魏称帝，建立北齐。
公元 554 年　西魏攻陷江陵，俘杀梁元帝。
公元 557 年　陈霸先代梁称帝，建立陈朝。宇文觉代魏称帝，建立北周。
公元 572 年　周武帝杀宇文护亲政。
公元 574 年　周武帝灭佛。
公元 577 年　北周灭北齐，统一北方。
公元 589 年　隋文帝灭陈统一全国。

梁·萧驿·职贡图卷

南朝政权的更迭

南朝（公元420年~589年）是东晋之后建立于南方的四个朝代的总称。自公元420年东晋王朝灭亡之后，在南方先后出现了宋、齐、梁、陈四个政权，而它们存在的时间都相对较短。其中最长的不过五十九年，最短的仅有二十三年，是我国历史上朝代更迭较快的一段时间。此时，中国正处于南北分裂的时期，在我国历史上南朝与北方的北齐、北魏、北周等国合称为“南北朝”。

▲南朝宋武帝刘裕

公元420年 刘裕建宋

刘裕（363~422年），字德舆，京口（今江苏镇江）人，出身于末落士族。义熙元年（405年）三月，刘裕杀桓玄迎安帝复位，掌握朝政。为了提高威望，扩大势力，取代晋室，他在此后十年间，相继灭南燕、后秦。元熙二年（420年）六月，代晋称帝，国号宋，都建康。刘裕即位后，吸取了前朝士族豪强胁主专横的教训，抑制豪强兼并；实行“土断”，清理侨人户籍，使侨人户口编入所在郡县；规定政府所需物资，不准滥行征发，派有关官员以钱购买；降低农民租税，废除苛繁法令，给百姓以宽松的政治环境，发展生产。刘裕推行政令能以身示范，崇尚俭朴。刘裕于422年病死，在位仅3年，但在中国历史上却是一位很有作为的皇帝，其所作所为对南方社会经济发展起到了巨大的推动作用。

▲狮子拼镶砖画，江苏丹阳南朝墓出土

公元 450 年 刘宋北伐

当刘宋国力逐渐发展的时侯，北魏于公元 439 年统一了北方，并不断向南进攻。宋元嘉二十七年(450 年)二月，魏太武帝拓跋焘征集六十万大军南下，并亲率十万大军进攻宋悬瓠城(河南汝南)，魏久攻不下而退兵。同年七月，宋文帝下诏大举北伐，采取东西齐举的战略，东路由淮、泗北进，西路由雍州刺史随王刘诞率领，由襄阳进攻弘农(今河南灵宝)。此次北伐，东路大军大败，西路军攻占了弘农、陕城、潼关等地。元嘉二十九年(452 年)，北魏太武帝被刺身亡，宋文帝遂乘丧北伐，但因准备仓促，此次北伐失败。次年，宋文帝被太子所杀。随着北魏太武帝和宋文帝的相继去世，南北战事暂时告一段落，双方内部矛盾上升，刘宋再未举行北伐。

▲南朝宋孝武帝大明年间铸大明四株

公元 479 年 萧道成建齐

▶萧道成像

萧道成，字绍伯，明帝时为右军将军，元徽二年(474 年)迁中领军将军，掌握禁卫军。南朝宋末年，皇族内讧，萧道成乘机而起并推立顺帝刘准，被授相国，封为齐王，掌握军政大权。升明三年(479 年)，顺帝逊位，萧道成自立，史称齐高帝，改年号为建元，建立南齐政权。他崇尚节俭，反对奢靡，并以身作则；减免百姓逋租宿债，宽简刑罚；但校籍工作弊端百出，同时也侵犯了庶族地主的利益。因而，在其死后不久，即因反对校籍而引发了唐寓之暴动。齐自高帝至和帝萧宝融共历 23 年，于公元 502 年被萧道成灭。

公元485 年 唐寓之起义

东晋以来，许多寒人发展了经济实力，但他们没有大族那样的特权，也要同农民一样承担徭役。为摆脱政府负担，很多人买通官吏，篡改户籍，假冒“百役不及”的士籍，也有的冒充为僧侣，或假称绝户、死亡、废疾等以逃避政府租役，造成了户籍的混乱。户籍的混乱不仅直接影响封建国家的收入，也混淆了门第清浊的界限。为此，南齐实行了雷厉风行的检籍，设校籍官员清查户籍，被检查出来的冒籍户称为“却籍户”，要被罚远戍服役。许多官吏趁机勒索，旧的冒籍未检清，新的冒籍又产生，不但户籍越发紊乱，也加重了对人民的骚扰。于是却籍户在唐寓之领导下首先起而反抗。

唐寓之，富阳（今浙江富阳）人，看风水出身，曾在当地进行宗教活动。永明三年（485 年），他聚党四百人，起兵于新城（今浙江新登），先后攻陷富阳及钱塘。在钱塘富人柯隆支持下，他于钱塘称帝，国号吴。三吴却籍户和不堪重压的广大人民，纷起响应，众至三万。南齐政权最后虽然镇压了起义，但也不得不被迫向却籍户让步，撤销检籍，恢复检籍前状态，实际是承认了冒籍的既成事实，反映了寒人政治、经济地位的提高以及大族传统地位的动摇。

▲南朝·青瓷莲花尊

公元 502 年　萧衍代齐

▲萧衍像

公元 499 年，萧宝卷在萧鸾死后即位，萧宝卷喜欢出游，耗资巨大，造成国家的财政困难。萧宝卷昏庸暴虐，对臣下稍不如意，立即诛杀，逼得文官告退，武将造反，京城几度岌岌可危。由于萧宝卷的昏暴，始安王萧遥光、太尉王敬则与将军崔景慧先后起兵叛乱，永元二年（500 年）萧懿之弟萧衍发兵进攻建康，并且改立南康王萧宝融于江陵称帝；萧宝卷就在萧衍发兵进攻建康的动乱中，被将军王珍国所杀。次年，萧衍乘政局混乱之际，自襄阳举兵东下，攻占建康，逼萧宝融禅位，齐亡。萧衍于 502 年称帝，国号梁，建元天监，历史上又称萧梁。

◀南朝梁·萧衍·数朝帖

公元548年 侯景之乱

武帝晚年，出任方镇的诸王无不拥兵自重，以至窥测皇位。长期优容士族的结果，大大加速了士族的腐朽过程，使统治集团中贪残、侈靡、轻视武备之风日益严重，吏治极端黑暗，阶级矛盾空前尖锐，形成了“人人厌苦，家家思乱”的严重局面。这就给侯景之乱以可乘之机。侯景原为东魏大将，于梁武帝太清元年(547年)率部投降梁朝，驻守寿阳，次年起兵反叛，于太清三年(549年)攻破建康。侯景进入建康后，纵兵抢掠，为害江南。侯景得势后，杀萧正德立萧纲为帝，又废杀萧纲立萧栋。天正元年(551年)，侯景废萧栋而称帝，国号汉。次年，梁将陈霸先、王僧辩攻下建康。侯景乘船出逃，被部下杀死。侯景之乱使江南地区遭空前浩劫。拥有二十八万户的建康所剩无几；三吴原最富庶，经侯景烧杀抢掠，均遭到毁灭性的破坏，加剧了北强南弱的局面。士族门阀在此次战乱中不仅充分暴露了腐朽无能，而且受到了极其沉重的打击，从而大大加速了南朝士族的衰亡过程。

▶晚年的梁武帝

▲西魏·敦煌壁画守猎图

公元554年 江陵之变

萧梁统一政权瓦解之后，梁的诸王及地方豪绅相继起兵割据一方，为争夺地盘及皇帝称号，而展开了激烈的争夺。侯景破灭的同年(552年)，武陵王萧纪在成都称帝。萧绎则在江陵称帝，是为梁元帝，当时有不少在侯景之乱中幸免于难的大族，投在江陵政权庇护之下。萧纪在进攻江陵时兵败被杀。已称梁王的河东王萧詧勾结北方的西魏进攻江陵。承圣三年(554年)，正当萧绎与臣下大讲老子《道德经》的时候，江陵被西魏攻陷，萧绎被杀。西魏在江陵进行了惨绝人寰的杀掠，十万人被掠去北方为奴，免者仅二百家，老弱皆被屠杀，造成了南方又一个经济发达区的大破坏。史称这次事件为“江陵之变”，南方门阀大族在江陵之变中，再次遭到了严重的打击。萧詧在西魏的卵翼下被立为傀儡皇帝，于江陵建立了后梁，又称西梁。北周时后梁仍为其附庸，隋代周之后被攻灭。

▶陈霸先像

公元 557 年 陈霸先建陈

梁太平二年(公元 557 年)十月初十，陈霸先称帝，国号陈，建元永定。陈霸先(公元 503~559 年)，字兴国。原籍颍川，南渡后为吴兴长城(今浙江长兴)人，好读兵书，长于谋略。侯景发动叛乱时，陈霸先召集士卒 3 万人，联合王僧辩讨伐侯景，平定叛乱，又因功受赏，被封为司空，领扬州刺史，镇京口。公元 555 年，西魏破江陵，梁元帝被杀，他与王僧辩在建康(今江苏南京)奉萧方智为梁王、太宰，天成元年(555 年)至僧辩纳北齐扶植的萧渊明为帝，他又袭杀王僧辩，立方智为帝，改元绍泰。同年陈霸先两次击败北齐的进攻，受封陈王，总揽梁朝大政。梁太平二年(公元 557 年)十月初六，逼萧方智让位，梁朝至此灭亡。

陈的统治

陈霸先称帝后不满三年就去世了，后继者文帝陈蒨、宣帝陈顼时期，消灭了各地的割据势力，统一了江南，这时，南朝曾一度控制过的长江以北的一些地区已全部丢失，因此陈的统治区域是南朝中最小的。陈文帝、陈宣帝统治时期，陈的政治状况有所改善，经济也得到恢复发展。公元 583 年，陈朝最后一个皇帝后主陈叔宝即位后，他荒淫无道，广建宫室，生活奢侈，日日与妃嫔寻欢作乐，不理政务，浪费了大量财富，国库空虚，经济遭到破坏，朝政也日益腐朽，国力日衰，在力量对比上，更加不如北朝。公元 589 年，隋兵大举南下，顺利渡过长江，攻破建康，陈叔宝被俘，陈亡，历一百七十年的南朝，至此结束。

▲陈后主陈叔宝像

南朝·齐景帝修安陵石刻

南朝经济的发展

南朝虽然战乱频频，但是相对具有稳定性，所以各方面都有所发展，农业在原基础上有很大进步，发明了一些促进发展的工具。与农业关系密切的水利事业，在南朝时也有很大的发展。从当时南方经济的开发和发展而言，已大体形成若干经济区，其中以三吴为中心的长江三角洲，是当时经济最发达的地区。南朝时期，南方手工业也有很大的发展，其中代表性的部门有冶炼、纺织、瓷器、造船和造纸。农业和手工业的发展，也促进了当时商业和贸易的发达。江南地区众多的河流和湖泊，为商品的流通、航运事业的发展，提供了有利条件。当时的中西海上交通也有发展，东晋、南朝加强了与外国的经济文化交流。南朝时期南方经济的重大发展，是劳动人民在极其艰苦的历史条件下的巨大创造。这一经济发展以及在此基础上形成的六朝文化，成为高度发展的盛唐经济、文化的重要来源。

民族融合的加快

山越分布于长江下游以南地区，早在三国时便开始与汉族融合。蛮族分布于鄂、湘地区（今湖北、湖南），从三国以来汉人便不断逃入蛮部，蛮汉杂居促进了蛮人的经济发展。到南朝初年，蛮人已成为封建政权榨取租谷的对象，同时也说明他们的农业生产自给而有余。汉族地主不断对蛮族进行了征服与掠夺，强迫蛮人充当他们的佃客、部曲，但客观上却有利于蛮族与汉族的融合。南齐时以蛮民设立的郡有四十四个，县一百三十九个，这些新设郡县一般是经济达到或接近汉族水平的地区。所以南方民族融合的出现，既增加了开发南方的劳动力，又扩大了先进经济开发区，南方开发是各族人民的共同创造。

◀南朝·青瓷烛台

农业的发展

◀南朝·青釉五盅盘

劳动力的增加和农业生产力的提高，使土地的利用率大为提高，许多过去的荒原被开垦成肥田沃壤，如洞庭、鄱阳、太湖流域，都变成了谷仓地带。当时农业最发达的地区是三吴，会稽被称为“晋之关中”。其他地区，如以建康为中心的丹阳地区、交广地区稻米一年二熟，“米不外散，恒为丰国”。尤其是在江南优越的自然条件下，以农业垦殖为基础，带动了多种经营性的土地利用，显示出江南经济的特点。农业技术也有显著的提高。区田法的传入，改进了水稻栽培技术，出现了所谓“三熟之稻”。稻的单位产量，三国时南方最高为亩产五石，南朝已出现亩产二十斛的记录。北方的麦这时也在南方大力推广，提高了土地的利用率和农业生产的抗灾能力。从齐永明年间(483~493 年)所记农作物品种看，除了稻、麦、菽之外，还有胡麻、大豆、小豆、大胡麻、粳、粟等品种，作物品种大为丰富。

水利事业的发展

南朝水利事业的发展也很快，东晋至梁都有兴修。另外，水利技术有创造性的提高，人们能根据防旱、排涝和灌溉的不同要求，对江湖池泽等自然水系加以利用，对水的蓄、灌、泄也都由人工加以控制，并在此基础上出现了湖田——即围湖造田。除了国家修建的较大水利工程以外，随着大地主田庄的发展，出现了不少私家小陂，即所谓“富室承陂之家，处处而是”。农田水利事业的发展，也促进了以防害为主要目的的工程的修建，如长江上的江陵大堤、钱塘江的捍海塘、沪渎的防沙垒等。

▲始建于南朝萧梁天监四年的通济堰

手工业

▲南北朝·酱釉贴莲瓣鸡首壶

南方原来就有较好的手工业基础，在吸取了北方手工业技术后，又有了创造性的提高。金属冶炼业无论官冶私冶都很发达，官府中专设东冶令、南冶令以管理冶铁。官冶以梅根冶（今安徽贵池）和冶塘（今湖北武昌）最为著名。各官冶所铸器物以甲兵为主，也铸民需用品。这时冶铁技术的最高成就是“灌钢”技术的出现，即利用生铁液灌入熟铁，提高钢的含炭量，以增加钢的强度，这是冶炼技术上的创造性成就。在纺织业方面，南方原来就有基础的麻葛织业，这时技术更为精湛，有所谓越布、香葛、细葛、南布、花练等。纺织业最突出的成就是丝织业的发展。三国时吴的锦还要靠蜀国供应，东晋刘裕灭后秦，将关中锦工迁往江南，成立锦署，此后南方高级丝织品技术大为提高。蚕桑技术也有提高，豫章、水嘉、闽中等地出现四熟、五熟以至八熟之蚕。制瓷技术的发展也很快，尤其是青瓷，无论在胎质、釉色、纹饰与烧制技术等各方面，都有显著的提高。现已发现的这一时期重要窑址，大都在长江以南，而这一时期南方已出土墓葬，也都发现大量青瓷葬品，说明青瓷应用的普遍。在经济发展和军事需要推动下，造船技术有明显的提高。南朝时最大船已有载二万斛者，比三国吴时装载量增加一倍。

▶竹纸的制作过程

造纸术

南北朝时期，造纸术在利用南方丰富的造纸资源上，取得很大成就，除了麻、楮外，又扩展到桑皮、藤皮。“藤角纸”是纸中的最上乘，剡县和余杭由拳村都是这种纸的产地。除了白纸，还能制造青、赤、缓、绿、桃花等各种色纸。技术的改进和原料来源的扩大，提高了纸的产量，因此东晋末年桓玄曾下令：“今诸用简者，皆以纸代之。”这是中国文化史上的重大进步。

南朝梁·『公式女钱』叠铸陶范面范

商业中心的繁荣

当时南方的许多政治中心同时也是商业中心。建康因全国政治中心地位而最繁荣，秦淮河北岸，有大市百余，小市十余，梁时城中有二十八万户。城东西各长四十里，繁华程度可比汉之长安、洛阳两京。江陵是长江上下南北的交通枢纽。山阴是两浙地区绢、米交易中心，商旅往来不绝。成都南通西南夷，北通关中。番禺是南方经济中心与国际贸易口岸，以至“广州刺史但经城门一过，使得三千万”。海外贸易也较前发达，直接通商国家远至天竺（印度）、波斯（伊朗）、狮子国（斯里兰卡），与南洋诸国的“贡旅”尤为频繁。因为商业发达，商税成为政府重要财政收入。

货币交换

与商业发展相适应，货币的使用也很普遍，当时通行的货币，东晋有比轮、四文及沈郎钱，宋有四铢、当两及耒子钱，梁有五铢、女钱、铁钱及四柱钱，陈有五铢及六铢线。但布帛等实物也一直起着货币作用。高利贷这时也有发展，高利贷主要有贵族、官僚、大地主和僧侣。梁临川王萧宏设邸店放债，以田地房舍契券为抵押，至期不还便没收抵押物。典当也在这时萌芽，小至一束丝，大至黄金贵物，都可到寺院库房质钱。

发达的交通

在南朝时期即开始对外交通的泉州港

城市商业的发达促进了交通事业的发展。江南稠密的自然河道，这时有不少用运河加以连接。当时形成了三条便利的交通线：从江陵至京口的长江水道是一条干线，连结荆扬两个最繁荣地区；从江陵、豫章至番禺的湘、赣水道，是一条辅线，将荆、扬、交、广连接起来；北起句章，中经建安，南至番禺的海道，是另一条辅线，沟通了三吴与交、广。三吴的运河网最为发达，一条以京口、广陵为枢纽，北起彭城，南至三吴交通网的初步形成，成为后来隋大运河南段的雏形。水道的设施也很完备，码头称为桁，岸上引船前进的堤称为埭，官府仅在浙东四个埭征收的埭税，一年便达四百万钱，可见水运交通的发达。

大土地所有制的发展

江南大族早在三国吴时，便拥有很强的经济力量。东晋以后，南北大族更依靠政治力量发展自己经济，加剧占夺土地和人口。这一时期封建大土地占有的一个突出特点是南北大族竞占山林川泽。大族对山泽的占有影响了政府的收入，因此东晋以后各朝屡颁禁占山泽的诏令，宋孝武帝时更颁详尽的占山令，目的虽在于限制，然实际是以法律形式肯定了山林川泽的私人占有。随着大土地占有的发展，大地主田庄的规模也扩大。这时田庄也称别墅，大的田庄周围数十里，占地数百顷，不仅包括上好的耕地、富饶的山林川泽，还有水利设施。田庄经营着稻、麦、麻、菽等粮食作物的生产，以及蔬菜、百果、竹木、药材和畜牧、渔业，此外还有纺织、酿造、制陶等家庭手工业。庄园内部所需各种物质生活资料，完全可以自己解决，真正达到了“谢工商与衡牧”，是一个十足的自给自足的自然经济体。

▲南朝宋孝武帝刘骏像

寺院经济的膨胀

南方寺院经济与僧侣地主势力，这时也有发展。由于统治者提倡佛教，王公贵族、官僚们，竞相修建寺院，仅建康一地即有佛寺五百余所，梁武帝时僧尼达十万余人。大量人口的出家，使“天下户口，几亡其半”。寺院拥有众多的劳力和土地资财的结果，形成了僧侣地主阶层。僧侣地主除了剥削寺院的劳动僧尼外，还剥削依附于寺院的“白徒”、“养女”。白徒、养女是为逃避政府赋役而自己托庇于寺院的农民，他们被束缚于寺院，地位同奴隶差不多。此外，寺院还放高利贷和经营典当，重利盘剥农民。

◀梁武帝萧衍手拿经卷画像

北魏·石刻画像

北魏的建立

北魏政权是由鲜卑族拓跋部建立的。淝水之战后，前秦政权土崩瓦解，拓跋部首领拓跋珪于公元386年称代王，不久改国号为魏，史称北魏。公元398年迁都平城（今山西大同），开始称帝，即道武帝。他在位期间，令鲜卑人分地定居，从事耕作，还任用汉族地主为官，加速了鲜卑社会的发展，但他晚年为政苛暴，公元409年为次子拓跋绍所杀。不久，拓跋绍又为其兄拓跋嗣所杀。公元423年，魏太武帝拓跋焘即位，他任用以崔浩为代表的汉族门阀士族地主，依靠鲜卑骑兵，攻败柔然，攻灭北燕、北凉等国，于公元439年统一了中国北方。

公元376年　代国灭亡

当时西晋并州刺史刘琨为借助拓跋部的力量与刘渊、石勒对抗，于永嘉四年（310年）请西晋政府封猗卢为代公。建兴二年（314年），晋又封他为代王，刘琨割晋北的马邑、阴馆、楼烦等地与猗卢。猗卢数传至什翼犍，什翼犍曾为质子于石赵达10年之久，受汉文化的影响较深。咸康四年（338年），他即代王位后，建筑都城，使代国开始有了定居的政治中心。他又设置百官，分掌众职，建立年号，代初具国家规模。同时，不断向周围各族进行掠夺牲畜、奴隶等财富的战争。公元376年，前秦苻坚派大军攻代，什翼犍所统率的几支军队都被击败。不久，什翼键死，代为前秦所灭。

▲北魏拓跋鲜卑先祖所居石室——嘎仙洞遗址

公元 386 年　拓跋珪建北魏

拓跋珪为什翼犍之孙，北魏王朝尊之为太祖道武皇帝。前秦苻坚征服拓跋部建的代国以后，分其众为东西二部，分别由刘库仁和卫辰统之。拓跋珪先后流寓于独孤部和贺兰部。淝水之战后，前秦瓦解，代国旧部外朝大人贺悦举所部以奉珪，南部大人长孙嵩亦率所部700余家归之，拓跋珪势力日渐强大，遂于太元十一年(386 年)在牛川(今内蒙古呼和浩特市南)大会诸部，即代王位，改元登国，重建代国。以长孙嵩为南部大人，叔孙普洛为北部大人，分治其众。又任用张衮、许谦、王建等人掌管宿卫和参议军国大政。同年二月，迁都盛乐。四月，改国号为魏，史称北魏。

▶北魏·铜质释迦像

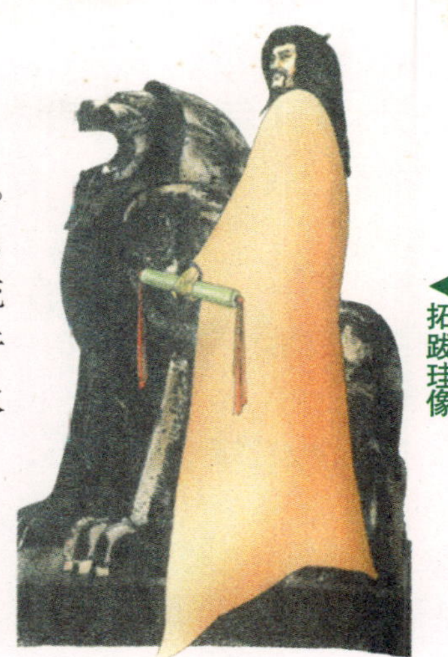
▶拓跋珪像

拓跋珪离散诸部

在拓跋珪时，北魏境内尚存在大量血缘关系的部落。为了加强王权，拓跋珪建立北魏政权不久，下令离散诸部，重新划分土地，在塞上定居，不允许随意迁徙；其君长大人，皆同编户。这样，原来的部落组织被解散，成了定居农民，由八部帅统辖，为政府纳贡服役。一部分保持原来部落组织的，由领民酋长统治，部民有为拓跋国家交税和服军役的义务。离散诸部的推行，有利于拓跋族的封建化和由游牧生活向农耕定居生活转变。登国九年(394 年)，拓跋珪令东平公元仪在五原(今内蒙古包头市西北及乌拉特前旗东)到稒阳塞(今内蒙古包头市东)外一带屯田。这时的屯田采用军事部落组织形式，屯田上的劳动者是身份自由的部落民，采取“分农稼”的分配方式，大约是一种实物分成制。

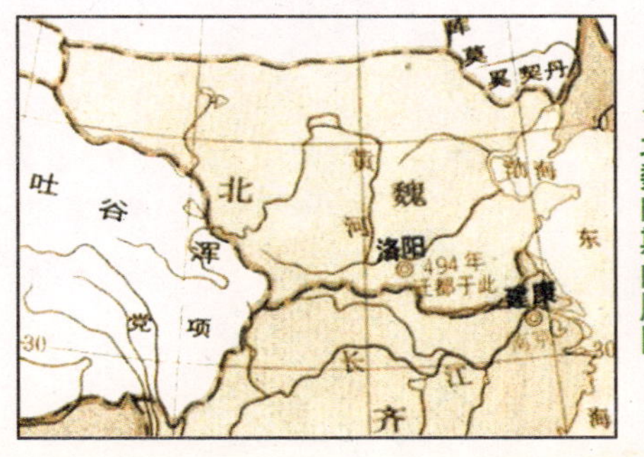

▶北魏时期的版图

公元398年 迁都平城

▲北魏平城遗址

魏穆帝时，以盛乐为北都，修故平城为南都。又于故平城南百里、灅水之阳黄瓜堆筑新平城（晋人称之为小平城），使长子六修镇之，统领南部。拓跋珪复国后，于天兴元年（398年）七月，迁都平城，营宫室，建宗庙，立社稷。十二月，即位称帝。又迁6州22郡守宰、豪杰2000家于平城，并把东至代郡、西至善无、南极阴馆、北至参合划为畿内。北魏自迁都平城至孝文帝迁都洛阳，在平城立都96年。

公元395年～公元439年 统一北方

拓跋珪重建代国后，大败窟咄，攻下南边的独孤部和北面的贺兰部，东破库莫奚和解如部，西破高车回纥部和柔然，又灭匈奴别部刘卫辰，统一了大漠诸部。后燕见拓跋氏势力日强，便于东晋太元二十年（395年）发兵攻打北魏，参合陂一战，后燕遭到重创。次年三月，慕容垂军攻入平城，因未发现拓跋部主力而撤兵，垂病死于归途。隆安元年（397年），拓跋珪攻取燕之信都、晋阳、真定等地，同年十月又攻取其都城中山（今河北定县），后又夺取邺城，占有黄河以北今山西、河北等地，隔河与东晋对峙。公元409年拓跋珪死，其子拓跋嗣（魏明元帝）继位后，大力劝课农桑，多方拉拢汉族地主到平城做官，进一步加强了封建统治。公元422年，拓跋嗣派大军进攻南方的宋朝，占领了青州、兖州和豫州的一些地区，势力伸张到黄河以南。公元423年拓跋嗣死，其子拓跋焘（魏太武帝）继位后，用汉族大地主范阳卢玄、博陵崔绰、赵郡李灵等数百人担任官职，形成了拓跋贵族与汉族地主联合的封建政权。这时北魏的军事力量也更加强大，先后向北方的其他政权进攻，于公元431年灭夏，436年灭北燕，439年灭北凉，北方长期分裂割据的局面结束，复归于统一。

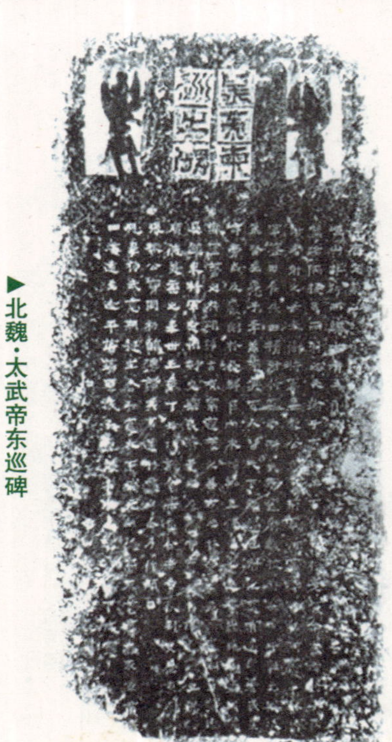
▶北魏·太武帝东巡碑

公元445年 太武帝灭佛

佛教自两汉之际传入中国后，势力渐强，信佛者日多。到南北朝时，从皇帝、嫔妃、公主、诸王到世家大族大都信佛。中原人民为了逃避政府的沉重徭役和租调，也纷纷出家。寺院数量和僧尼人数激增。由于最高统治者、官僚贵族对寺院的大量施舍、僧侣地主的广占田宅，使寺院经济势力迅速发展，占有了大量土地。这样，世俗地主与僧侣地主之间争夺土地和劳动力的矛盾日益尖锐起来。大臣崔浩等便以佛法虚诞、贻害无穷，力劝太武帝灭佛。太平真君五年(444年)，太武帝拓跋焘下令从今以后王公以下至庶人不得私自隐匿沙门(和尚)、师巫。以当年二月十五日为限，如过期不把沙门、师巫送到官府者，师巫、沙门身死，主人门诛。次年(445年)，太武帝出征盖吴起义，途经长安一所寺院，见和尚正在喝酒，又在寺中发现许多兵器，太武帝认为僧侣与盖吴通谋作乱，下令将该寺僧侣全部杀死。在没收寺院财产时，又发现寺院内有酿酒用具及州郡、牧守、富人所藏数以万计的财物，还发现寺院内建有地下室藏匿妇女。信道抑佛的宰相崔浩乘机劝太武帝诛杀天下全部沙门，毁掉经像，太武帝遂下令将所有佛像、佛经击破焚烧，全国沙门无论年幼年长一律坑杀。这次灭佛，对佛教是一次沉重的打击。

◀崔浩像

公元450年 国史之狱

道武帝拓跋珪时曾诏秘书郎邓彦海著《国纪》十余卷，编年次事，体例未成。到明元帝拓跋嗣，废不著述。429年，太武帝拓跋焘召集文人，编写国史，由司徒崔浩等共参著作，编成《国书》30卷。至于损益褒贬、折衷润色，全由崔浩总揽。太平真君十一年(450年)，为崔浩所宠信的著作令史太原闵湛等上疏请求将崔浩所注《易》、《论语》、《诗》、《书》及《国书》全部铭刻于石，以彰直笔。崔浩遂在平城西郭外郊天坛刊石，方百步，用功300万。崔浩写拓跋魏先世之事甚详，引起观众议论。自代北南迁的拓跋贵族无不愤怒，认为崔浩暴扬“国恶”。拓跋焘大怒，于同年六月杀崔浩，并将清河崔氏与崔浩同宗者及崔浩姻亲范阳卢氏、太原郭氏、河东柳氏族灭，参与《国书》著录抄写的秘书郎吏以下亦全部处死。

创建于北魏孝文帝时的佛光寺

北魏孝文帝改革

孝文帝字宏，是北魏的第6代皇帝，也是北魏历史上最负盛名的一个皇帝。孝文帝继位时，年仅5岁，政事由他的祖母冯太后主持。冯太后是汉族人，受过很好的教育，有政治才干，临朝听政长达25年。孝文帝亲政前的改革，是由冯太后主持的。改革的主要内容有：实行官吏俸禄制，严惩贪污官吏；颁布均田令，政府把掌握的土地分配给农民，农民向政府交纳租税，并承担一定的徭役和兵役；迁都洛阳；革除鲜卑旧俗，接受汉族先进文化。孝文帝下令鲜卑贵族采用汉姓，改穿汉族服装，学习汉语，提倡同汉族人通婚。魏孝文帝大刀阔斧的改革，使北魏政治、经济有了较大的发展，加速了北方封建化的进程，也进一步促进了鲜卑族和汉族的融合。

公元484年
推行班禄制

孝文帝之前，北魏的文武百官皆不给俸禄，故官吏到任后，便千方百计搜刮人民。公元484年，孝文帝下令实行班禄制，规定由国家统一筹集俸禄，再按品级高低发给官员，禁止官员贪污和随便向人民科派，官员犯赃绢一匹以上者处死。班禄制实行后，刺史以下官员有四十余人因犯赃被处死，连孝文帝的舅舅也被赐死。这一制度的实行，使当时混乱的吏治有所改善。

▲北魏孝文帝

公元 485 年　实行均田制

为了解决破产农民的流亡问题和增加政府收入，稳定社会秩序，孝文帝于太和九年(公元 485 年)颁布了均田令，规定：男子十五岁以上受露田四十亩(一般加倍或双倍授给，以备休耕)，妇人受露田二十亩，不许买卖，身死还给国家，男子另受桑田二十亩，可以传给子孙。奴婢受田数量与农民同，但奴婢卖后要将土地还给国家。民有牛者，壮牛每头授田三十亩，每户限止四牛。北魏均田令还对各级地方官吏授予一定数量的公田，刺史十五顷，太守十顷，治中、别驾各八顷，县令、郡丞六顷，调职或免官，将公田移交下任，不许私自出卖。均田制并不是真正意义上的均田，因地主官僚拥有大量奴婢，土地不均的状况并未改变，但国家公开授田，解决了一部分农民的土地问题，把劳动力与荒地结合起来，限制豪强控制大批依附农民，也有助于开垦荒地，发展生产，在当时具有积极意义。

▲耕地图

推行租调制

北魏前期，实行九品混通的赋税制度，正税每户平均调帛二匹，絮二斤，丝一斤，粟二十石。另有一些附加税，在征税时，并非平均分摊于各户，而是把民户以资产多少分为“三等九品”，“上三品户入京师，中三品入他州要仓，下三品入本州”。但在实际执行过程中，由于官绅勾结，地主官僚往往不纳税或少纳税，从而加重了农民的负担。针对这种情况，孝文帝在颁布均田制的同时，还颁布了新的租调制。规定：一夫一妇每年向官府交纳粟二石、帛一匹，凡十五岁以上未婚男女四人，从事耕织的奴婢八人，耕牛二十头，分别出一夫一妇的租调，租调制推行后，一般农民的负担相对减轻。

公元 486 年　建立三长制

魏孝文帝改革时，为加强中央政府对人民的实际控制，采纳给事中李冲建议，于太和十年(486 年)建立三长制。三长制是孝文帝建立的地方基层政权组织，规定以五家为邻，五邻为里，五里为党，各有长，责成邻、里、党三长负责征收租调、征发徭役和兵役，以保证财政收入，加强对农民的统治。在此以前，北魏的地方基层政权主要控制在宗主手中，他们修筑坞壁，缮制甲兵，拥有大批部曲、荫户，以“宗主”的名义“督护”地方，形成割据势力，与朝廷分享剥削人民的权利，荫户实际上成为他们的农奴，严重影响了国家收入。三长制的实行，取代了宗主督护制，荫户成为国家编户，加强了对地方的控制，打击了豪族地主势力，使人民的人身依附关系削弱，有利于生产的发展。

公元 492 年　改定律令

北魏初已有律令，并曾有过几次修改，孝文帝时作了进一步的修订。太和十六年(492 年)颁布了新律令，删去了旧令死刑中腰斩、车裂等酷刑，改为斩首、绞、枭首 3 等，废“门房之诛”。所谓门房之诛是除诛连三族外，三族的亲戚也要被诛。如拓跋焘杀大臣崔浩，清河崔氏无论远近，尽夷其族。包括范阳卢氏(崔浩母亲的家庭)，太原郭氏（崔浩妻郭氏的家族），河东柳氏（崔浩之姻亲)。新律令规定，非大逆干纪者，只罪及其身，新律中虽有“门诛”一条，但只及本人、妻、子。自新律颁布后，门诛虽偶尔出现，夷三族、夷五族之刑从此绝迹了。

▲北魏·彩绘骑马俑群

公元 493 年 迁都洛阳

北魏自 398 年定都平城以来，形势发生了很大的变化。随着北魏力量的强大，平城越来越不适应作都城。于是孝文帝欲迁都洛阳，却遭到文武百官的反对。太和十七年(公元 493 年)，孝文帝以南伐为名率兵二十万南下，到达洛阳。他利用群众不愿南伐的心理，提出不南伐则迁都，群臣选择了迁都。公元 493 年，便把都城正式迁到了洛阳。

改革鲜卑旧俗

孝文帝迁都洛阳后，便积极推行汉化政策。规定:三十岁以下的鲜卑官员在朝廷上必须讲汉语，否则免官，三十岁以上者，也要逐步改说汉话。还规定鲜卑人要改用汉姓，改穿汉服，并让皇族和鲜卑贵族与汉族士族通婚。孝文帝本人首先纳汉族大姓卢、崔、郑、王、李之女以充后宫，而且把皇室公主嫁给汉族大姓。同时，孝文帝还尊孔崇儒，亲自到曲阜祭孔，重用汉人地主。所有这些汉化政策，都促进了北方各族的封建化和民族大融合的进程，促进了北方经济的发展。

高欢幕府驻地——高欢城遗址

北魏的衰亡和分裂

孝文帝的改革招致了一些鲜卑贵族的敌意，加深了鲜卑族内部的矛盾。洛阳的鲜卑人与留在北方边境的鲜卑人的政治地位和生活水平的差距加大，也导致了矛盾的激化，结果发生了北方六个军事重镇的变乱。北魏镇压起义后，将被俘义军和六镇居民20万人分徙于河北冀、定、瀛（河间）三州。而河北频遭水旱，终于又爆发了河北大起义。契胡族秀荣酋长尔朱荣派兵镇压了河北大起义，把六镇义军据为己有，并在降兵中提拔了高欢、宇文泰、侯景等人。北魏各族人民大起义加剧了统治集团内部矛盾，公元528年“河阴之变”后，尔朱氏操纵了北魏的军政大权，北魏政局更加混乱。其后，尔朱荣被孝庄帝杀死，其势力亦相继被消灭，但军政大权却落在六镇余部高欢和宇文泰手中，北魏王朝彻底解体，北方遂分裂为东魏和西魏。东、西魏相争，征战10余年，潼关之战、沙苑之战，西魏两次打败东魏，攻占蒲坂、金墉，争夺洛阳，逼走高欢，两魏遂以黄河为界。

公元523年～公元525年
六镇人民起义

当北魏建都平城的时候，为了防备柔然族的南下，在北方边境设置了六个军事重镇，简称六镇，每镇由镇将统领。六镇地区荒寒，人民生活艰苦。到了北魏末年，镇将更加重了对人民的剥削，人民无法生存，纷纷进行武装反抗。

公元523年，怀荒镇民为饥饿所迫，杀死镇将，发动起义。不久，沃野镇民匈奴人破六韩拔陵率众起义，攻占了沃

◀北魏·达摩塑像

野镇，杀死了镇将，又进攻武川镇和怀朔镇。公元 524 年，高平镇（今甘肃固原）各族人民推敕勒族酋长胡琛为首领，也举行起义，攻下了高平镇。破六韩拔陵率领起义军攻下了武川镇和怀朔镇之后，又连败北魏官军，其他各镇人民纷纷响应，北边诸镇都被起义军占领。北魏政府除增派大军镇压外，又施行卑鄙的手段，派人挑拨离间起义军中各族人民的关系，以造成起义军内部的分裂。同时，又勾引柔然兵进攻六镇。于是，起义军在内外夹攻之下渐渐失败，到公元 525 年夏天，有二十万人被围困，无力作战投降北魏，破六韩拔陵下落不明。北魏政府把这二十万人分散到冀州（今河北冀县）、定州（今河北定县）及瀛洲（今河北河间西南）的地区去“就食”，以便瓦解他们的反抗力量。

公元 524 年　关陇羌氐人民起义

公元 524 年夏天，在秦州（今甘肃天水）的羌人和在新秦州（今甘肃武都、成县一带）的氐人联合起义，反抗北魏的统治，共推羌人莫折大提为首领。不久，莫折大提死，他的儿子莫折念生继续领导起义。起义军经过半年多的英勇战斗，向东攻下了歧州（今陕西凤翔南），擒杀北魏都督元志，向西攻下凉州。后来在黑水（今陕西兴平西）被北魏官军战败，只好采取守势。公元 527 年春天，莫折念生又率领起义军反攻，曾大败北魏官军于泾州（今甘肃镇原），攻占东秦州（今陕西陇县南）、北华州（今陕西黄陵南西），又东下潼关，威胁洛阳。北魏政府一面派重兵镇压，一面收买起义军将领，进行分化离间。结果在这年秋天，莫折念生被叛徒杀害。然而，大部起义军仍集合于另一起义将领万俟丑奴的领导之下，继续战斗。公元 528 年，万俟丑奴称天子。529 年，起义军进围歧州，与北魏将领尔朱天光展开激战。到 530 年夏天，起义军由于战略及战术上的错误，被北魏军击败，万俟丑奴被俘送到洛阳遇害。其后起义军余众分别在万俟道洛和宿勤名达的领导之下，继续抵抗，又支持了一年之久，于 531 年夏天最后失败。

◀北魏·飞天（藻井局部）

公元 525 年　河北人民起义

公元 525 年秋天，被分散“就食”的一部分六镇兵民因无法生活，又在杜洛周的领导下在上谷（今河北怀来）举行起义；其后四个月，在定州左人城（今河北唐县）的原六镇兵民也在鲜于修礼的领导下举行起义，附近人民相继响应，起义军力量日渐强大。公元 526 年秋天，定州起义军将领元洪业因受北魏政府的收买，杀死鲜于修礼，准备率众投降。这时，起义军另一将领葛荣杀死了叛徒元洪业，继续领导起义军对北魏官军作战。北魏派大军镇压，起义军英勇抵抗，大获胜利。杜洛周率领起义军于公元526年冬天攻下幽州（今河北涿县），到了528年春天又攻下定州及瀛洲。同时，葛荣也率领起义军攻入定州地区。两支起义军合起来将近一百万人，声势浩大。但是，葛荣怀抱私心，企图扩大个人声势，竟把杜洛周杀死，以致造成起义军内部的分裂，削弱了团结战斗的力量。公元528年秋天，起义军将要进攻洛阳，北魏政府大为震惊，掌握北魏军政大权的尔朱荣亲卒精锐骑兵迎战。葛荣这时自以为兵多势大，非常骄傲，轻视尔朱荣的力量；又由于起义军内的鲜卑人与汉人不能团结一致，结果为北魏军击溃，葛荣也被俘送到洛阳遇害，这支庞大的起义军就完全失败了。

▲为纪念杜洛周、葛荣而立的义慈惠石柱

▶始建于北魏的嵩岳寺塔

公元528年　河阴之变

孝庄帝永安元年（公元528年），胡太后毒死孝明帝，立三岁的元钊为傀儡皇帝。这年三月，拥兵自重的大将尔朱荣以为孝明帝报仇为借口，率军攻进洛阳，另立元子攸为帝，是为孝庄帝，把胡太后及元钊沉于河阴（今河南孟津东），杀王公大臣一千三百多人，史称“河阴之变”。孝庄帝不甘充当傀儡，于永安三年（公元530年），亲手设计杀死尔朱荣。尔朱荣之侄尔朱兆又杀孝庄帝，立元恭为帝（节闵帝）。

公元535年　北魏分裂

在统治阶级内部激烈纷争的过程中，尔朱荣部将高欢的势力乘机发展起来，拥兵二十多万，占据邺城，公元533年，进兵洛阳，消灭尔朱氏的势力，杀元恭，初立元朗，不久，又杀元朗，另立元修为帝（孝武帝）。元修不愿受制于高欢，又逃出洛阳投奔镇守关中的大将宇文泰。于是高欢另立元善见为帝(孝静帝),迁都于邺,史称东魏。公元 535 年,宇文泰杀元修,另立元宝炬为帝,都长安,史称西魏,从此,北魏分裂为东魏、西魏。

▲北魏·彩绘陶文武士俑

公元 543 年 府兵制

为了与东魏相抗衡,西魏宇文泰于大统八年(542)把流入关中地区的六镇军人和原在关中的鲜卑诸部人编为六军。次年与东魏邙山之战,损失很大。为了补充和扩大队伍,以后几年不断收编关陇豪右的乡兵部曲,选任当州豪望为乡帅。大统十六年前,已建立起八柱国(大将军)、十二大将军、二十四开府(又称二十四军)的府兵组织系统。八柱国的设置乃模仿鲜卑拓跋部的八部制度,其中宇文泰实为全军统帅,魏宗室元欣仅挂虚名,实际分统府兵的只有六柱国,也与周国六军之制相符。府兵制的特点可以简单概括为:平时为民,战时为兵;寓兵于农,兵农合一。府兵具有中央禁卫军性质。一人充当府兵,全家即编入军籍,不属州县。这种兵役制度,有利于农业生产,减轻国家军费开支,也扩大了兵源。

公元 550 年 北齐的建立

◀北齐·青釉刻花六系瓷罐

东魏武定五年(547 年),实际掌握东魏政权的高欢死后,长子高澄继续掌政。不久高澄遇刺身亡,弟高洋继续执政。武定八年(550 年),高洋代东魏称帝,国号齐,建元天保,建都于邺,史称北齐。北齐天保三年(552 年)以后,北击库莫奚、东北逐契丹、西北破柔然,西平山胡(属匈奴族),南取淮南,势力一直伸展到长江边,北齐国力达到鼎盛。当时,农业、盐铁业、瓷器制造业都相当发达,是同陈、北周鼎立的三个国家中最富庶者。北齐继续推行均田制,大体与北魏相同而略有变化。北齐取消了受倍田的规定,但一夫一妇的实际受田数,仍相当于倍田;北魏奴婢受田没有限制,北齐则按官品限制在 300 人至 60 人之间。另外还规定了赋税。

▲北周·驯马壁画

公元557年　建立北周

北魏分裂后，西魏政权实际上控制在宇文泰手中。宇文泰是鲜卑人，曾参加六镇起义，后投降尔朱荣。高欢灭尔朱氏后，他在关陇地主集团的支持下，与高欢相拒。宇文泰当政时，重新颁布均田制，促进了关中地主经济的发展。他又在军事上把鲜卑部落兵制与中原征兵制相结合，创立了府兵制，组成二十四军，分别由六柱国率领，总统于宇文泰，军士另户立籍，以区别于民户，从而提高了西魏的军事力量。556年，宇文泰死。557年，其子宇文觉夺取西魏皇位，自称天王，建立北周。

公元577年　北周统一北方

建德元年(572年)，宇文邕杀宇文护掌权，为周武帝。周武帝是一个有才能的皇帝，他掌权后，进行了一系列改革，如整顿吏治、释放奴婢，严惩隐瞒田地、户口的官僚、地主，注意发展农业生产，加强中央集权，积极训练军队。周武帝下令禁断佛、道二教，销毁佛经、佛像，勒令僧道还俗，以增加国家直接控制的劳动力，减轻了一般劳动人民的赋役负担。周武帝的这些改革，促进了社会经济的发展，加强了北周的人力、财力和军力。这时的北齐，统治阶级内部分崩离析，阶级矛盾十分尖锐，农民起义连绵不断。建德四年(575年)，周武帝亲率六军，向北齐发起大规模的进攻，建德六年(577年)，齐后主高纬被俘。北周消灭了北齐政权，统一了中国北方，结束了自东西魏分裂以来近半个世纪的分裂割据局面，使人民免受战争苦难，得以重建家园，恢复生产，从而促进了整个北方政治、经济、文化方面的广泛交流和发展，为隋统一中国奠定了坚实的基础。

►周武帝宇文邕像

南北朝·高句丽歌舞壁画

南北朝的文化

南北朝是一个分裂的时代，但同时也是一个文化繁荣的时代。南北朝时期的学术文化在长期发展过程中，汇合了国内各族的文化特点，同时也吸收了西方传入的文化艺术，彼此融合于一炉，这就使它在秦汉学术文化发展基础上前进了一步，并呈现出这一时期所特有的异彩。南北朝文化是我国传统文化历史长河中一个十分重要的组成部分，是富有时代特色和地域特色的文化，是介于汉唐之际最为活跃、最有生气，并具有鲜明的兼容性的多元文化。在这一历史时期，玄学在哲学思辩方面大大超越了两汉哲学，原始道教建立了比较系统的理论和教规，外来佛教发展成为具有中国特色的宗教。另外，在文学、史学、艺术诸方面，这一时期也取得了很高的成就。

祖冲之和圆周律

祖冲之，字文远，祖籍范阳遒县（今河北涞水县北），刘宋时期著名的数学家。史载，三国时马钧发明的指南车在西晋时就失传了，刘宋时齐王萧道成让祖冲之再造一辆，祖冲之答应研究制造。有个叫索驭鳞的人对此不以为然，萧道成也让他去造一辆。两人都把指南车造好以后，在乐游苑进行比赛。祖冲之制造的指南车左右回转，木人指正南方不变。而索驭鳞制造的指南车经过几个回转，木人就失灵了。祖冲之的成功获得了围观者的喝彩。祖冲之还发明了“千里船”，编制了《大明历》，但祖冲之最大的贡献，是他最早计算出了圆周率在3.1415926和3.1415927之间，他还用两个数来表示，一个是335/113，称为密率，一个是22/7，称为约率。密率是圆周率的最佳近似

▲祖冲之

值，这个值直到公元1573年德国人鄂图才发现，比祖冲之晚了一千多年。祖冲之还把他对数学方面的研究汇集成书，称为《缀术》，其后的唐朝和日本、朝鲜等，都把《缀术》作为学校的数学教科书。

贾思勰和《齐民要术》

贾思勰雕像

贾思勰是北魏时期著名的农学家，曾做过高阳（今山东临淄）太守，他关心农业生产，具有丰富的农业生产知识。他又"采摭经传，爰及歌谣，询及老成，验之行事"，广泛总结了自汉以来北方各族人民的农业生产经验，写出了《齐民要术》一书。全书共十卷九十二篇，内容极其丰富，论述了粮食、蔬菜、果树、竹木等的栽培方法及畜牧、捕鱼、食品加工的技术，是现存最早和较完整的农书。该书反映了北魏时期农业生产的发展和农业生产技术的提高。书中对当时使用的各种生产工具、植物品种、亩产量等都有记载，仅谷子的品种就列举了八十六种；对于土壤整治、肥料施用等也都有记述，其中的许多技术一直沿用到现在。

范晔和《后汉书》

范晔，字蔚宗，顺阳（今河南淅川）人，"少好学，博涉经史，善为文章，能隶书，晓音律"，曾为宣城太守、左卫将军、太子詹事等职。元嘉二十二年（公元445年），以谋反罪被杀，年仅四十八岁。范晔任宣城太守期间，"不得志，乃删众家《后汉书》为一家之作"，其所著《后汉书》编次周密，前后一贯，在编纂方法上较《史记》、《汉书》有很大改进，他增设了党锢、宦者、文苑、独行、方术、逸民和列女七种类传。除党锢、方术之外，皆为后世史家所沿用。在写史过程中，范晔本着"正一代之得失"的原则，议论朝政，评价人物，具有一定的进步性。特别是各卷的论或序，"皆有精意深旨"，反映了作者鲜明的爱憎观。《后汉书》还批评佛教，批判和揭露因果报应等迷信思想，对东汉皇帝笃信图谶的丑态给予极大的讽刺。自范晔《后汉书》出，其他各家后汉历史著作便逐渐淘汰，范氏书乃成为我们今天研究后汉历史的主要资料。

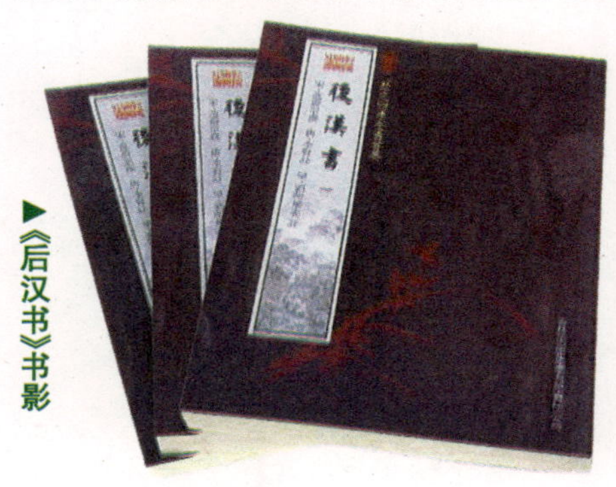

《后汉书》书影

▶魏晋南北朝时期的佛像一般有菩萨胁侍左右，组成一佛二菩萨的形式组合

佛教的黄金时代

从三国至南北朝，是一个社会动荡不安、政治紊乱不定而礼教崩坏的时代，人们无奈于苦难的现实，往往难以预料自己的命运，于是由西域传来的佛教找到了赖以生存、发展的土壤。尤其到了南北朝时期，各君主显贵希冀从佛教王国得到庇护与慰藉，均崇信佛法，保护倡导佛教。虽然由于北魏太武帝拓跋焘灭佛，佛教经历了短时期(446~452年)的打击，但在文成帝拓跋浚即位后，又得到恢复。后来北周武帝灭佛，时隔不久，佛教又卷土重来。于是在魏晋南北朝时期佛教逐渐成为占重要地位的思想体系，佛经流布，伽蓝栉比，浮屠林立。北魏时，随着佛教的传播，佛像、壁画、石窟寺院等也得到了空前的发展。在崇拜佛教的形式上，南北二地的统治者略有不同：南朝继东晋重视佛教义学的传统，在佛教理论上多有发明。与南朝相比，北朝偏重兴办福业建造和禅行神异，其义学则在宣扬律己禁欲。

南北朝时期的佛教艺术

南北朝时期是佛教传入中国以后兴起的第一个高潮。佛教的兴盛不仅对中国思想史的发展有重大意义，而且对中国美术和雕塑艺术的发展也起了极大的促进作用。在绘画方面，顾恺之、陆探微和张僧繇等画家，在绘画理论和表现手段方面，取得了划时代的成就，“秀骨清相”的风格，成了具有明显时代特征的南朝画风的代表。南北朝时，开窟造像之风更盛，著名的有山西大同云岗石窟、甘肃永靖炳灵寺石窟、天水麦积山石窟、敦煌石窟等，石窟造像生动雄奇、雕琢瑰丽，是佛教艺术中的一大奇观；石窟中的壁画，想象力丰富，色彩明艳，图绘精严，是石窟艺术中的重要组成部分。这些石窟和壁画都展现了这一时期佛教艺术的辉煌成就。

▲北魏·炳灵寺石窟

石窟艺术

龙门石窟

南北朝时佛教盛行，许多画家和雕塑家不但继承了秦汉以来的传统，也吸取了西方、印度艺术的优点。一些雕刻家的雕塑内容常以佛像和佛经的故事为主，在风格上兼采东西方之长，从而出现了一种融合绘画、雕塑于一体的石窟艺术。山西大同的云岗石窟和河南洛阳的龙门石窟最为著名。

山西大同是北魏的旧都，当时称为平城，云岗石窟座落在大同以西武州山中，共有一百多个窟室，佛像近万尊。其中最早的五窟是北魏沙门向文成帝奏准开凿的。石窟规模较大的有二层至五层，重叠如楼，其中雕刻着姿态各不相同的大小佛像，大者高五六丈，小者短至数寸，有的高大伟岸，有的容貌端庄，有的体态安详。最大的一个石佛，雕饰奇伟，高五丈多，盘膝而坐，周围石壁上满布浮雕，顶上刻着千姿百态的天女，凌空飞跃，栩栩如生。及北魏孝文帝迁都洛阳之后，王公贵族们又在洛阳以南伊阙的龙门上，仿照云岗石窟的雕造，开凿规模巨大的龙门石窟，先后花了二十余年，共用人工八十万以上。此后龙门石窟经不断修造，断壁上石窟遍布，大小佛像林立。龙门石窟的艺术风格比早期的云岗石窟有了进一步发展，其特点是雕塑细腻、精致，更多地受到中原的影响。它与云岗石窟先后辉映，互相比美，成为我国古代雕塑艺术的两大宝库。

刘勰撰《文心雕龙》

刘勰像

《文心雕龙》是一部文学理论著作，全书用骈文写成，齐刘勰所撰，五十篇。早在三国时，曹丕撰《典论》，其中《论文》一篇，可说是文学理论的开端。此后西晋时，陆机作《文赋》，论述作文的利弊，内容比《典论·论文》充实。刘勰在他们的基础上，全面地进行总结批判。他分析了历代文风的演变和各种文体的产生、发展的原因，提出了文章要文质统一，反对仅以辞藻取胜，他还提出观察和评论文章的六条标准。即从作品的主题思想、内容、布局、修辞技巧、取材用典、声韵格律等六个方面对文章的优劣进行评论，称为六观。全书论点精深、内容茂密繁富、剖析入理，可说是自《典论》以来的一部对文学理论从思想内容到文艺风格，进行全面总结的划时代的作品。

《文选》

《文选》是梁武帝之子萧统及其门人所撰集的一部古代文学总集。萧统死后，被谥为“昭明太子”，故此书又俗称为《昭明太子文选》。《文选》所取材的文章上起周代，下迄于梁。全书分三十卷，精选了历代诗文辞赋等各种文体，计七百余首。萧统在序文中提出此书选择文章的标准是“事出于沉思，义归于翰藻”。也就是说，入选诗文必须思想内容和辞采并茂。《文选》是研究梁以前文学的重要参考书，也是后世科举考试时士人所必读的书，在社会上影响极大。唐代有李善注和《五臣注》，对此书加以注释，具有重大的参考价值。后世的文学选本，也多有受到《文选》的启示。

▶萧统像

范缜和《神灭论》

▲范缜像

在玄学和佛学弥漫于思想界之际，在南朝的齐梁间，出现了杰出的无神论思想家范缜。他针对佛教的唯心主义有神论思想，发表了名著《神灭论》，系统地阐述了自己的无神论思想。他认为“形者神之质，神者形之用”，“形存则神存，形谢则神灭”。借此来说明形（物质）与神（精神）的依存关系。他还认为人类的肉体是本质的东西，精神是生于人体的一种功能。人体存在，精神也存在；人体死亡，精神也随之消灭。他还形象地用刀口与锋刃作比喻，说明肉体与精神的关系。他说刀口是一种物质，锋刃是刀口的作用，离开了刀口就无所谓锋刃，怎能说精神能离开肉体而单独存在？《神灭论》的发布，揭露了统治阶级利用佛教进行欺骗的谎言，震动了当时的思想界。

郦道元和《水经注》

《水经》是一部地理书，三国时人所作，记载了我国境内一百三十七条河流以及河流所经的郡县都会，但内容极为简略。北魏郦道元是一个有名的地理学家，他根据自己对地理的实地考察和广泛参阅古书，替《水经》作注，撰成《水经注》四十卷，所录河流计

一千二百五十二条，对《水经》大加补充，并详细地记述了各条河流所经的山陵、郡县、城市、关津、名胜、祠庙、冢墓等地理状况、建置沿革以及与之有关的历史事件、人物故事、歌谣传说等。注文约有三十万字，为原书的二十倍，引用书籍多达四百三十余种，并收录了不少汉魏碑刻。《水经注》是一部研究我国古代历史地理的重要著作，对后世影响很大。

▼郦道元与《水经注》

《洛阳伽蓝记》

《洛阳伽蓝记》系记述北魏京城洛阳的佛寺盛衰兴废的著作，北魏杨衒之撰，五卷，所记寺庙约五十五所。北魏自孝文帝迁都洛阳之后，统治阶级普奉佛教，广造寺塔，大养僧尼。据《魏书·释老志》记载，魏自正光（520~524年）以后全国有佛寺三万余所，僧尼二百余万人，仅洛阳城内外，大小寺庙就有一千三百六十七所。这些寺庙多数是金壁辉煌，穷奢极丽。北魏末年，洛阳屡遭兵火，寺庙毁废残破，远非昔日可比。547年，杨衒之重到洛阳，抚今追昔，感触颇深，乃撰成此书。其内容虽以记载著名佛寺为题，但实际上着重记载了当时社会的政治、人物、风俗、地理的变迁以至园囿建筑、传闻轶事等。此书篇幅不多，但叙事简洁，文词秀丽，是一部与郦道元的《水经注》相媲美的著名作品。

《搜神记》和《世说新语》

魏晋南北朝时期，文章格式多采用骈文，对仗工整，声律协和，具有独特的风格，但也出现了片面追求词藻形式，不注重内容的"文胜于质"的流弊，与此同时，记述怪异传闻和名人轶事的小说也逐渐流行，其代表作有东晋干宝的《搜神记》和南朝刘义庆的《世说新语》。《搜神记》是一部志怪小说集，所记多为神怪灵异之事，其中也保存着一些民间传说。《世说新语》主要记载晋代士大夫的言谈、生活及其清谈放荡奢侈的习俗，全书语言精炼，辞意隽永。后来梁刘孝标为此书作注，所引书有四百余种。

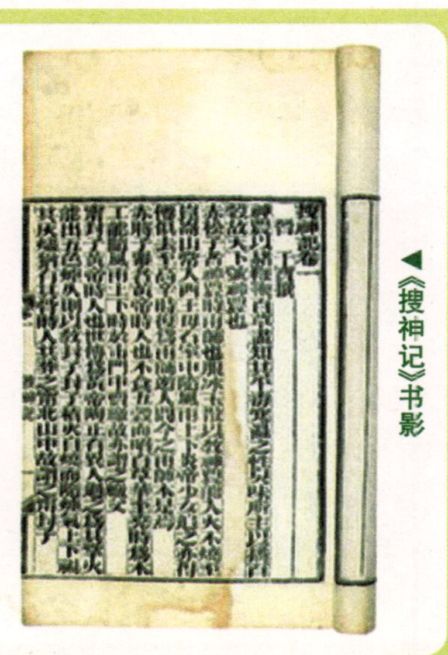

◀《搜神记》书影

隋朝

（公元581年～公元618年）

公元 581 年，北周大丞相杨坚称帝，国号隋，都长安，建元开皇。随即在 589 年灭陈，结束了自西晋末年以来持续了 270 余年的分裂局面，统一全国。隋统一后，社会安定下来，南北经济文化得到了交流。隋朝时候，经济有很大发展。耕地面积大量增加，农作物产量提高。手工业有新的发展，造船技术达到很高水平，能造起五层楼的宏伟战舰。洛阳的商业盛极一时，居住着数万家富商，封建经济呈现繁荣的局面。为加强南北的交通，巩固隋朝对全国的统治，605 年，隋炀帝下令开通一条贯通南北的大运河。对南北经济的交流起了很大的作用。隋炀帝奢侈腐化，滥用民力，营建东都洛阳，几次巡游江都，三征高丽，兵役徭役繁重，极大地加重了人民的负担。隋朝末年，爆发了瓦岗军、河北及江淮等农民大起义。公元 618 年，李渊废隋恭帝杨侑，称帝建唐，隋朝灭亡。

帝王世系表

文帝杨坚(581~604)——炀帝杨广(605~617)——恭帝杨侑(617~618)

大事年表

公元581年	杨坚取代北周,建立隋朝,是为隋文帝。废除北周六官,设立尚书、门下、内史等省,以高颎为尚书左仆射。
公元582年	营建新都大兴城于长安故城东南。
公元583年	隋败突厥,突厥分裂为东、西两部。
公元589年	隋灭陈,南北统一。以吏部尚书苏威为尚书右仆射。
公元590年	改革府兵制,诏军人悉属州县,垦田籍帐,一与民同。
公元591年	制州县佐史,三年一代,不得重任。
公元598年	高丽及靺鞨攻辽西。隋发水陆兵30万击高丽,无功而返。
公元599年	东突厥利可汗内附于隋,隋以其为启民可汗,妻以义成公主。
公元600年	废太子杨勇为庶人,立晋王杨广为太子。
公元601年	以尚书右仆射杨素为左仆射。
公元604年	隋文帝死,隋炀帝即位。
公元605年	营建东都,开通济渠,疏浚邗沟。炀帝乘龙舟去江都。
公元607年	突厥启民可汗来朝。炀帝北巡至榆林。
公元608年	开永济渠,北通涿郡。
公元609年	炀帝西巡,击溃吐谷浑,于今青海、新疆境设西海、河源、鄯善、且末四郡。炀帝会见高昌王伯雅、伊吾吐屯设及西域27国使者于张掖燕支山。
公元610年	凿江南河,南至余杭。
公元611年	集兵百万于涿郡,将征高丽。王薄起兵于长白山,隋末农民起义爆发。
公元612年	炀帝亲征高丽。
公元613年	炀帝二征高丽。杨素子礼部尚书杨玄感起兵,兵败被杀。
公元614年	炀帝三征高丽。
公元616年	炀帝带领禁军至江都。分散的各路起义军逐渐联合起来,形成了李密为首的瓦岗军、窦建德为首的河北起义军和杜伏威为首的江淮起义军三个强大的起义军集团。
公元617年	李渊于晋阳起兵,进军关中,攻占长安,立代王杨侑为帝。
公元618年	江都兵变,炀帝被杀。李渊称帝,建立唐朝,改元武德,是为唐高祖。

始建于隋开皇二年的榆次老城

隋朝的兴亡

隋代是中国历史上统一的封建王朝，为公元581年杨坚(隋文帝)取代北周所创立。开皇九年(589年)灭陈，统一全国。开皇二十年(600年)文帝废太子杨勇，立次子晋王杨广为太子。仁寿四年(604年)，杨广即位，是为隋炀帝。他在位期间，滥用民力，残暴不仁，繁重的劳役给人民带来了深重的灾难。各地农民起义风起云涌，许多地方豪强也举兵反隋。大业十四年(618年)，隋炀帝在江都为从驾士兵所杀，隋代灭亡。隋代虽然只有37年的历史，却结束了近300年的南北分裂局面，隋代的许多制度直接影响到唐代，并得到完善和发展。

公元581年 隋朝的建立

杨坚，弘农华阴(今陕西华阴)人。公元577年，北周武帝宇文邕灭掉北齐，统一了北方，后于公元578年去世。继位的宣帝宇文赟是杨坚的女婿，胸无大志，并且十分残暴，导致统治集团内部的矛盾越来越尖锐。公元582年三月，宇文阐即位，是为静帝，任杨坚为左大丞相，都督军事，总揽朝政，晋封隋王。公元581年，杨坚以“受禅”为名，废北周静帝而自立，改元开皇，建立了隋朝，杨坚是为隋文帝。公元589年，隋灭陈。至此，自西晋末年以来270多年的分裂割据局面结束，促进了各民族融合和经济文化的交流。

◀杨坚像

公元589年 隋灭陈统一全国

一系列行之有效的改革使隋王朝在政治上得到了巩固，经济上得到了发展，杨坚开始

了统一全国的行动。开皇七年(587 年)杨坚下令进军江陵,灭掉了后梁,扫除了进军江南的障碍。开皇八年(588 年),杨坚命杨广率领五十多万人的大军,自水、陆两路向陈朝发起总攻。第二年,南朝的最后一个朝廷——陈朝宣告灭亡,中国重新归为统一。陈朝灭亡后,江南一些地方豪强势力并不甘心,纷纷起兵反隋。杨坚派大将杨素率军平息了江南叛乱,制止了豪强地主的分裂活动,巩固了统一。同时,杨坚还改革了北周以来的府兵制,对军队加强了控制。

权臣杨素

◀杨素像

杨素,字处道,是隋朝第一名将,又是弄权奸相。他出身于弘农华阴世族,北周末年以父荫拜官,好学能文,起草诏书倚马立就,在平定北方的战争中立下赫赫战功;入隋后又成为隋文帝平定南陈、统一全国的得力助手;嗣后,他还数次率军击败突厥,隋朝"功臣莫居其右",堪称一时之人杰。开皇九年(589 年),杨素平陈后入相,官至尚书令。他监造仁寿宫,劳民伤财,自家的宅第建造得像宫殿一样,又开奢靡风气。执政 17 年,几乎毫无政绩可言,只热衷宫廷权力之争。他私下广树亲党,凌侮朝贵,中伤大臣。最后,杨素遭到隋文帝疏远,不许他通判尚书省事,夺其实权。隋炀帝对他亦有怨意,问病赐药,杨素怕中毒不敢服用,大业二年(606 年)因忌医而死,炀帝犹说:"使素不死,终当夷族。"

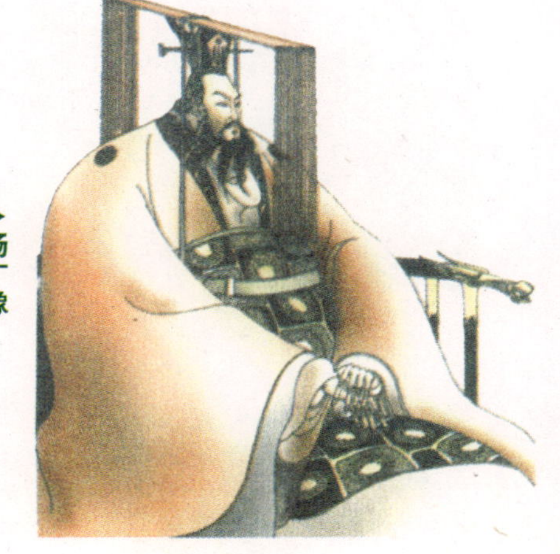
▶杨广像

公元 600 年 立杨广为太子

隋文帝在建国之初即立长子杨勇为太子,参决军政大事。但杨勇生活奢侈,逐渐失去文帝和皇后独孤氏的宠信。晋王杨广在灭陈时立下战功,之后又平定江南叛乱,北击突厥,屡立战功。杨广同样奢侈好色,只是他善于掩饰,博得文帝宠爱。开皇二十年(600 年),隋文帝废杨勇为庶人,改立杨广为太子。仁寿四年(604 年),隋文帝病重,不久死于仁寿宫,杨广矫诏杀杨勇,即帝位,是为隋炀帝。次年改元大业。

废黜杨勇

太子杨勇有很多宠幸的嫔妃，其中云氏是最受宠爱的。他的另一位妃子元氏一直得不到宠爱，结果害病而死。独孤皇后认为杨勇别有用心，严厉地斥责了他。但云氏从此反而却更加受到杨勇的宠爱，先后生有三个儿子。杨勇又先后纳了几名妃子，独孤皇后更加对杨勇不满，便派人调查杨勇的过失。晋王杨广知道这些情况后，更加矫饰自己以博得皇后的喜爱。果然独孤皇后越来越喜欢杨广，多次在皇帝面前夸赞他贤明。一次，文帝杨坚与皇后独孤氏巡幸杨广的府第，杨广事先将那些美女都藏到了别的房间，住宅中只留下一两个又老又丑的女人，身穿粗布衣服，侍奉左右。皇帝见此情形非常高兴，从此便喜爱上了杨广，对杨广跟对其他儿子大不一样。杨素在皇帝杨坚面前又大肆毁谤杨勇，说他没有才能。这样，隋文帝杨坚便于当年十月下诏宣布废黜太子杨勇，将杨勇及其嫔妃一律废为庶人。

▶隋·彩绘女俑

公元618年　隋朝的灭亡

隋炀帝自615年南巡江都后，把东西两都交托给留守大臣，辅助其孙代王侑和越王侗，自己则长期居留江都，再也无力北上了。追随他南下的禁卫军，多系关中人。他们各有妻子家口在北方，炀帝长期不返，引起了将士们的怨愤，有些就暗中逃亡。炀帝不但不听大臣们北还的劝告，还严厉地惩办了潜逃军人，并准备定都江南。618年，禁卫军见北返无日，商量发动兵变。他们推宇文化及为主，闯入宫中用巾带勒死了隋炀帝。紧接着，宇文化及全军北上，经河南为李密所败，退往河北，复为窦建德所败，被杀。同年，西京隋代王侑、东都越王侗分别被进据关中的李渊和入守东都的隋将王世充所杀害，隋亡。

▲隋炀帝陵

始建于隋开皇十八年的国清寺

杨坚的改革

杨坚称帝后，在政治、经济等方面实行了一系列改革措施。文帝在位期间，继续推行均田制，搜查隐漏的农户，重编户籍，增加了税民，保证了国家财政收入，削弱了豪强势力，开凿漕河，灌溉了农田，发展了交通，便利于运输粮食。统一币制，改铸五铢钱。文帝改革官制，在中央建立三省六部制，在地方简化行政机构。参考魏晋旧律，制订《开皇律》。他废除曹魏以来的九品中正制，以考试取士。这一系列措施，加强了中央集权，使隋王朝得以巩固，隋文帝开皇年间出现了“君子咸乐其生，小人各安其业，强无凌弱，众不暴寡，人物殷阜，朝野欢娱”的局面，史称“开皇之治”。

公元 581 年　建立三省六部制

北周时，官制仿《周礼》而作六官制，开皇元年（公元 581 年），隋文帝废六官制，建立了三省六部制。隋朝中央设门下、尚书、内史、秘书、内侍五省，其中秘书、内侍二省无实权，故实际为三省。内史省是决策机关，长官为内史令，负责草拟和颁发皇帝的诏令；门下省是审议机关，长官为纳言，负责审核政令，驳正违失，有权驳回内史省的草案；尚书省是执行机关，长官为尚书令，副长官为仆射，具体执行各项政策和法令。三省长官相当于秦汉的丞相。尚书省下辖六部：吏部，负责官员的任免和考核；民部，负责检查户口，征收赋税；礼部，负责礼仪和考试；兵部，主管军事；刑部，负责全国的司法诉讼；工部，主管工程修建。六部的长官为尚书，由尚书省统一管理。内史、门下、尚书三省的

▲隋文帝像

长官都是宰相，他们相互制约，共同对皇帝负责，使皇权和相权的矛盾相对缓和，巩固和加强了中央集权。

简化地方机构

▲隋·青瓷武士俑

隋初承北周旧制，地方分州、郡、县三级政权，民少官多，十羊九牧。杨坚代周前的大象二年（580年），仅周境内即有211州，508郡，1124县，平均每州管辖2.4郡，每郡只辖2.2县。隋文帝开皇三年(583年)，改州、郡、县三级制为州、县两级制，减化了机构，减少了官员，提高了行政效率。另外，隋初因袭旧制，州、郡、县僚佐多由地方长官辟署当地士人担任，称乡官。开皇三年(583年)罢郡同时，地方佐官亦改归吏部诠授，开皇十五年(595年)明令罢废乡官。北魏、北齐开始吏部侵夺地方州郡县令辟士之权，至是完全收归中央，规定九品以上地方官员尽用他郡人，一律由吏部任命，以加强中央对地方的控制。

公元583年　制订《开皇律》

▲隋·社仓纳粟砖

南北朝割据时期，刑罚严酷，法制混乱，官吏枉法成风，百姓倍受其苦。隋文帝建国后，于开皇三年(公元583年)令大臣苏威、牛弘等人改订法律，在魏晋律书的基础上，修成《开皇律》。《开皇律》律文共五百条，废除前代的枭首、车裂、鞭刑、宫刑等酷刑，减死罪八十一条，流罪一百五十四条，徒杖等千余条，刑名分死、流、徒、杖、笞五种。律文规定，民有冤案，可逐级上告，甚至可以申诉到朝廷。还规定，诸州不得专决死罪，须经大理寺复审，并且要经三次奏请，才能行刑。这些都是隋律的进步之处。但是，隋律毕竟是地主阶级意志的反映，凡危害封建统治者，则加重处罚，其中有“十恶”之条，凡谋反、谋大逆、谋叛、恶逆、不道、大不敬、不存、不睦、不义、内乱，凡犯者皆从重惩治，永不得赦。虽然如此，《开皇律》仍不失为一部较进步的法典，它为唐、宋至清各朝沿用。

公元 596 年　改革府兵制

府兵制始创于西魏、北周，兵民分离，军士另立户籍，家属随军流移，不属民户。开皇十年（公元 596 年）隋文帝对府兵制进行改革，规定：凡是军人，可悉属州县，“垦田籍帐，一与民同”，士兵及家属都编入所在州县的户籍，同一般农民一样，按均田制分得土地，但士兵仍保留军籍，由军府统领，由兵农分离，改为兵农合一。府兵制改革，提高了军队素质，又便于生产和管理，对隋朝军事力量的发展起了重要作用。

隋·青瓷双系瓶

公元 607 年　推行科举制

魏晋以来的九品中正制，使高门士族拥有政治特权，南北朝时士族门阀已日趋腐朽，至隋废除九品中正制。开皇三年（公元 583 年）正月，诏举贤良。开皇十八年（598年），文帝命京官五品以上、总管刺史，以志行修谨、清平干济二科举人。大业三年（607年），炀帝诏以十科举士，包括孝悌有闻、德行敦厚、节义可称、操履清洁、强毅正直、执宪不挠、学业优敏、文才秀美、才堪将略、膂力骁壮等，其中文才秀美科即进士科，标志着科举制度的确定。与九品中正制相比，科举制不论家世，通过公开考试选拔官员，吸收了不少寒士进入政权，有益于扩大和巩固封建统治的政治基础，改变了魏晋以来世族门阀把持朝政的局面。唐朝继承了这一制度，并进一步完善，成为国家选拔人才的主要方式。

隋·青瓷龙首柄壶

隋·彩绘陶房

行“大索貌阅”和“输籍之法”

隋·青釉烛台

为了解决南北朝时期户籍混乱不实和加强国家对人口的控制，以增加赋役的来源，隋朝建立后，进行了户口清查，称“大索貌阅”，其办法是根据年龄和面貌检查户口。首先，将城乡居民编组起来，畿内五家为保，设保长，五保为闾，设闾正，四闾为族，设族正；农村则保之上为里，设里正，里之上为党，设党长。开皇五年(公元585年)在全国开始普查户口，发现隐瞒不实者，里正、党长处以流刑。其目的是为了防止诈老诈小和虚报户口以逃避赋税徭役。所谓“输籍之法”是划定户等纳税的标准。其办法是由政府统一规定各级民户所应负担的赋税徭役数目，并使之低于豪强地主对依附农民的剥削量。这一办法推行后，大批依附农民纷纷脱离豪强地主，向国家申报户口，大量隐漏户口被检查出来。清查结果使国家增加人口一百六十四万，丁四十四万三千余。

“大索貌阅”和“输籍之法”，不仅增加了国家的剥削对象，削弱了豪强地主势力，同时大量人口由豪强地主的依附农民变成了自耕农，提高了人身地位，对生产发展也是有促进作用的。

隋·白釉象首龙柄壶

隋文帝厉行节俭

隋文帝总结了历代帝王“未有奢侈而能长久者”的历史教训，倡导节俭，身体力行。《隋书·高祖纪》称:关中饥荒，见老百姓吃的是豆屑杂糠，“上流涕以示群臣，深自咎责”，因此“撤膳不御酒肉者，殆将一期”。凡“居处服玩，务存节俭”，“乘舆御物，故弊者随宜补用；自非享宴，所食不过一肉”。对自己的皇子们也严格要求他们，不过豪华挥霍的生活。太子杨勇仅仅因为“尝文饰蜀铠，上见而不悦，恐致奢侈之渐”。第三子杨俊由于“盛治宫室，穷极侈丽”，而被他“免官，以王就第”。正是在他和他的皇后独孤氏的监管下，朝内外吏属侍臣，纷纷以节俭束己，以至在六宫之中，甚至连一两胡粉和现成的衣领也找不到。上行下效，“天下化之”。节俭成了一种社会风气，从而使社会财富得以迅速积累。在隋文帝统治时期，“户口滋盛，中外仓库，无不盈积”。

隋炀帝东幸图

隋·五牙战船(复原模型)

隋炀帝的暴政

公元604年(仁寿四年)文帝重病,在仁寿宫去世,废太子杨勇被杀,杨广即帝位,是为炀帝。隋炀帝即位后,立即丢弃他的俭朴外衣,穷奢极欲,推行了一系列的暴政,是历史上有名的暴君。为了加强对地方控制、扩大南北漕运,隋炀帝征发数百万民夫开凿了南北大运河,对后世产生了积极影响。但是他在位期间,滥用民力,残暴不仁,北修长城,西巡河西,营建东都,巡游江南,还发动了三次对高丽的战争,繁重的劳役给人民带来了深重的灾难。

大兴土木

隋炀帝即位后第二年即营建洛阳,每月役使二百余万人,长达十个月之久,死者十之四五,耗费了大量的人力和物力。修建东都的皇城及宫殿,动用一百万民工,随后又建西苑,周围二百多里,内有人工海,周十多里,沿海筑有十六院,每院都有四品夫人主之,海内有蓬莱、方丈、瀛州三神山。苑内堂殿、楼台、亭榭,极为华丽。苑内花木秋冬叶落,即剪彩帛为叶,色褪则更换新制,使常如春天。又征调各地珍禽奇兽养置苑内,以供玩赏。炀帝常常带宫女数千,在苑内寻欢作乐,穷极奢侈。大业三年(公元607年),炀帝又"发丁男百余万筑长城,西距榆林,东至紫河,一旬而罢,死者十五六"。次年,又"发丁男二十余万筑长城,自榆谷而东",这些工程,都成为人民的沉重负担。

◀隋朝大运河地图

公元612~公元614年　三征高丽

▲隋·灰陶女立俑

魏晋以来，高丽几次侵扰内地，成为中国东北部最严重的边患。开皇十八年（598年），高丽王高元进攻辽西，被营州总管追击。隋文帝曾以大军出征高丽，终因孤军深入，无功而返。至炀帝时又进行了三次亲征高丽的战争。大业六年（610年），隋炀帝准备出征高丽，造车造船，调集军队，征发物资，以东莱（山东掖县）和涿郡为水陆进攻的基地。大业八年（612年）正月，隋炀帝调水陆大军113.8万余人，征伐高丽。第一次征高丽因粮草等问题失败。其后，大业九年（613年）和大业十年（614年），隋炀帝又连续两次出征高丽，均因国内政局动荡而草草罢兵。大业十年（614年）九月，高丽遣使与隋议和。三次进攻高丽，用兵三百余万，使大批劳动力脱离了农业生产，耕稼失时，田畴多荒，“黄河之北，则千里无烟，江淮之间，则鞠为茂草”，农业生产遭到严重破坏，人民生活痛苦不堪，一场大规模的农民起义终于爆发了。

▶隋·赏得秦王神兽镜

巡游全国

隋炀帝为了个人的享乐和显示自己的威势，经常到各地巡游。为了巡游江南，他强迫人民制造龙舟及杂船数万艘。大业元年（公元605年）八月，隋炀帝率二十余万人巡游江都（今江苏扬州），他与皇后乘坐的龙舟，高四十五尺、宽五十尺，长二百尺，饰以金玉，挂满彩旗，雕刻奇丽，随从嫔妃、王公、百官、僧尼、道士等，另乘别船，共动用船只五千二百多艘，纤夫八万余人，所经州、县五百里之内供献饮食。一些地方官为了升官，千方百计搜刮，投炀帝之所好，所献食品吃不完，便埋掉或倒入运河，使沿河人民倍受其害，第二年才回到洛阳。在以后的几年里，他一直不断到各地巡游，还征发大批民工修驰道，巡游所到之地以及许多准备去的地方，都修造了离宫。无止境的徭役需索，使“天下死于役而家伤于财”。为了躲避徭役，农民往往伤残自己的肢体，称为“福手”、“福足”，悲惨情景，可见一斑。

◀隋代女服

隋·展子虔·春游图

隋末农民起义

隋朝末年，炀帝大兴土木，巡游江南，徭役、兵役甚为繁重，民不聊生，终于激起大规模的农民起义。大业七年(611年)，王薄首先在山东长白山(今山东章丘东北)率民众起义，同时，山东、河北一带反隋义军相继起兵，经过几年的发展，义军队伍逐渐壮大，斗争区域扩大到江淮地区。大业九年(613年)，统治集团内部发生分裂，贵族杨玄感借农民起义之机，起兵反隋，虽很快被镇压，但消耗了统治集团的实力。大业十年(614年)，各地起义人数达数百万。至大业十三年(617年)左右，在全国范围内形成了翟让、李密领导的瓦岗军，窦建德、刘黑闼领导的河北义军和杜伏威、辅公祏领导的江淮义军。三大义军的形成，直接促进了隋王朝的灭亡。

隋末王薄起义遗址

公元611年　王薄首义

大业七年(公元611年)，王薄在山东长白山首先揭开了隋末农民大起义的序幕。王薄，山东邹平人，他自称“知世郎”，起义后作《无向辽东浪死歌》号召和鼓励农民参加起义。全文是：“长白山前知世郎，纯著红罗锦背裆。长稍侵天半，轮刀耀日光。上山吃獐鹿，下山吃牛羊，忽闻官军至，提刀向前荡。譬如辽东死，斩头何所伤。”明确提出反对进攻高丽的辽东战争，要人民起义求生存。在其号召下，山东地区的广大农民纷纷参加起义。大业九年(613年)，起义队伍扩大到数万人，向西发展，自长白山西部经齐郡(今山东济南)边缘南下，转向鲁郡(今山东兖州)为隋军张须陀部击败。最后，王薄率部分人北上，联合河北义军，归依窦建德。

▼瓦岗军开仓散粮

公元611年　瓦岗军起义

瓦岗军是隋末力量最大的一支起义队伍，最初由翟让领导，他们于公元611年据瓦岗寨（今河南滑县东南）起义，大业十二年（616年）曾参加杨玄感起兵的贵族李密，在杨玄感失败后，也来到了瓦岗寨，单雄信、程咬金、秦琼、罗士信等，都是瓦岗军的重要将领，后来成为唐贞观名臣的魏征也投入了瓦岗军。在李密的联络下，附近的小股起义队伍都来归服，瓦岗军日益壮大，很快发展到数万人。瓦岗军采用李密的计谋，在河南荥阳北面的大海寺设伏，一举消灭隋军主力，杀死隋大将张须陀，从此瓦岗军威震中原。公元617年春，瓦岗军又攻下了洛阳附近的兴洛仓，"恣人所取，老弱襁负，道路不绝，众至数十万"，既赈济了饥民，又保障了义军的军队给养。

瓦岗寨起义失败

◀隋·束腰白瓷罐

大业十三年（617年），翟让感到自己的才能不如李密，便把义军的领导权主动让给了李密，李密自称魏公，建元永平。随后瓦岗军又攻破回洛仓，直逼东都城下，使隋守将王世充不敢出战。李密发布檄文，讨伐隋炀帝，檄文斥其罪恶"罄南山之竹，书罪无穷；决东海之波，流恶难尽"，把斗争矛头直指最高统治者。一系列的胜利，使李密的个人野心越来越膨胀了，他害怕翟让再夺他的权，这年冬天，竟杀害了翟让。李密杀翟让，导致了瓦岗军的分裂，削弱了起义军的力量，这是一个极大的错误。攻下几个大粮仓后，李密没有再向外发展，又犯了保守主义错误，固守一地，终于失败。

公元613年　杨玄感起兵反隋

大业九年（613年），隋炀帝第二次进攻高丽，隋军刚刚开赴前线，国内就爆发了大贵族杨玄感起兵反隋事件。杨玄感是杨素的儿子，袭封楚国公，官至礼部尚书，受命驻黎阳督运粮草。他看到炀帝发动对高丽的战争失去民心、阶级矛盾激化有机可乘，便打起了“为天下解倒悬之急，救黎元之命”的旗号，起兵反隋夺权，有众十余万。杨玄感起兵后，隋炀帝急忙从高丽前线回军镇压，杨玄感兵败自杀。

▶隋·执箕女俑

公元 617 年　官僚割据

农民起义的蓬勃发展，大大削弱了隋朝的统治力量。当时，有的官僚、地主已经感到隋王朝再也没有力量维护他们的利益，只好自行武装起来镇压或抵制农民军，割据一方，坐观时局，进行政治投机；有的则企图利用农民战争，篡夺农民军的胜利果实，乘机改朝换代，建立自己的一统天下。这些官僚的割据大多发生在 617 年，主要有：朔方（今陕西横山）鹰扬郎将梁师都，马邑（今山西朔县）鹰扬府校尉刘武周，金城（今兰州）府校尉薛举，武威鹰扬府司马李轨，梁室后裔罗川（今湖南湘阴东北）令萧铣等。此外，后来创建唐帝国的李渊父子，也在这时起兵，并很快攻占了长安。

公元 617 年　杜伏威大败隋军

在江淮之间，农民军在战斗中逐渐联合成为一支以杜伏威、辅公祏为首的大军。杜伏威，章丘人，与辅公祏结为生死之交。613 年，起义于山东，以长白山为据点，进行活动，后与辅公祏共同率领义军南下渡淮，合并了江淮间一些小股义军，势力增大。617 年，杜伏威设伏大败隋将军陈棱所率领的精锐禁军，乘胜攻占高邮、历阳（安徽和县），控制了江淮地区。杜伏威自称大总管，以辅公祏为长史，建立了农民革命政权。同时分遣诸将，向淮南一带扩大革命阵地，合并了不少小股农民军。后来又派大军渡长江，打败李子通，占领丹阳（今南京），建国称吴。在农民军统治区内，实行“轻赋敛”政策，取消殉葬之风，严惩贪官污吏，“无轻重皆杀之”。他们是江淮地区最强大的农民军。

▶隋·白釉黑彩侍吏俑

▶隋·青瓷象首壶

李子通

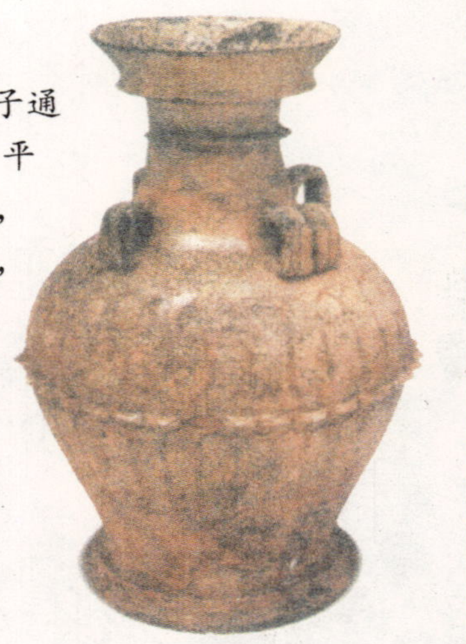
▲隋·青釉莲瓣盘口尊

江淮地区另一势力是李子通领导的农民军。李子通是东海(今江苏连云港)人,家境贫贱,以渔猎为业。平时,他经常扶老携幼,见义勇为。大业九年(613 年),他在长白山参加左才相起义。由于李子通不好杀人,所以“人多归之”,半年之间,部众发展到 1 万余人。后来他和左才相发生矛盾,自己引兵到达淮南,并且一度和杜伏威合作。淮南农民军势力的发展,使隋朝的财政受了很大影响。他们为了摆脱困境,于大业十年(614 年),派重兵镇压李子通,子通失败,东奔海陵(今江苏省泰州市)。由于当时破产农民甚多,所以到这年七月,这支农民军又扩大到数万人。这样,农民军的声势大振,又有隋丹阳守乐伯通率万余人投降李子通,从此,这支农民军的势力便扩充到长江以南。

公元 618 年　河北义军建夏

河北起义军以窦建德为首。窦建德,河北漳南县人,家庭比较富裕,勇敢善战,有谋略,在当地很有威望。大业七年(611 年)他率领二百余人参加了高士达领导的起义军,由于他能“倾身接物,与士卒均劳逸”,所以深受士兵的拥戴。大业十二年(616 年),协助高士达打败隋涿郡通守郭绚一万人的进攻。高士达牺牲后,窦建德被推为领袖。大业十三年(617 年)窦建德在乐寿(今河北献县)称长乐王,建立农民政权。隋涿郡留守薛世雄率三万人南下,被窦建德打得大败,退回涿郡,不久死去。次年,窦建德改国号为夏,称夏王,次年迁都洺州(今河北永年)。他在境内劝课农桑,发展生产,自己布衣素食,保持俭朴作风。窦建德在同时的起义军领袖中,贡献最大。因此不仅在当时受到人民的拥护,就是到了唐代后期,魏州(今河北大名)还有夏王庙,百姓年年举行祭祀。

▶窦建德像

隋炀帝下江南铜雕

隋朝的周边关系

隋文帝时，对周边各族采取了军事上的防御和政治上的招抚政策，有效地处理了民族矛盾。大业五年(609年)，隋炀帝率军亲征吐谷浑，沿途西巡。隋炀帝到达张掖之后，西域二十七国君主与使臣纷纷前来朝见，表示臣服，各国商人也都云集张掖进行贸易。隋炀帝亲自打通了丝绸之路，加强中原与西方的各个方面的联系与交往。隋炀帝西巡过程中置西海、河源、鄯善、且末四郡。在岭南地区，原高凉太守冯宝妻谯国夫人冼氏，协助隋平定岭南。台湾自孙吴以来，和大陆的关系日益密切。大业年间，炀帝三次出师流求（今台湾）加强了两岸的经济文化交流。隋承接了三国两晋南北朝时期的民族融合的趋势，进一步促进了民族的融合，为隋唐时期统一的多民族国家的发展奠定了基础。

与台湾联系加强

台湾在隋时称为流求，当时还处在原始社会末期，“无君臣上下之节，拜伏之礼”，阶级分化不明显；农业生产落后，尚处于刀耕火种阶段；手工业纺织产品比较粗糙，没有文字。公元607年、608年和610年，隋炀帝先后派朱宽和陈棱来到流求，对这一地区的风土人情作了详细的调查和了解，在《隋书·流求传》里有生动具体的记载。当陈棱率领的船队到流求时，流求人就到船上来做贸易。此后，从内地迁居到台湾去的人日益增多。

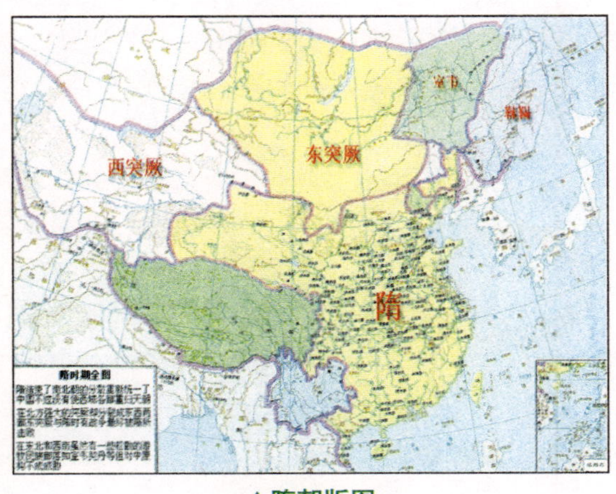

▲隋朝版图

隋朝与吐谷浑的关系

▲吐谷浑祭祀台遗址

隋朝初年，吐谷浑经常进犯隋的弘州(甘肃临潭县)，都被击退。开皇十一年(591 年)，吐谷浑国主夸吕死后，子世伏继位，向隋奉表称臣，文帝配以光化公主。开皇十七年(597 年)，世伏因内乱被部下所杀，其弟状允继立，仍取光化公主为妻，双方长期保持姻缘关系。隋炀帝即位后，接受裴矩关于经营西域的建议，于大业五年(609 年)派杨雄、宇文述带兵四征吐谷浑，伏允兵败逃走。隋得降众十万余人，牲畜三十万头，并在“自西平(青海乐都县)临羌城以西，且末以东，祁连以南，雪山以北，东西四千里，南北二千里”的吐谷浑旧地，“设置郡县镇戍，发天下轻罪徙居之”。到隋末大乱时，伏允趁机恢复吐谷浑旧地。

隋与突厥的关系

隋朝初年，突厥的最高统治者是沙钵略可汗。开皇二年(582 年)，他率领四十万兵力分两路自陕甘南下攻隋，在武威、天水、金城、延安等地掳掠。隋文帝杨坚一方面修筑长城，置兵屯田，进行积极防御；同时，组织力量予以反击。开皇三年(583 年)，隋军分八道出击，在白道(内蒙呼和浩特)大败沙钵略军。突厥因军事上的失利引起内部分裂，其中阿波可汗与达头可汗联合起来，占有西域地区，称西突厥；沙钵略可汗据大沙漠南北，称东突厥。

▲隋·鎏金铜马镫

开皇末年，东突厥在沙钵略之子都兰统治时期，内部更加分裂，都兰的弟弟突利可汗战败降隋，隋文帝封他为启民可汗。不久，都兰被部下所杀，启民可汗尽得东突厥之地。到隋炀帝统治时，于大业七年(611 年)西突厥的处罗可汗投降隋朝。至此，隋朝西北边境形势日趋稳定，突厥与隋的经济文化交流频繁。

公元 589 年　冼夫人归隋

冼夫人是高凉(今广东阳江)冼氏之女。冼氏世为南越首领，跨居山洞，拥有部落十余万家。后来，冼夫人嫁于高凉太守冯宝为妻。自此，常协助冯宝办理政务，严肃法纪，使政令有序,社会安定。冯宝去世后,岭表大乱,夫人环集百越,所领数州,恢复了秩序。陈国亡,岭南无所依附,诸郡共奉冼夫人为圣母,保境安民。开皇九年(589年),隋文帝派遣韦洸安抚岭南,陈国将军在南康(今江西赣州)抵抗隋军。晋王杨广派人与冼夫人联络,她即命其孙冯魂率众迎接韦洸,入至广州,协助平定了岭南地区。过了没多久,番禺人王仲宣反隋,岭南诸部首领多响应,围韦洸于州城,进兵屯衡岭。冼夫人遣孙冯暄率师救援韦洸,但冯暄与叛军陈佛智为好友,不肯领兵进击。冼夫人将冯暄关入州狱,再遣其孙冯盎出兵,先斩陈佛智,再与隋军共攻王仲宣。冼夫人身披甲胄,骑乘战马,亲自领兵,保卫隋廷使臣裴矩巡抚诸州,平定岭南。文帝拜冯盎为高州刺史,赦免冯暄,拜为罗州刺史。追赠冯宝为广州总管、谯国公,册封冼夫人为谯国夫人,并为她开设幕府。

▲冼夫人塑像

公元607年　裴矩经营西域

新疆以西的中亚到西亚一带,旧史称为西域。从西汉以来,就同我国发生政治接触和经济、文化交流。隋统一后,很注意开展对西域的联系。隋炀帝时,派韦节、杜行满等出使,以后又令大臣裴矩在今甘肃的武威和张掖设立驿馆,接待西域的使节和商人,并奖励他们吸引更多的国家派使节到中国来,因而有四十多个国家和隋朝发生联系。裴矩很注意这些国家的风土人情、国势地形,他向来隋的西域商人们调查了解,写出了《西域图记》三卷(已失传)。还绘制地图,标明自敦煌至西海(今地中海)的三条道路、战略要地、城镇交通等,为隋朝统一西域提供了翔实的资料。因此,炀帝经常向他"亲问西方之事",并委之以经营西域的重任。大业三年(607年)裴矩以黄门侍郎又一次被派到河西张掖,他招抚西域10余国入朝贡献;又派使臣带着丰厚的礼品劝说高昌王等归附隋朝。因此,当隋炀帝西巡,到达燕支山时,高昌王等西域27国均前来拜谒。次年,裴矩又奉命进驻伊吾(今新疆哈密),建立一座新城,作为与西域互市的商业城镇和经营西域的军事据点。两年后,隋在此设立伊吾郡。

▲隋·敦煌壁画·乘象入胎(局部)

隋朝的经济文化

隋朝时候，经济有很大发展。耕地面积大量增加，农作物产量提高。长安、洛阳官仓里储粮多的达千万石，少的也有数百万石。唐建国20年时，隋朝的库藏还没用尽。隋手工业有新的发展，造船技术达到很高水平，能造起五层楼的宏伟战舰。出现了大兴城、洛阳城等闻名的大都市。经济的发展，对魏晋南北朝文化的继承和发展，为隋唐时期中华文化的灿烂辉煌奠定了丰厚的基础。翻译佛经之风的盛行，大大丰富了中国的思想界，促进了我国哲学内容的革新。隋炀帝对南朝文学的提倡作用，确定了其正统地位，使唐文学顺着这个潮流得到大发展。隋文帝禁止民间私撰国史，评论人物。隋文帝禁止私史以后，历朝国史都改为官修。《切韵》统一了书面的声韵，为音韵学奠定了基础。巢元方的《诸病源候论》、李春设计的赵州安济桥、展子虔的《游春图》以及万宝常的《乐谱》都显示了隋朝在各方面取得的成就。

农业的发展

隋朝建国之初，仅有三百六十万户，灭陈后得五十余万户，达到四百一十万户，到大业五年(609年)，便增至八百九十万户。人口的激增，使垦田数目不断扩大。开皇九年(589年)全国耕地面积为一千九百余万顷，到炀帝时，就达五千余万顷了，这个数字虽然并不可靠，但也反映了垦田的增加。人口和垦田的激增，使粮食产量迅速提高。当时，隋政府在全国设置了许多大粮仓。开皇三年(583年)，文帝在卫州(今河南汲县)置黎阳仓，洛州置河阳仓，陕州(今河南三门峡)置常平仓，华州(今陕西华县)置广

▲建于大业元年(605年)的含嘉仓

通仓。至隋文帝统治的开皇末年，天下储存的粮食，可供五六十年之用。炀帝大业元年(605年)，又在洛阳附近置兴洛仓和回洛仓，在洛阳城内置子罗仓和含嘉仓，“储米粟多者千万石，少者亦不减数百万石”。

▶隋·白瓷双腹龙柄传瓶

手工业的繁荣

隋朝时河北、四川一带的纺织业十分发达，所织绫、锦、绢受到各地欢迎，行销全国。四川地区“人多工巧，绫锦雕镂之妙，殆侔于上国”。隋朝的造船业也很发达，杨素所造五牙战船，上有五层楼，高百余尺，可容战士八百余人，并设置六个拍竿以拍击敌人。隋炀帝所造龙舟，规模更大，高四十五尺，宽五十尺，长二百尺，除设殿堂外，还有一万多房间。隋代的造船业不仅技术高，而且规模大，居世界首位。隋代制瓷业在我国陶瓷史上也占有重要位置。从近几年的考古发现看，隋代已出现了白瓷和青瓷，都是硬质瓷器，烧制温度很高。由于手工业的发展，手工业工匠的人数也日益增多，成为一支重要的生产队伍。

▲隋·青瓷鼠、牛、猴俑

商业的繁荣

隋朝的商业很繁荣。为了便于商品交换，隋文帝统一了货币。针对南北朝时期货币紊乱的现象，隋文帝新铸五铢钱，通行全国，并禁止使用旧钱和私自铸钱，“自是钱币始一，民间便之”，促进了商业的发展。当时的京城长安既是全国的政治中心，又是全国最大的商业城市，商人聚集，货殖集萃，十分繁华。东都洛阳设有丰都、大同、通远三市，店肆鳞次栉比，商品琳琅满目。另外江都、荆州、京口、成都、会稽、余杭、宣州等，也都是著名的商业城市。

◀隋·开皇五铢钱

公元 582 年　建大兴城

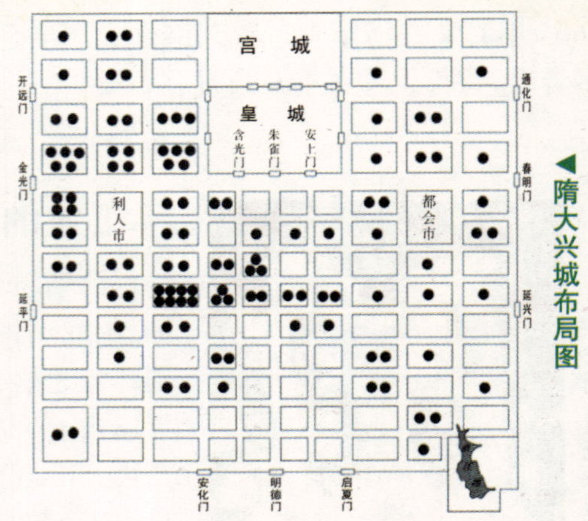

隋大兴城布局图

隋开国之初都长安，因久经战乱，此时的长安城已残破不堪，而且宫室形制狭小，不能适应新建的统一国家都城的需要。于是，隋文帝于龙首原以南、汉长安城东南选择新址，营建新都。开皇二年(582 年)，隋文帝命宇文恺负责设计建造新城。次年三月竣工，定名大兴城，习惯上仍称长安。大兴城的平面布局整齐划一，形制为长方形。全城由宫城、皇城、外郭城三部分组成，采取宫城、皇城和坊市分隔、实行夜禁的城市制度和坊里制度的形式。大兴城的面积达八十四平方公里，大约是现在西安城的七倍多，规模之大是前所未有的。大兴城布局整齐，街道宽阔。用唐代大诗人白居易的话说："百千家似围棋局，十二街如种菜畦。"大兴城的兴建，不仅是中国古代城市建设规划高超水平的标志，也是当时国家经济实力和科技水平的体现。

公元 605 年　李春建赵州桥

李春是隋代杰出的工匠。隋炀帝大业元年(605 年)前后，他在赵州(今河北赵县)洨河上建造了安济桥，又称赵州桥。桥为单孔，全长 50.82 米，宽约 9. 6 米。主桥洞由 28 条并列的石条组成，跨距 37.45 米，拱圈矢高 7.23 米，坡度平缓，便于桥上桥下交通往来。主桥洞上左右各有两个小桥洞，既节省石料 200 余立方，又减轻了桥的自身重量，还增大了排洪能力。整座桥设计科学精巧，造型美观，而且坚固实用，在 1300 余年后的今天仍然保存完好。赵州桥是我国现存最古的石桥，比欧洲建造同类型的桥要早 700 多年，在我国乃至世界桥梁建筑史上占有重要地位。以李春为代表的我国古代劳动人民所创造的高超技术，仍为今天的桥梁建筑所借鉴和采用。

赵州桥

公元610年　巢元方编《诸病源候论》

▲巢元方像

巢元方曾任隋太医博士，奉炀帝诏于大业六年(610年)主持撰写《诸病源候论》，全书50卷，计分62门，1720论。书中记述了包括内、外、妇、儿、五官、神经及精神等科各种疾病的病因、症状、诊断和预防，所列病类主要有：中风、虚劳、伤寒、天花、霍乱、疟疾、水肿、黄疸疸等。该书还在前代医学遗产的基础上，对某些病源作了新的理论探索。认为某些传染病系由“乖戾之气”所引发，且能“多相染易”，但可以服药预防之。书中还记载了用肠吻合手术治疗外伤肠断和血管结扎、人工流产等外科手术，反映出隋代医学达到相当高的水平。该书缺点在于除少数病例外，不开药方，只述病源。作为第一部综合性病理学专著，该书在我国医学史上具有重要地位。

绘画

隋代著名的画家有二十余人，如展子虔、董伯仁、郑法士、田僧亮、杨契丹、孔尚子、尉迟跋质那等人。他们绘画大多以宗教为题材，山水画也逐渐发展成独立的画派。展子虔善于掌握空间，所谓“咫尺之中，备千里之趣”。《春游图》是他唯一的遗作，其中画山水占有重要的地位，是我国现存最古老的一幅山水画。郑法士、田僧亮、杨契丹是当时著名的宗教画家，他们曾同时在长安光明寺小塔作画，郑画东壁、北壁，田画西壁、南壁，杨画外面四壁，当时被人称为“三绝”。于阗画家尉迟跋质那，善于画西域人物，发展了南朝画家张僧繇的“凹凸法”，画面上阴影晕染，对后世绘画影响很大。

▲隋·展子虔·春游图卷(局部)

（公元618年~公元907年）

从公元618年唐朝建立到907年被朱温灭掉，大唐王朝共存在了二百八十九年。唐朝一般分为两个时期，即前期和后期，以安史之乱为界限，前期是昌盛期，后期则是衰亡期。前期出现了“贞观之治”，在政治、经济、文化等各方面都居于当时世界领先地位。此后的唐玄宗时期又出现了“开元盛世”，国强民富，升平之世再次出现。但也是在唐玄宗时期，发生了安史之乱，从此唐朝走向了衰亡。后期的唐朝政治混乱，从牛李党争到宦官专权，其间农民起义不断发生，黄巢起义军领袖之一朱温取代唐朝自立为帝，建立了五代的第一个王朝——后梁。唐朝灭亡。

唐朝是中国历史上的一个辉煌时期，在政治、经济、军事、文化、中外关系等各个方面都取得了辉煌的成就。三省六部制作为中央集权政治体制已经成熟，并对后来的历朝历代影响深远。唐朝建立后仍推行均田制和租庸调制。建中元年（780年）两税法的施行，是我国古代赋役制度的重大变革。科举制度日益完善，使庶族地主取得了科举入仕的权力，封建国家统治的社会基础扩大。《唐律》和《唐律疏议》是典型的封建法典。唐朝具有灿烂的文化，这在中国和世界的文化发展史上占有重要的位置。绘画、舞蹈、建筑方面的成就亦荦荦可观。在宗教上，佛教和道教同时发展。韩愈、李翱视自己为正统儒家思想的继承者，从儒家经典中发掘先贤本意，给经学平添了一些新内容，为汉学到宋学的转变作了准备。

帝王世系表

高祖李渊（618~626）——太宗李世民（627~649）——高宗李治（650~683）——中宗李显（683~684）——睿宗李旦（684）——武后武曌（684~704）——中宗李显（705~710）——少帝李重茂（710）——睿宗李旦（710~712）——玄宗李隆基（712~756）——肃宗李亨（756~761）——代宗李豫（762~779）——德宗李适（780~805）——顺宗李诵（805）——宪宗李纯（806~820）——穆宗李恒（821~824）——敬宗李湛（824~826）——文宗李昂（826~840）——武宗李炎（841~846）——宣宗李忱（847~859）——懿宗李漼（859~873）——僖宗李儇（873~888）——昭宗李晔（889~904）——昭宣帝（哀帝）李柷（904~907）

大事年表

618 年　宇文化及等在江都杀隋炀帝，立秦王浩为帝，拥兵返关中。李渊称帝，国号唐。隋亡。

619 年　唐初定租庸调法。王世充废皇泰主，称帝，国号郑。

621 年　李世民俘窦建德，王世充降唐。窦建德被杀于长安。

626 年　玄武门之变，李世民即帝位，是为唐太宗。

627 年　玄奘赴天竺。

630 年　李靖在阴山大败突厥，旋俘颉利可汗，东突厥亡。日本遣唐使抵达。

641 年　文成公主入藏，与吐蕃赞普松赞干布和亲；松赞干布时期，在拉萨始建布达拉宫。欧阳询卒。

645 年　玄奘取经回长安，撰《大唐西域记》。唐太宗征辽东。

649 年　唐太宗卒。蒙舍诏首领细奴逻建大蒙国，入贡于唐。

664 年　武则天垂帘听政。

668 年　唐与新罗攻灭高丽，置安东都护府。

683 年　武则天执政。

690 年　武则天改唐为周。

706 年　唐与吐蕃首次会盟。

709 年　唐以金城公主嫁吐蕃赞普尺带珠丹和亲。

710 年　韦后临朝。李隆基与太平公主杀韦后、安乐公主，拥立睿宗。

713 年　唐玄宗李隆基封靺鞨大祚荣为渤海郡王。始凿乐山大佛。

738 年　唐玄宗封南诏皮罗阁为云南王，赐姓名蒙归义。《唐六典》成书。

754 年　鉴真东渡日本，在奈良建唐招提寺。

755 年　安禄山反于范阳，安史之乱爆发。

762 年　浙东袁晁起义。史朝义兵败自缢，安史之乱结束。

805 年　宦官俱文珍、节度使韦皋等逼顺宗让位于太子纯，改元永贞，史称“永贞内禅”。王伾、王叔文等被贬，革新失败。

835 年　甘露之变。

848 年　张义潮逐吐蕃，尽复吐蕃所侵河、湟之地。

875 年　王仙芝等起义于河南长垣；黄巢于冤句起义响应。

883 年　沙陀李克用败黄巢兵。

891 年　王建攻占成都，据有西川。

902 年　南诏郑买嗣杀舜化真，建大长和国，蒙氏南诏亡。

907 年　朱温逼哀帝禅位，自即帝位，国号梁，史称后梁。唐亡。

唐朝的建立和统一

唐朝是中国历史上强盛的封建王朝之一。隋末农民战争瓦解了隋朝统治后，公元617年，李渊在晋阳起兵，次年五月在长安称帝(唐高祖)，国号唐(618~907年)。在唐初统一战争中，李渊次子李世民东征西讨，功绩卓著。武德九年(626年)，李世民发动玄武门之变，杀死长兄太子建成和四弟齐王元吉，高祖李渊被迫退位。

▲唐太宗李世民画像

公元617年 晋阳起兵

隋大业十二年(616年)十二月底，唐国公李渊受命为太原留守。其时天下大乱，群雄并起。又隋炀帝疑忌贵族，滥杀战将，人心叛离。李渊早有异志，静观未发。他留长子建成、四子元吉于河东（治今山西永济蒲州镇），暗中结纳英雄豪杰。随侍太原的次子世民，也在李渊的授意下，秘密罗致人才。各地官僚、豪富乃至军将，为逃避征辽之役和农民起义的风潮，大批涌入太原，李渊广为结交，引为羽翼，甚至委以重任。炀帝对李渊有所猜忌，曾以与突厥战败绩为由，派人拘捕李渊。世民劝父当即举事，转祸为福。李渊认为时机未到，未敢轻动。这时，马邑刘武周攻陷楼烦，李渊便以讨伐为名，下令募兵，扩充了一支万人大军。同时，又遣密使到河东、长安，令建成兄弟及女婿柴绍率众赶赴太原。炀帝亲信、太原副留守王威、高君雅见此情状，密谋杀害李渊。李渊则先于公元617年五月癸亥夜，铲除了王、高及其党羽。次日，李渊在太原开大将军府，自称大将军，并署置府馆长史，编士众为三军，号为义师，起兵反隋。

公元 618 年　李渊建唐

◀唐高祖李渊像

在隋王朝土崩瓦解之际，出身关陇贵族的李渊于大业十三年（公元 617 年），杀死太原副留守王威、高君雅，在太原起兵。此时，瓦岗军和河北军在中原地区牵制了大批隋军，关中防卫薄弱。十一月，李渊攻入长安，立即宣布“与民约法十二条，悉除隋苛禁”，以争取各方支持。立隋炀帝之孙、年仅十三岁的代王杨侑为天子，是为恭帝，改元义宁，遥尊在江都的隋炀帝为太上皇。李渊晋封大丞相、唐王，全权操纵朝政。次年三月，炀帝在江都被禁军将领宇文化及缢杀，隋王朝彻底崩溃。五月，恭帝被迫下诏逊位，将皇帝玺授予唐王李渊，李渊称帝，建元武德，国号唐。李渊是为唐高祖。唐王朝建立后，一面稳定关中局事，发展经济，提高军事力量；一面四处征伐，扩展势力，至武德末年基本统一全国。

公元 618 年 ~ 公元 628 年　扫平群雄

唐朝建立后，李渊集团立即着手进行统一全国的战争。李渊首先东联李密，北和突厥，集中力量稳定关中。武德元年（618 年），李世民率军消灭金城（今甘肃兰州）的薛举，占领了陇西全境；次年五月，凉州的李轨内乱，唐乘机消灭其割据势力，占领河西；武德三年（620 年），消灭联合突厥的刘武周势力。至此，李渊消除了后顾之忧，巩固了关中地区。李渊进军中原时，采取先郑（王世充于 619 年洛阳称帝建郑）后夏（窦建德在河北称夏王）、各个击破方略，于武德三年（620 年）派李世民率军发起对王世充的进攻，王世充求援于窦建德。李世民毅然决定扩大战役范围，采用围城打援的战法，以求“一举两克”。虎牢一战，李世民一举击灭王世充、窦建德两大集团，控制中原地区。武德六年（623 年），李建成击灭窦建德旧部刘黑闼的反唐势力。同时，唐也派兵进军江南，先后消灭萧铣、林士弘，控制两湖及岭南地区，江淮的杜伏威早已降唐。武德六年（623 年）八月，杜伏威部将辅公祏起兵反唐，李渊命李孝恭、李靖率兵镇压，次年三月，辅公祏败亡，唐巩固了在江南的统治。贞观二年（628 年），唐太宗乘突厥内乱，出兵消灭了朔方的梁师都，至此，唐基本统一全国。

▲李孝恭像

公元 624 年　迁都之争

◀唐·彩绘骑马带犬俑

武德七年(624 年)七月,突厥攻打并州(今山西太原市),想要南下关中。有人认为突厥之所以屡次攻打关中,因为子女玉帛皆在长安,建议迁都。高祖同意了,派遣中书郎宇文士及越过南山至樊(今湖北襄樊市)、邓(今襄樊市北),察看可居之地,筹划迁都。太子建成、齐王元吉、左仆射裴寂等都赞成其策,萧瑀等虽知其不可而不敢谏。只有秦王李世民竭力反对迁都,认为迁都将贻四海之羞,为百世之笑,仍然请兵抗御突厥。高祖乃止。可是太子建成与嫔妃一起造谣,言说秦王世民外托御寇之名,内欲总揽兵权,欲遂其篡夺之谋,高祖乃令秦王世民与齐王元吉共将兵出豳州(治今陕西彬县)抗御突厥。

◀唐·狻猊葡萄纹镜

公元 626 年　玄武门之变

在完成了统一全国的工作之后,唐皇室内部争夺权力的斗争也愈演愈烈。李渊称帝之初,即封长子李建成为太子,封次子李世民为秦王。从太原起兵到统一全国,秦王李世民功勋显赫,拥有实权,并且李世民善于笼络人才,文有房玄龄、杜如晦等,武有尉迟敬德、秦叔宝、程咬金等著名勇将。李建成也有很大的功劳,并且长期留守长安,有很强大的政治力量。但秦王日益增长的势力和威望,引起太子李建成的不安,遂与四弟齐王李元吉联合对付李世民。武德九年(626 年),突厥进犯中原,李建成、李元吉借出征突厥之机,共同谋取秦王府兵。李世民得知后,先发制人,于六月四日,借李渊召见太子之机,于宫城北门玄武门内设伏。李建成、李元吉行至玄武门,发现伏兵,避走不及,先后被杀。史称"玄武门之变"。李渊被迫立李世民为太子,月余,退位,自立为太上皇。李世民即位,是为唐太宗。次年,改元贞观。

◀杜如晦像

唐太宗昭陵

唐太宗与贞观之治

唐太宗即位后，针对唐初的政治、经济形势，制定了“偃革兴文，有德施恩，中国即安，远人自服”的“以文治国”的方针。为了实现这一方针，唐太宗任人唯贤，积极纳谏，经常与辅臣魏征、王珪、房玄龄、杜如晦等人研究历代封建王朝盛衰兴亡的经验教训，讨论当代统治的方针政策：以隋亡为鉴，与民休养生息；宽刑简法，缓和社会矛盾；偃武修文，使边疆各族归心。史称“贞观君臣论政”。在此基础上，唐统治集团推行了一系列政治、经济、文化措施，贞观四年（630年）“天下大稔，流散者咸归乡里，斗米不过三四钱，终岁断死刑才二十九人。东至于海，南及五岭，皆外户不闭，行旅不赍粮，取给于道路焉。”历史上称为“贞观之治”。这是唐朝的第一个盛世，同时为后来的开元盛世奠定了基础。

选贤任能

唐太宗在用人方面，采取了选贤任能、不拘一格的政策。因此，他能够广泛地罗致人才，并能各尽其用，取得了很大的成功。为了把各方面的人才吸收到自己的政权中来，他录用了有才能的隋朝旧官，如李靖、虞世南、戴胄、封德彝、裴矩等；他还起用了庶族寒门和低级官吏出身的刘洎、孙伏伽、马周、张玄素、郭孝恪、孙行成等名臣；他还大胆地从农民军出身的人员中选拔了尉迟敬德、程咬金、秦叔宝等；对于少数民族中的优秀人才，唐太宗同样任用，如史大奈、执失思力、阿史那社尔、契苾何力等。在用人方面，唐太宗还不记仇，不徇私，对东宫谋士魏征、大将薛万彻，他都加以重用，而对要官的叔父李神通则置之不

◀尉迟敬德像

理，这都是难能可贵的。唐太宗采取这样的用人政策，便调整了地主阶级内部各阶层、各集团之间的关系，调整了各民族之间的关系，把消极因素转化成积极因素，调动了各方面的积极因素，有利于国家的安定，也为国家选拔了大量人才，在政治生活中发挥了重要作用。

房谋杜断

唐太宗有两个得力的宰相，一个是“尚书左仆射”房玄龄，一个是“尚书右仆射”杜如晦。唐朝开国之初，许多规章典法，都是他们两人商量制订出来的。唐太宗同房玄龄研究国事的时候，房玄龄总是能够提出精辟的意见和具体的办法，但往往不能作决定。这时候，唐太宗就得把杜如晦请来。而杜如晦一来，将问题略加分析，就立即肯定了房玄龄的意见和办法。他们两个人就是这样一个善于出计谋，一个善于作决断，同心辅政，合作得非常协调，所以人们叫做：“房（玄龄）的谋，杜（如晦）的决断。”

▲房玄龄像

简政提效

精简行政机构，提高行政效率，是唐太宗在行政方面的一贯政策。唐太宗即位不久，就对宰相房玄龄说：“官在得人，不在员多。”并且“命玄龄并省，留文武总六百四十三员”。唐初，民户不满三百万，平均以每户五口人计算，全国人口约一千五百万左右。以一个拥有一千五百万人口的国家，政府官员只有六百多人，应当说是比较精简的了。为了贯彻“官在得人，不在员多”这一方针，唐朝对各级政府机构的官员人数都作了明确规定。在《唐律职制》中，对各级主管官员私自安排官员而造成“超编”者，也规定了惩罚条款。《唐律》规定：超编一人杖一百，三人加一等，十人徒二年。贞观年间的行政效率也是很高的，唐太宗对官员的职责、考核、奖惩等都有详细

▶始建于唐贞观年间的灵泉寺

▶高士廉像

规定。官员无故缺勤或擅离职守，要受到惩罚；各官府上班时要点名，并且一日点多次，官员若不到者，一次笞十。唐太宗还要求各级官吏轮流值班、值宿，即下班后及夜间官府也要有人值班。对诏令的下发和官府文书的会签，也有明确的时间规定，违者受罚，直至罢官、判刑。宰相高士廉，贞观元年(627 年)对侍郎王圭的“密奏”未能转送太宗，结果被撤职，贬为安州大都督。唐太宗的这些政策，对提高贞观年间的行政效率，起了很好的作用。

虚心纳谏

◀魏征像

为了集中各方面的意见，更好地治理国家，唐太宗采取了广开言路、求谏、纳谏的政策。唐太宗曾对大臣们说：“以天下之广，岂可独断一人之虑。”他的结论是：“一人之耳目有限，思虑难周，非集思广益，难以求治。而饰非拒谏，徒自招祸也。”所以，他要求臣下做到“君有违失，臣须极言”。由于唐太宗的提倡，所以臣下敢于犯颜直谏，这方面，表现最突出的是魏征。对于魏征的刚直、才能，唐太宗是了解的，因此，对于魏征的批评，多数也是听取的，并且不时加以肯定。当时上自宰相，下至县令小吏、文臣武将、旧部新进，甚至宫廷女官，都有人敢于上疏直谏。太宗对于臣下的批评，多数也能听取，对一些重要的批评、建议，还郑重其事地“粘之屋壁，出入观省”，反复思索，甚而“三更方寝”。因此，贞观年间政治清明，唐太宗的不少弊政，由于得到臣下的批评而纠正了。

魏征犯颜直谏

魏征，巨鹿曲阳(今河北省晋县)人，字玄成，唐朝著名政治家、文学家。少时曾出家为道士，隋末，参加瓦岗起义军，后来降唐。他曾跟随李密，继又降于窦建德，后又跟随太子建成，每次都站在李世民的对立面。但唐太宗不避仇嫌，不计恩怨，任命魏征为谏议大夫。魏征性情抗直，敢于谏诤，遇太宗发怒，亦神色不移，据理力争，强调“兼听则明，偏听则暗”，所言多被太宗采纳。前后所谏200余事，涉及到政治、经济、文化、法制和礼仪等各方面，而中心议题则是如何从隋末“丧乱”达到唐初“天下大治”。唐初的大政方针、唐太宗的政治作为和帝王风范，都受到魏征的很大影响。他病故时，唐太宗对待臣说：“人以铜为镜，可以整衣冠；以古为镜，可以见兴替；以人为镜，可以知得失。现征没，朕亡一镜矣。”可见他对魏征的信任。

◀唐·舞乐图

恢复发展生产

经过隋末十几年的战争，社会生产遭到极大的破坏，唐太宗即位之初，依然是人口流亡，土地荒芜。河南、山东一带，还是一片荒凉局面，社会秩序也很不安定。若不采取措施恢复发展生产，唐政权就难以长期存在下去。因此，太宗采取了轻徭薄赋政策。唐太宗统治时期的赋税徭役比隋炀帝时都大大减轻。遇到自然灾害，太宗还遣使赈恤，赐粮食、布帛给灾民，并免收赋税，他还亲自视察灾区，并腾出宫殿中的一部分房子安置灾民。对于隋末战乱中流落到突厥去的难民(他们被变成了奴隶)，太宗也表示怜惜，并由内库出钱将八万多人赎回，使之“尽还其家”，与亲人团聚。唐太宗还一再下令鼓励农民开荒，对开荒者免除一定年限的赋税。太宗还坚持推行均田制和租庸调法，使每个丁男都分到一部分土地，对服役的时间也做了最高限额的规定，不能无限征调农民服役，以免耽误生产，农民还可以纳绢帛代替服役。唐太宗的这些措施，收到了很好的效果。通过农民的辛勤劳动，在战胜贞观初年连续三年的严重自然灾害之后，生产状况便大有好转，出现了全国性的大丰收，流散在外的人返回了原籍，粮价大幅度下降，斗米不过三四钱，“马牛布野，外户不闭”，社会秩序安定，全年才判死刑二十九人，许多地方出现了“无复盗贼，囹圄常空”的局面。唐朝的社会经济得到了很快的恢复和发展，成为当时亚洲最富庶、最强大的国家。

▲唐·骆驼载乐俑

长孙皇后

太宗长孙皇后(601~636年),长安人。武德九年(626年)太宗即位后立为皇后。她责己严,待人宽;贵为皇后,不尚奢华;喜好读书,通达事理。在她的劝导下,贞观初年的太宗确实做到了虚己纳谏,朝中像魏征那样的忠臣直士不在少数,国家也呈现出一派繁荣昌盛的景象。尤其是她鉴于历史上外戚专权的教训,坚决反对太宗重用自己的亲属。她防范外戚的远见卓识,不恃权骄人、母仪宫廷的品德,不崇奉佛教、反对厚葬的思想,都为后世所尊崇,因而被作为封建后妃的楷模而载入史册。

◀长孙皇后像

开明的民族政策

贞观年间,唐太宗采取了正确的民族政策,对民族问题做了妥善处理,从而促进了民族和睦。其民族政策包括:对少数民族的聚居区,给以相对的“自治”权,少数民族的首领被任命为都督、刺史,皆得世袭,让他们管理少数民族地区;尊重少数民族的风俗习惯,对少数民族原有的社会组织一般都保留下来,少数民族内部犯法,按其本族俗法处理,若异族相犯,则按唐律处理;挑选“达蕃情,识利害”的人担任边州长官,严明法纪,惩办破坏民族关系的官员;不轻易对少数民族用兵。由于唐太宗采取了开明的民族政策,因而使一度紧张的民族关系得到缓和,出现了民族关系相对和睦的新局面,同时也调动了各民族的积极因素,巩固了国家的统一,对边疆地区经济文化的发展也发挥了积极作用。

▶唐·青瓷双系瓜棱罐

▶唐·三彩梳妆俑

始建于隋末唐初的江村

唐初的政治制度

唐的政治制度，基本沿袭隋代，并适应当时的具体情况有所发展和补充。在中央实行三省六部制，尚书省负责处理行政事务；中书省掌管策令的起草和颁布；门下省掌审议策令的制定和颁布。尚书省下又设吏、户、礼、兵、刑、工六部。中央司法、行政等部门有太常、大理、宗正、太仆等九寺和国学、少府、将作、军器等五监。这些机构和官员的设置，标志着中国封建官僚制度的成熟。在地方为州县二级制。州设刺史；有时称郡，则设郡守。县设县令。唐太宗于贞观元年(627年)根据山川形势把全国划分为10个监察区(即道)，玄宗时增为15道。唐代的府兵制在隋的基础上进一步完善，加强了中央集权。《唐律》较前代进步，对唐初封建统治的巩固起了积极作用。唐代的学校教育比以前各朝都发达。中央设六学(国子学、太学、四门学、律学、书学和算学)二馆(弘文官和崇文馆)，地方设有府、州、县学。唐代私学也很发达。唐学校教育的发展，直接促进了文化的进步，出现了辉煌灿烂的盛唐文化。唐代继续发展与完善科举取士制度，科举制在削弱门阀士族的等级特权、扩大唐政权的社会基础、提高官员文化水平等方面起了重要的作用，进一步完善了中央集权制度。

公元627年　初设十道

隋末丧乱，群雄并起，唐兴，相继来归，高祖割置州县以笼络之，由是州县之数，倍于隋代，不利于中央直接控制。太宗即位，思革其弊，于贞观元年(627年)二月，因山川形势，分为十道：一曰关内，二曰河南，三曰河东，四曰河北，五曰山南，六曰陇右，七曰淮南，八曰江南，九曰剑南，十曰岭南。并以道为单位，由中央选派官员，监察地方吏治，称为巡察使、按察使，无常员，视需要临时委派。他们虽无地方行政之权，与东汉

之州刺史不同，却可以弹劾州刺史以下官员，负有皇帝赋予的监察权力。十道之设，有利于朝廷对州县地方吏治的督察。

三省六部的演变

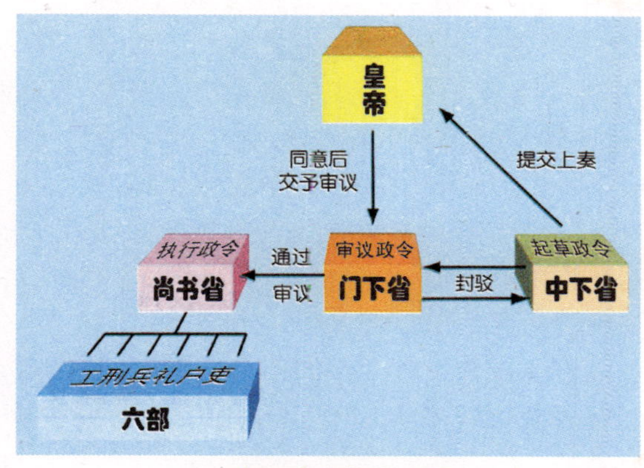

▲唐三省六部分工图

唐太宗贞观年间，在隋朝制度的基础上作了一些调整，建立了一套中央集权的统治制度。唐中央政权机构的核心是三省六部。三省即中书省，长官为中书令，负责草拟诏令；门下省，长官为门下侍中，负责审核诏令；尚书省，长官为尚书令，后因太宗曾任过此官，不再除人，由副长官尚书左、右仆射主持，下辖吏、户、礼、兵、刑、工六部，各部设尚书、侍郎，负责执行诏令。三省长官并为宰相，互相牵制，最后由皇帝裁决。三省长官位高权重，后来不轻易授人，皇帝往往任用较低的官员，给他们加上“同中书门下三品”、“同中书门下平章事”等称号，行宰相之权。其办公的地方称“政事堂”，初设于门下省，后移至中书省。同时，这样做是为了削弱宰相的权力和便于皇帝集权，也可以广泛地听取各方面的意见，减少行政上的失误，在当时是有积极意义的。

除三省六部外，中央还设有御史台，负责监察百官，其长官为御史大夫，副长官为御史中丞。还有九寺（太常、光禄、卫尉、宗正、太仆、大理、鸿胪、司农、太府）、五监（国子、少府、将作、军器、都水）等，分掌其他事务。

▶唐·簪花仕女图（局部）

地方机构

地方上，唐朝设州、县两级制，州设刺史、县设县令，均由中央任免，负责地方清查户口、催征赋役、维持治安等，对人民进行统治。为了加强中央对地方的控制，唐太宗时把全国划分为十道（玄宗时改为十五道），道为监察区，由皇帝派遣巡察使、按察使、采访使等，分别至各道对州县工作进行检查、督促。县以下分里，为基层行政单位，一百户为一里，设里正，五里为乡，对广大人民进行直接统治。

改革府兵制

唐朝沿袭了隋的府兵制度，但也进行了一些改革，唐的府兵制比隋更加严密化了。唐朝府兵的领导机构在中央为十二卫（左、右卫，左、右骁卫，左、右武卫，左、右威卫，左、右领军卫，左、右今吾卫），每卫设大将军一人，将军二人。各卫均下统一定数量的折冲府（隋代称鹰扬府），军府大小不一，上府有士兵一千二百人，中府一千人，下府八百人。府下为团，每团二百人，团下有旅，每旅一百人，旅下有队，每队五十人，队下有火，每火十人。唐朝府兵制是以均田制为基础的，是兵农合一的，士兵都由国家授给土地，他们不负担国家赋役，平日生产，轮番出征作战和宿卫京城。出征和戍卫期间，所需武器、粮食、服装等均须自备。府兵是世袭的，士兵二十一岁应征，六十岁免役。唐朝全国置折冲府最多时达到六百三十四个，但在布局上以加强中央武备为原则，中央所在地的关中地区置府达二百六十一个，占到军府总数的百分之四十，拥兵达二十六万，其次为河东、河南地区，军府也较多。而有些地方，特别是江南地区，军府则很少，形成内重外轻，以中央武力控制地方。府兵制对维护国家安全和加强中央集权，发挥了积极作用。

公元637年　修订唐律

▲唐律残片

唐朝建立之初，高祖李渊即令大臣刘文静等人参照前代法律修成《武德律》。太宗即位后，又令房玄龄等人进一步修订，制成《贞观律》，于贞观十一年（637年）颁行全国。唐高宗时，又令长孙无忌等人对律文逐条加以解释，修成《永徽律疏》，律与疏有同等效力，后人称为《唐律疏义》。至此，唐律修订完成。《唐律疏义》是今存最完整的一个唐代法典。据《唐律疏义》记载，唐律共分十二篇，五百零二条，基本上沿袭了隋朝的《开皇律》。《唐律疏义》是保护皇权和地主阶级利益的法律，皇权神圣不可侵犯，反对皇权就被加上"谋反"、"大逆"等的罪名，不仅本人处死，其亲属也要处死。隐漏户口或不按期向国家纳税服役，也要受到处罚。官私财物也受法律保护，盗窃他人财物要处重刑。贵族、官僚、平民、奴婢犯同样的罪，受到的处罚不一样。这些，都充分反映了唐律的阶级实质。但是，也应指出，唐律对官员侵夺私人土地，对农民应授田而不授以及擅自加重赋税等，也有处罚规定，这对于安定社会秩序，促进生产也是有利的。

科举制度

▲唐·黄釉绞胎陶枕

科举制度创立于隋朝，经过隋末农民起义的打击，士族门阀进一步衰落，因此，科举制在唐朝又有了进一步发展。唐朝科举的科目增多，制度也更加完善了。唐朝科举分为常举与制举两大类。常举为定期举行的考试，分为秀才、明经、进士、明法、明书、明算、道举、童子等科，其中以明经、进士二科最重要，应考人数最多。制举为皇帝下诏进行的不定期考试，由皇帝主持考试，录取的人数也较少，因此，在科举中不占重要地位。唐代科举由礼部主持，礼部侍郎任主考官。考生来源有二，一为在国子监领导下的中央学校(国子学、太学、四门学、律学、书学、算学)及各州县的学生，称为生徒，由学校推荐报考；二为各种私立学校的学生，他们要向所在州县报考，初选后才能报送中央参加考试，称为乡贡。明经科主要考帖经、墨义，考试内容为儒家经典，比较容易，录取人数也较多，大约为十分之一二。进士科主要考诗赋，内容较难，录取人数也较少，大约百分之一二。因此，当时有“三十老明经，五十少进士”之说。进士科最难考，考中进士被称为“登龙门”。每次进士及第者不过二三十人，最多不过三四十，但考中进士者，升官快且能当到高官，而明经出身者，则升官较慢，也不易当上高官，因此人们重视考进士科。唐朝还规定，礼部考试录取后，只是取得了当官的资格，并不能直接任官，还要经过吏部主持的“释褐试”(考身、言、书、判)，合格者才能正式任官。这一规定，提高了官员的素质，是有积极意义的。

学校教育的发展

唐代学校教育有很大发展。京师有国子学、太学、四门学、律学、书学和算学，皆隶国子监，收官僚子弟或外国留学生。另外还有崇文、弘文两馆，专为皇亲贵戚和大官僚子弟而设。地方则设州县学，并允许百姓设立私学。据唐中叶统计，中央国子监有学生八千多人，地方州县学有学生六万多人。学生除学习各种专业外，儒家经典为必读科目。唐代学校主要是为封建国家培养大小官僚，但就其规模、种类、数量和科目来看，都比前代进步，特别是专科性质学校的出现，在中国教育史上占有重要地位，直接促进了唐代文化的发展。

乾陵
唐·三彩罐

武周政权的统治

唐太宗后继位的高宗(650~683年)比较懦弱，大权掌握在皇后武则天手中。武则天原为太宗才人（侍妾），慧黠多权术。她在高宗生前和死后实主朝政几十年，并一度自称皇帝，易国号为周，成为中国历史上唯一的女皇帝。武则天执政期间，重视人才的选拔和使用，首创了殿试和武举制度，为更多更广地发现人才、搜罗人才创造了有利的条件。武则天以“田畴垦辟，家有余粮”作为地方官升任的标准，农业和手工业都得到较大的发展，人口不断增加。她在位期间，置北庭都护府，收复安西四镇，加强了边防。但是，在武则天执政期间，任用索元礼、来俊臣等酷吏，严刑逼供，奖励密告，滥杀无辜。她晚年好大喜功，生活奢靡，耗费大量财资和劳力。神龙元年(705年)，宰相张柬之等发动政变，拥立中宗李显复位，武则天被迫退位，同年十一月病死。武则天作为中国历史上唯一的一位女皇帝，在其统治的半个世纪里，社会安定，经济发展，上承“贞观之治”，为唐朝全盛时期的“开元盛世”打下了基础。

公元650年 唐高宗即位

唐太宗十四子之中，长孙皇后嫡出三个，长子李承乾，四子李泰，九子李治。唐太宗初立长子李承乾为皇太子，李泰为魏王，李治为晋王。后太宗宠爱魏王李泰，太子李承乾产生了夺嗣之惧，企图发动政变刺杀李泰，事败被贬为庶人。太宗为防止玄武门之变重演，贬魏王李泰，改立晋王李治为太子。贞观二十三年(649年)，太宗病逝，李治继位，改元永徽，是为高宗。高宗以继承父业为己任，遵守贞

◀唐·敦煌壁画·西方净土变图

观遗规，推行均田制，垦殖荒田，继续推行科举制度，百姓物阜安定，人口迅速增加；民族关系方面，在葱岭以西地区设置了波斯等十六个都督府；对外关系，灭西突厥、高丽和百济，势力进入中亚地区。高宗在位时唐疆域达到最大，使“贞观之治”的局面得以继续，史称永徽之治。高宗时，在《武德律》和《贞观律》的基础上，撰成《永徽疏议》，后称为《唐律疏议》，成为后世各朝修订法律的蓝本，对东亚诸国的古代法制产生过巨大影响。高宗即位之初纳武则天入宫为昭仪，不久废王皇后，改立武氏为后。显庆末年，高宗中风，难于操持政务，皇后武则天得以逐渐掌握朝政。

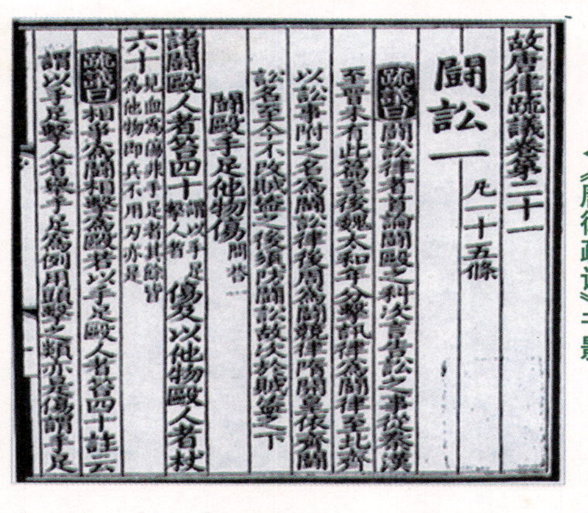
故唐律疏議卷第二十一

鬬訟 凡一十五條

疏議曰鬬訟律者首論鬬毆之科次言告訟之事從秦漢至晉未有此篇後魏太和年分繫訊律為鬬律至北齊以訟事附之名為鬬訟律後周為鬬競律隋開皇依齊鬬訟名至今不改賊盜之後須防鬬訟故次於賊盜之下

鬬毆手足他物傷 鬬訟

諸鬬毆人者笞四十謂以手足擊人者傷及以他物毆人者杖六十見血為傷非手足者其餘皆為他物即兵不用刃亦是

疏議曰相爭為鬬相擊為毆若以手足毆人者笞四十註云謂以手足擊人者舉手足為例用頭擊之類亦是傷謂手足

◀《唐律疏议》书影

公元684年　徐敬业反武

弘道元年（683年），唐高宗卒，中宗即位。次年，改元嗣圣，武后以太后临朝称制，不久即废中宗，立豫王旦（即睿宗），武太后掌握全部权力。这一年，在扬州聚集了一批贬官，其中有李勣之孙英国公敬业、唐初四杰之一的骆宾王等。他们在扬州碰聚，同病相怜，怨恨大发。大家共推徐敬业为统帅，称匡复府上将，领扬州大都督，以匡复庐陵王为名，杀了扬州长史陈敬之，起兵反武。不过10天，聚兵10余万。武则天紧急调动30万大军，派李孝逸率领，沿运河汴水东南而下，前往平叛。已经攻陷润州的徐敬业急忙回军，将兵力部署在运河沿线的高邮、淮阴、盱眙。李孝逸初战失利，按兵不动。后来开始猛攻，克盱眙，顺流而下，在高邮下阿溪决战，终于大败叛军，斩敌7000人，溺死无数。徐敬业等溃逃江都，想要出海奔高丽，在海陵（今江苏泰州）因风阻不得启航，其部将将他们斩首降唐，其余党也被捕杀。前后49天，扬、润、楚三州俱平，海内晏然，纤尘不动，国家避免了再次分裂，初唐以来社会经济持续上升的势头得以保持。

杨炯

王勃

骆宾王

卢照邻

▲初唐四杰

骆宾王与《讨武曌檄》

骆宾王字观光，婺州义乌(今浙江义乌)人，七岁能诗。高宗显庆之时，曾为道王府属官。后闲居齐鲁十余载，复赴京应试，授奉礼郎，兼东台详正学士。因事被贬，从军西域，曾往姚州参与讨叛，又奉使入蜀。返回长安后，历任长安主簿、武功主簿等官职。武后时，因多次上书言事，被贬为临海丞。公元684年，随徐敬业在扬州起兵讨伐武则天，兵败不知所终。《讨武曌檄》是骆宾王为徐敬业起兵而写的檄文。檄文列数武则天"秽乱春宫"、"残害忠良"等罪状，揭示她"窃窥神器"的野心。这是篇千古名檄，精彩生动，气韵盎然。武则天边读边微笑，读到"一抔之土未干"，不由惊叹，问侍臣："这是谁写的？"侍臣答："是骆宾王。"武则天说："让这样的人才流落在外，真是宰相的过失。"

▲骆宾王雕像

公元690年 武则天称帝

武则天(624年~705年)，名曌，山西文水人，其父亲为工部尚书。武则天聪明机智，通晓文史，14岁入宫为唐太宗才人。高宗永徽六年(655年)，被高宗从感业寺再次召入宫中，随后立为皇后。在挫败高宗与上官仪废后之谋后，权势更重。高宗与武后生有四子：弘、贤、显、旦。高宗原立长子李弘为太子，后被武则天鸩杀。又立次子李贤，不久被武则天废黜，逼令自杀。高宗死，三子李显即位，是为唐中

▲武后行从图

▲武则天像

宗，武后临朝称制。未几废中宗为庐陵王，另立四子李旦为帝，是为唐睿宗，武后继续掌握国柄。其间，武则天平定唐宗室的叛乱，天授元年（公元 690 年）九月，武则天登基称帝，改国号唐为周，史称武周，改洛阳为神都。

▼唐·武则天“除罪金简”

奖励告密

武则天称帝，遭到许多人的反对，因此，她“疑天下人多图己”，终日惶惶。为了打击反对派，她奖励告密，铸铜匦置于朝堂，用于告密。铜匦里面分四格，四面各有投书口，只可进不可出，又规定“有告密者，臣下不得问，皆给驿马，供五品食，使诣行在。虽农夫、樵人，皆得召见，廪于客馆，所言或称旨，则不次除官，无实者不问”，于是一时告密成风。武则天便利用告密者提供的线索，杀了许多政敌。但也有些告密者，为了取得奖赏，竟诬告无辜之人；还有的诬告仇家，因而造成许多冤案。

任用酷吏

武则天还任用酷吏，作为排斥异己、镇压政敌的工具，当时著名的酷吏有索元礼、周兴、来俊臣等。索元礼，因告密有功，被武则天任用负责制狱，审讯犯人无不用刑，极为残忍，有所谓“凤凰晒翅”、“驴驹拔撅”、“仙人献果”、“玉女登梯”等名目，许多人死于重刑之下。他豢养着一批无赖之徒，专门以告密为业，欲陷害某人，即令数处俱告，事状如一，受害者无以自明，死在他手里的有数千人，民愤极大。周兴、来俊臣也是当时著名的酷吏，他们罗织罪名，陷害无

▲乾陵司马道

辜，“所杀各数千人，俊臣所破千余家”。酷吏害人，积怨甚多，武则天为了平息众怒，后来也将他们一个个处死。公元 697 年，来俊臣以“谋反”罪被斩首时，仇家蜂至，争相啖肉践骨，以解心头之恨。武则天利用酷吏，打击了自己的反对势力。

请君入瓮

◀请君入瓮

唐武则天时，周兴与来俊臣都任刑部官员，审讯疑犯，以残忍著称。一日，两人对坐，推论事理。来俊臣接到武则天诏令，要拘捕审讯周兴，而周兴却不知道。等到一同就餐时，来俊臣对周兴说：“囚犯大多不认罪，您有什么办法使他招供吗?”周兴说：“这很容易。取只大瓮，四周用炭火烧烤，叫犯人钻进去，还有什么事不招呢？”来俊臣随即令人拿来大瓮，四周围上炭火，起身对周兴说：“有弹劾老兄的状子，圣上批示审讯，请您入瓮吧。”周兴惶恐，叩头求饶，供出自己的全部罪行。

公元 705 年　中宗复位

武则天晚年原想传位其侄武承嗣，但遭到朝臣极力反对，只好于圣历元年（698 年）迎回庐陵王李显，复立为皇太子，取消唐睿宗李旦皇嗣名号，改封为相王。武则天晚年重用张易之、张昌宗，朝臣中出现依附“二张”与反对“二张”的两派势力。长安四年（704 年），武则天病重，只有“二张”入阁侍疾，居中用事，太子李显和相王李旦都不得侍汤药，宰相也累月不得见。一时盛传“二张”暗中图谋叛乱，危及社稷，政治气氛十分紧张。神龙元年（705 年），武则天病重，宰相张柬之等人联合禁军将领李多祚发动政变，入宫诛杀二张，逼武则天退位，迎中宗复位。这年冬天，武则天去世，享年 82 岁。

▶中宗复位

唐玄宗泰陵

玄宗改革与开元盛世

唐玄宗李隆基是唐睿宗李旦第三子，即位前曾与太平公主合谋发动宫廷政变，杀韦后拥其父睿宗即位，被立为太子。延和元年(712年)，受禅即位，改元开元。唐玄宗即位后，首先巩固皇权，稳定政局。任用贤才，励精图治，玄宗依靠姚崇、卢怀慎、宋璟等贤臣在稳定政局的同时，精心治理国家，大力发展经济。玄宗自奉甚俭，改变武后以来后宫奢靡之风。由于开源节流，国家财政日益丰裕，仓库充实，物价平廉，生产发展、经济繁荣。社会经济的繁荣必然推动科技文化的发展，玄宗对儒士甚为优礼，并令臣下访求遗书，得图书近五万卷，使科技文化大放异彩。当时的唐朝已成为亚洲的经济、政治和文化中心。中国封建社会出现了前所未有的盛世景象。

公元705年～公元710年

韦后之乱

武则天统治结束后，唐朝政局仍然动荡不安。唐中宗李显曾被贬为庐陵王，放逐均州(今湖北均县)，后迁房州(今湖北房县)，饱经人世忧患，但复位后只图眼前逸乐，怠于政务，于是大权渐渐旁落。皇后韦氏、女儿安乐公主、宫中女官上官婉儿与武后遗孽武三思等，结成腐朽的政治集团。他们势倾朝廷，排斥异己，中兴老臣张柬之等被贬逐出朝廷，中枢权力为韦后所掌握。景隆元年(707年)，皇太子李重俊联合羽林军将领发动军事政变，杀武三思及其党羽。但中宗却杀太子重俊，政权全部落入韦后手中。韦后当权期间，卖官鬻爵，淫乐无度。景云元年(710年)，韦后和安乐公主合谋毒死中宗，立皇太子重茂

◀唐·敦煌壁画·文殊菩萨图

为少帝，韦氏以皇太后名义临朝称制。中宗被毒杀不久，其弟相王李旦的第三子李隆基联合他的姑母太平公主，发动羽林军政变，攻入宫中，杀韦后、安乐公主及武氏余党上官婉儿等，政变成功后拥戴原睿宗李旦复位。李隆基因灭韦后有功，被立为太子。

▶唐玄宗李隆基像

公元712年 玄宗即位

太平公主在睿宗复位时有功，并且她议政处事能力颇强，因而逐渐掌握朝政，当时“宰相七人，五出其门。文武之臣，大半附之。”太子李隆基与姑母太平公主的矛盾日益尖锐，先天元年（712年），睿宗退位，称太上皇，李隆基即位，是为唐玄宗。李隆基即位后，太平公主的势力有增无减，欲发动政变。开元元年（713年）六月，唐玄宗先发制人，指挥将士先后处死太平公主的党羽，赐太平公主自杀。至此，结束了自武则天死后长达七年的内乱，稳定了唐王朝的统治。

公元713年 姚崇拜相

◀姚崇像

姚崇（650~721年），本名元崇，改名元之，后因避玄宗开元年号，再改名为崇，陕州硖石（今河南三门峡东南）人。姚崇才学卓异，吏事明敏，自武则天时起历任唐朝地方及中央各种官职，曾为武则天、睿宗、玄宗三朝宰相。玄宗即位初，姚崇于先天二年（713年）应召奏请十事，建议政行仁义、停息边事、以法治国、禁官威干政、减免租税、广开言论、奖励诤谏、止绝佛道寺院营造等，旋即被任命为兵部尚书，同中书门下三品，迁紫微令，复宰相之职。此后，姚崇“独当重任”，辅佐玄宗，强令淘汰僧尼还农者万两千余人。开元四年（716年），他力排众议，破除迷信，捕灭山东大蝗，减轻虫灾危害。其敢于直言诤谏，惩治侵暴百姓的贵戚贪官，并反对任人唯亲，制定“量才授官”制度，主张任人唯贤，知人善任，举荐宋璟代己为相。史论唐代为相者,"前称房、杜,后称姚、宋",姚崇更被誉为"救时之相"。在姚崇等人的辅助下,玄宗励精图治、务修德政和军国庶务,使国家政刑清简、赋役宽平、生产发展、百姓富庶,从而出现历史上著名的"开元之治",达于唐代的极盛时期。

重视发展生产

◀唐·供养菩萨像

唐朝中叶,由于土地兼并激烈,许多农民变成了豪强地主的私属,国家税收减少,财政困难。面对这一现实,玄宗于开元九年(公元721年)至开元十二年(724年)在全国范围内进行检田括户,结果括出隐户八十多万,"田亦称是",增加了国家收入,并在一定程度上抑制了土地兼并。为了发展农业,唐玄宗也十分重视水利的兴修。当时,"诸王公权要之家,皆缘渠立硙,以害水田",玄宗下令毁掉,使沿渠百姓大获其利。除旧有水利工程得到利用外,开元、天宝年间,还兴建水利工程五十六处,促进了农业的发展,"是时,州县殷富,仓库积粟帛,动以万计"。在边境地区,为了解决军粮问题,玄宗还敕令在边疆和黄河沿岸大兴屯田。据统计,开元年间,全军屯田总数达一千一百四十一屯,五百余万亩,基本解决了边军的口粮问题,减轻了人民的负担。玄宗还提倡节俭,下令"乘舆服御,金银器玩宜令有司销毁,以供军国之用;其珠玉、锦绣焚于殿前。后妃以下,皆无得服珠玉锦绣",在当时也有很大影响。

▲唐·张萱·捣练图

加强边防

唐代吐蕃的古戍堡——米兰古城遗址

随着均田制的破坏，府兵制已名存实亡，唐王朝的军事力量日益削弱，边防危机日趋加深。玄宗即位时，碎叶、庭州已失守，丝绸之路被堵塞，突厥攻占了北方，契丹占据了辽西，边境地区十分危急，全国统一的局面遭到破坏。玄宗执政后，下《练兵诏》，对边防军加以整顿充实，并加强训练，以提高战斗力；又加强军马的繁殖，扩大养马，玄宗即位初仅有军马二十四万匹，至开元十三年（公元725年），马匹增至四十三万，提高了边防骑兵的战斗力。在加强边防的同时，还不断对入侵的少数民族用兵，开元五年（公元717年），出兵收复了营州等十二州，并统一了长城以北各族，恢复了安北都护府。公元747年，又击败吐蕃，俘小勃律王及公主，使西域七十二国震恐，打通了中亚通道，恢复了唐对西域的主权。

开元之治

经过二十多年的努力，玄宗统治的开元年间，唐朝的政治、经济、军事、文化各方面，都有一个很大的发展，出现了政治清明、经济繁荣、社会安定、国防巩固、科学文化大放异彩的新局面，正如杜甫在《忆昔》诗中所描写的："忆昔开元全盛日，小邑犹藏万家室，稻米流脂粟米白，公私仓廪俱丰实。"社会繁荣促进了人口的大幅度增长，开元年间，唐代人口增长到五千二百九十余万人。开元年间，社会安定，天下太平，商业和交通也十分发达。扬州位于运河和长江交汇处，中外商人汇集，城市特别繁华。在唐都长安城，世界上很多国家的使臣、商人、学者、工匠都争相前往唐朝进行友好交往，开展贸易，学习文化、技术。这一时期，被史学家称为"开元之治"。

▲唐·乾陵翼马

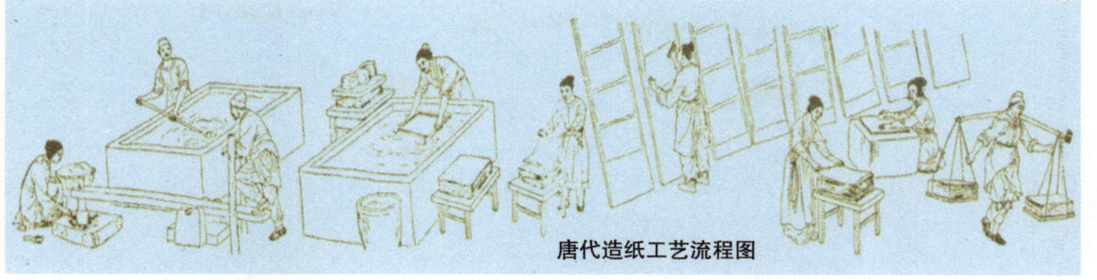
唐代造纸工艺流程图

唐前期社会经济的发展

唐初，土地占有关系比较缓和，一些部曲、佃客和奴婢在农民战争中获得了人身的解放，地位有所提高，唐统治者所实行的均田和租庸调制，减轻了农民的徭役负担，保证了农业生产的持续进行。在长期统一的环境里，唐朝社会经济，无论农业、手工业、商业以及都市交通，都呈现出空前繁荣。这种情况到玄宗时期，达到鼎盛。那时候，农业生产有了较大的发展，大量的荒地开垦出来了，粮食和布帛装满了官家的仓库。人口也大量增加，唐玄宗时期的户数，比唐太宗时增加了三倍。手工业生产空前发展，纺织、陶瓷、造纸等业的技术大为提高。著名的唐三彩就是这个时期创制的。商业、城市和交通也十分发达。都城长安是唐朝最大的商业都市，城内的商业区东市和西市，异常繁华。来自全国各地的少数民族和亚洲各国的人，在市上随处可见。长安城既是国内的政治、经济和文化中心，也是一座国际性的大城市，唐朝和几十个国家都有贸易往来。

公元619年　初行租庸调法

武德二年(619年)二月初定租庸调法。经过数年摸索，形成了武德七年(624年)令，规定：受田户每年每个丁男缴纳二石粟，叫做“租”；每个丁男每年服役二十天，如果没有或不服徭役则以绢代役，每天折合三尺绢，这叫作“庸”；根据各地的不同情况，每年每丁交纳两丈绢、三两丝绵，或者两丈五尺布、三斤麻，叫做“调”。若国家有事须增加服役者，凡加役15天，免调，加役30天则租调俱免；每年的额外加役，连同正役，不准超过50天。隋朝规定五十岁以上的人才能以庸代役，而唐朝将此加以推广并制度化，并规定了役期的最高天数。租庸调法还规定出依照灾情轻重，减收或免收租庸调的具体办法。这些都使农民有较多的时间从事农业生产，有利于社会经济的恢复和发展。租庸调法是唐前期的主要赋役制度，是在均田制基础上实行的。

继续推行均田制

均田制始自北魏，历北齐、隋而至唐。唐初，为了使流亡无地的农民重新回到土地上进行生产，解决“田地极宽，百姓太少”的矛盾，以扩大财政来源，继续推行北魏以来的均田制和租庸调制，并作了一些调整，这是唐朝的土地制度和赋役制度，对恢复发展农业生产有重大作用。

▲唐·树下人物图

武德七年（公元624年），唐政府颁布了均田令。唐代的均田制，大体上承袭隋制，但与其前代又有所不同。首先，唐朝取消了妇女、奴婢和耕牛的授田。这说明，经过隋末农民大起义的打击，社会阶级关系发生了变化，奴婢的数量大大减少，在生产中已不占重要地位。同时也说明，唐政府为了加强中央集权，有意限制豪族势力的发展。唐均田令还规定僧、尼、工商业者等都有权授田，说明佛、道占田已得到政府的承认，说明商品经济的发展，使工商业者身份地位提高。其次，土地买卖的限制放宽了。唐以前的均田制规定，桑田可以买卖，露田不得出卖。唐代均田令则规定，在一定条件下，永业田、口分田均可买卖，这就为地主兼并土地开了方便之门，反映了我国封建土地私有制的发展。第三，贵族、官僚享有了更多的土地占有权。唐代均田令规定，凡有爵位和官品者均可得到大量永业田，位愈尊、品愈高，授田愈多，这说明，均田制并不平均分配土地，它实质上是维护封建等级制度，维护地主阶级利益，保证封建赋税剥削的一种手段。

公元624年　颁布均田令

武德七年（公元624年），唐政府颁布了均田令，其主要内容是：（一）凡年满十八岁的丁男授田一顷，其中“口分田”八十亩，死后还官；“永业田”二十亩，可传给子孙。残疾者授口分田四十亩，寡妻妾授口分田三十亩，工商业者减丁男之半。和尚、道士给田三十亩，尼姑、女冠二十亩，一般妇女和奴婢不再授田。（二）有爵位的亲王、贵族、公侯按爵位授永业田，亲王可分永业田一百顷，最低五顷。一品官授永业田六十顷，降至八九品，授二顷。各级官府和官员还有公廨田和职分田，作为办公费用和俸禄补充。（三）限制土地买卖，但庶人有身死家贫无以供葬者，可卖永业田，自地少人多的狭乡迁往地多人少的宽乡及卖充住宅、邸店、碓硙者，可并卖口分田。

▶唐代灌溉工具——筒车(复制模型)

农业生产技术的提高

随着生产的发展，生产技术也有了提高。北方地区仍以种植粟、桑、麻等传统农作物为主，农作物种植的精耕细作技术在较大范围内得到了推广和普及。南方地区的水稻种植技术则更有明显的进步，唐以前，水稻多用直播法。到了唐代，一些原来比较落后的地区都改用了插秧法。另外，劳动人民已能根据气候、季节进行保墒，合理施肥、育种，加强田间管理，科学地排水、灌水等。北方开始实行二年三季粟麦轮作，南方出现了“再熟稻”技术的提高，使单位面积产量大大增加，唐代亩产量，比汉代提高一倍左右，出现了“四方丰稔，百姓殷富”的局面。唐代垦田范围扩大，不仅内地垦田增加，边疆地区也开垦了许多荒地，如西南桂州“开屯田数千顷，百姓赖之”，西北的甘州“开置屯田，尽其水陆之利”，东北的营州“开屯田八十余所，招安流散，数年之间，仓廪充实，市里浸繁”。由于垦田面积增加，唐政府还在南方地区新设置了一些州县进行管理。

生产工具的改进

据唐人陆龟蒙的《耒耜经》记载，当时江东地区出现了一种曲辕犁，它和以前的二牛抬杠相比，具有很大的优越性。由于增加了犁屏，可以调节深浅；增加了犁壁，可将翻起的土推到一边，提高了耕地速度；增加了犁底，使深浅固定，不易摇摆，人扶犁时比较省力。这种新式耕作工具的出现，是农业生产力提高的一个重要标志。唐代还出现了耙和碌碡等农具，用于锄草、平地和脱穗。在灌溉工具方面，唐时还出现了水车和筒车，水车以木桶相连，汲水井中；筒车用竹或木制作一大型立轮，轮上配有若干小木筒或竹筒，安置水边，以水流转动大轮，轮上小筒便将水倒入高处田中，可昼夜灌田。

▲陆龟蒙像

水利工程大量兴修

唐代劳动人民在开垦土地的同时，还兴修了不少水利工程。据《新唐书·地理志》记载，唐前期共修水利工程一百六十余处。北方地区重在对旧有的水利系统加以扩建和改造，如关中地区的三辅渠、郑白渠、刘公渠和六门堰，都是前代郑国渠、白渠和成国渠的继续和发展。南方地区的水利工程侧重于排水和蓄水。一些规模较大的堤、堰、陂、塘，大者可灌田万顷，小者也有千顷之利。如江南地区升州句容县有绛岩湖，代宗大历时重修，灌田万顷。江陵有汉古堤，德宗贞元时节度使李皋加以修复，“广良田五千顷，亩收一钟”。特别是一些原来水利设施比较落后的地区，到了唐代也有了长足进步，如湖南地区在唐时修建的水利工程超过以往各朝。

▲始建于唐的渔梁坝

手工业的发展

唐前期，手工业最发达的部门是纺织业。纺织业以传统的丝织业为主，产地遍及全国，重要产区在北方，定州（今河北定县）的绫，宋州（今河南商丘）、汴州、亳州（今安徽亳县）、郑州的绢，皆负盛名。西南的剑南道（今四川）也是蚕丝生产的中心，蜀锦闻名全国。江淮地区的江南道和淮南道的丝织业也开始发展，丝织物品类繁多，工艺精美，有的织物列为贡品。麻织业因农民缴纳课调的需要，所以产地十分普遍，以南方产品见长。棉织业也开始发展，玄宗时长安市场贩卖的白布就是棉布。陶瓷业的制造工艺有很大进步，瓷窑遍及各地。越窑（在越州，今浙江绍兴）所出青瓷，青翠润泽，“类玉类冰”。邢窑（在邢州，今河北邢台）所产白瓷，洁白晶莹，“类银类雪”。昌南镇（今江西景德镇）出品的瓷器，时人誉为“假玉器”。高宗时还出现一种彩色陶瓷，用青绿黄或黄绿白等彩釉着色，称为“唐三彩”，

▶唐·三彩女骑俑

制成的人俑或马匹、骆驼等动物，造型生动，色彩鲜丽，富有观赏价值，堪称艺术珍品。矿冶业在唐代也有所发展，除个别边要地区禁止采矿之外，其余矿地，悉听开采。史载，唐前期有钢铁银锡之冶168所，产地遍及全国，冶铸技术达到了新的水平。

官营和私营手工业

唐代手工业比前代有长足的发展，无论是生产技术或是生产关系都有显著的进步。唐代手工业分为官营手工业和私营手工业两类。官营手工业占主要地位，它经营范围最广，生产规模最大，技术实力最强，分工也最细。政府设有专门机构管理，尚书省的工部掌天下百工及兴造缮葺。而直接管理中央官府手工业的是少府监、将作监、军器监。

唐代私营手工业也非常兴盛。它虽不如官营手工业集中，资金、原料和技术力量也不如官营手工业雄厚，但它分布全国，地区广阔，行业齐全，从业人数众多，在整个社会经济中占有重要地位。私营手工业有手工作坊和农村家庭手工业两种形式。私营手工作坊主要集中在城市，如国都长安就有许多手工行业。手工作坊种类繁多，有织锦坊、纸坊、酒坊、糖坊、铜坊、金银坊等。农村家庭手工业是自给自足自然经济的一个组成部分，在社会经济中占有相当大的比重。它的主要生产部门是纺织业，生产丝织品和麻织品。这些产品除满足农民自身消费之外，还用于缴纳庸调，一部分也作商品出售。

◀唐·银箱

▶唐朝长安西市繁华的场面

城市的繁荣

唐代，出现许多著名城市，首都长安不仅是全国政治、经济、文化的中心，而且是国际名城，人口在百万以上。其商业区称东市和西市。东市有220行，几千个肆。西市既是国内市场，又是外商聚集的地方，繁华超过东市。洛阳繁华仅次于长安，高宗、玄宗都曾长期驻跸于此，武则天称帝定都洛阳，改称神都。由于政治地位的重要，使它保持隋时的繁荣。唐前期洛阳设南市、北市和西市。南市有 120 行，3000 余肆，400 多个邸店，商务极盛。北市最繁华，胡人在此经商的很多。扬州和成都是长江流域的两个经济中心。扬州是东南财富的集散地和南北物资的转运站，又是对外贸易的重要港口，商贾云集，市面繁荣，富庶甲天下。成都自古繁华，唐时更是货殖荟萃的都会，其繁盛可与扬州媲美。广州是全国最大的外贸港口。它兴起于秦汉，唐时空前繁荣，船舶如织，外商云集。唐政府在此设置市舶司，专管对外贸易和征收税款。

对外关系

▶唐朝主要交通示意图

交通的发达

唐代继承秦汉以来的驿传制度，水陆皆有驿道。史载，玄宗时全国有陆驿 1297 所，水驿 260 所，水陆相兼的驿站 86 所。驿传原是专为传递文书和接待官员而设立的，但密如蛛网的驿道，自然也成为商贾贩运货物的商业通道。水路交通，东西线以长江为主干，西起巴蜀，东至于海。汉水、湘江、珠江、赣江、钱塘江以及洞庭湖、鄱阳湖、太湖等构成纵横交错的水上交通网，把南方各地连接起来。大运河成为南北水路交通的大动脉，沟通海河、黄河、淮河、长江、钱塘江等流域，转运南北物资。

富商大贾的活跃

▲唐玄宗泰陵南门的石狮

随着商业的发展，出现了许多豪富商人。他们凭借财富，或购买土地，转化为商人地主；或勾结官吏，跻身于官场。如高宗时长安豪商邹凤炽，曾遇见高宗，请购终南山之树，每树估绢一匹，他夸口说，山树购尽，而他家的绢帛未竭。又有安州（今湖北安陆）富商彭志筠曾上表高宗，愿以绢布 2 万段捐助军饷。玄宗曾问巨商王元宝有多少财富，王说，用他家的绢系南山之树，每树一匹，南山的树系尽，而他家的绢却未完。玄宗感慨地说："朕天下之贵，元宝天下之富！"

天宝危机和安史之乱

开元年间，唐玄宗励精图治，出现了“开元之治”，使唐朝达到发展的顶点；天宝年间，唐玄宗被胜利冲昏了头脑，认为天下太平了，不必再费心治国，于是便逐渐腐化，朝政日坏，终于导致了安史之乱。安史之乱的原因是多方面的，是各种社会矛盾的集中反映，主要包括统治阶级和人民的矛盾，统治者内部的矛盾，民族矛盾以及中央和地方割据势力的矛盾等等。唐玄宗后期，沉溺于声色，挥霍无度；且又沉迷于道教和密宗佛教，很少过问朝政。统治阶级的腐朽加重了人民的负担，使广大人民处在水深火热之中。唐玄宗后期，“口有蜜、腹有剑”的宰相李林甫，排斥异己，培植党羽。继他上台的杨贵妃之兄杨国忠，公行贿赂，妒贤忌能，骄纵跋扈，不可一世。奸臣当道，加深了统治阶级内部的矛盾。安禄山身兼三镇节度使，兵力雄厚。他洞悉长安朝廷腐朽、实力空虚的内情，又因与宰相杨国忠争权，遂于天宝十四年(755年)十一月，以讨杨国忠为名，自范阳起兵。次年五月，潼关失守，玄宗仓皇奔蜀，行至马嵬驿(今陕西兴平西)，军士哗变，杀杨国忠，玄宗被迫缢杀杨贵妃，随即奔成都。太子李亨奔灵武(今宁夏灵武西南)，同年七月即位，是为肃宗，改元至德。宝应元年(762年)十月，唐借回纥兵收复洛阳，史朝义穷迫自杀，安史之乱至此始告平定。安史之乱是唐朝由盛而衰的转折点。战乱虽平，安史部将势力并未消灭，藩镇割据局面由此形成，中原战乱地区经济遭到严重的破坏，吐蕃对唐的侵扰也日益频繁，唐朝国力大为削弱，其全盛时代也从此结束了。

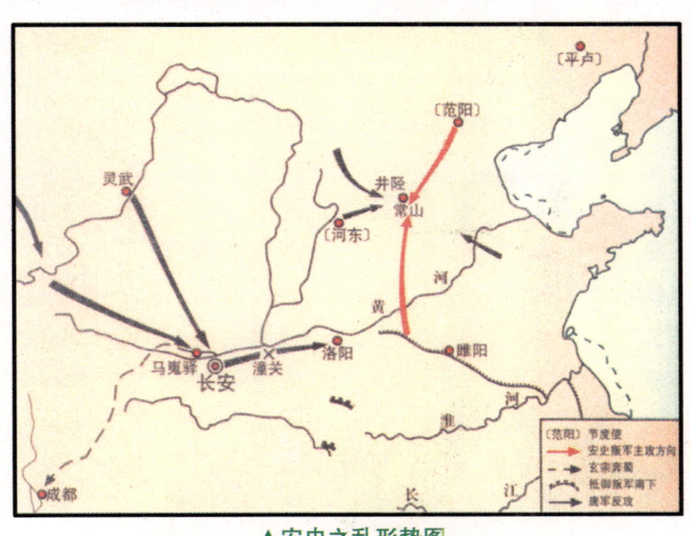

▲安史之乱形势图

▲唐天宝年间的《创建清真寺碑记》

公元745年　杨氏受宠

天宝年间，唐玄宗一扫开元时期的节俭作风，而声色犬马，无所不好，皇亲贵戚争进美食，所进肴馔，“一盘之贵，盖中人十家之产”。玄宗后宫的宫女有上万人之多，但自武惠妃死后，便无中意者，后听说寿王妃杨氏貌美，见到之后，果然满意。天宝四年(745年)，唐玄宗先令其出家，然后又让她入宫，封为贵妃。玄宗自得杨贵妃后，生活更加腐朽，纵情声色，终日沉湎于《霓裳羽衣曲》，过着“春宵苦短日高起，从此君王不早朝”的淫逸生活。杨贵妃受宠后，其“姊妹弟兄皆列士”。她的兄弟杨钊、杨铦、杨琦都得高官，三姊妹分别被封为韩国夫人、虢国夫人、秦国夫人，自由出入宫禁，得到大量赏赐，仅三夫人的脂粉费，每年即赏给百万之多。杨贵妃一人的衣服玩好，要用上千人供应。杨氏兄妹也竞相奢华，“每构一堂，费逾千万计”，“豪贵雄盛，无如杨氏之比”。以玄宗为首的皇亲、贵族、外戚、官僚等统治集团，过着穷奢极欲的生活，浪费了大量资财，加重了人民的负担。

▶杨贵妃画像

杨国忠专权

杨国忠本名杨钊，是杨贵妃的堂兄，凭借裙带关系和善于媚上被重用，并赐名国忠，显赫一时。杨国忠为相后，更加骄纵跋扈。在朝廷上，网罗党羽，排除异己，选用官吏都在私第内定，“台省官有才行时名，不为己用者皆出之”，他身兼四十余职，其党羽布满朝内外，为政“专徇帝嗜欲，不顾天下成败”。为了树立自己的威信，杨国忠还发动了两次对南诏的战争，丧师二十万，反虚报战功，以求奖赏。他执掌国政期间，还广收贿赂，大量敛聚，所积财富无以数计，仅细绢一项即达三千万匹。杨国忠执政，更加深了唐朝的腐败，人民所受的压迫剥削日益加重，统治阶级内部的矛盾也日益激化，危机四伏，一场大的动乱即将来临。

口蜜腹剑李林甫

李林甫善于奉迎，为人极为狡猾奸诈，初为小官，后通过巴结宦官、后妃而升任黄门侍郎。开元二十二年(公元734年)五月，以礼部侍郎为宰相。李林甫为相后，忌贤妒能，结党营私，凡不投靠他的官员一概贬斥，许多正直的官员，如名相裴耀卿、张九龄等都被他排挤出朝廷，被他陷害致死的官员有数百人之多，拜倒在他脚下的官员，“虽小人，且为引用”。李林甫专以符瑞取媚于玄宗，不准地方官上报灾情，百官上书皇帝，都要他先过目，他对谏官说：“皇上圣明，我们作臣子的顺从还来不及，还有什么必要高谈阔论呢！你们难道没看见宫殿前的仪仗马吗？如果终日不吭一声，就能饱食三类刍豆；如果叫了一声，马上就被赶走，以后想不再叫也来不及了。”由于他的压制，言路堵塞，玄宗沉醉于一片颂声之中。李林甫则为所欲为，他对异己，表面友好，而暗加陷害，被称为口蜜腹剑。他任宰相十九年，卖官鬻爵，贿赂公行，朝政日坏，国家腐败不堪。

▲李林甫像

节度使割据

掌握边镇武力的官员称节度使，节度使魏晋时称持节都督，北周及隋改称总管，唐称都督，唐高宗、武后时期，为了加强防御力量和改变临时征调的困难，戍边的都督府设置逐渐增多。睿宗景云二年(711年)，贺拔延嗣为凉州都督充河西节度使，始有节度使的称号。至玄宗开元、天宝年间，北方有平卢、范阳、河东、朔方、陇右、河西、安西四镇、北庭、剑南九个节度使和一个岭南五府经略使，成为固定军区。其十镇兵

◀凉州古城墙遗址

▶唐睿宗桥陵石人

力占唐全国兵力的80%多。节度使设置之初，对稳定边疆形势起到了积极的作用。但由于唐中期以后府兵制逐渐被募兵制取代，将帅和职业兵长期结合，使得兵士只知有其将，而不知有天子。而且节度使“既有其土地，又有其人民，又有其甲兵，又有其财赋”，所辖区内州县归其统属。节度使势力逐渐加强，成为地方割据势力，造成了“外重内轻”的局面，对中央造成巨大威胁。

安禄山

▲黄崖关长城，唐代安禄山在这里驻扎其精锐部队——雄武军。

安禄山，杂胡人，从小军官升为大将，骁勇善战，被幽州节度使张守珪收为养子，天宝元年(公元742年)任平卢节度使，后又兼任范阳节度使、河东节度使，拥兵十八万人。他曾多次到长安朝见玄宗，并拜杨贵妃为干娘，假意表现恭顺，因而得到玄宗信任，可自由出入皇宫，并赐长安宅第一区。安禄山是一个有政治野心的人，他看到唐朝政治腐败，内地武备松弛，认为有机可乘，便在范阳秘密招兵买马，打造兵器，开炉铸钱，储存粮食，扩充实力。安禄山还利用唐统治者歧视少数民族的一面，竭力煽动民族仇恨，制造民族矛盾，用番将代替汉将，“推以恩信，厚其所给”，以少数民族的保护者自居，用小恩小惠的办法收买人心，同时也收容一些失意的汉族地主分子等，以争取支持者。因此，他的力量迅速强大起来，拥兵十八万，成为实力最大的节度使。在地方割据势力膨胀的同时，唐中央却日益衰弱，整个统治集团极为腐朽，中央武备空虚，安禄山便起兵夺权了。

▲位于天津北郊的蓟县城西门内的独乐寺，相传这里是唐代节度使安禄山起兵叛唐的誓师之地。

公元755年　安禄山叛乱

天宝十四年(公元755年)十一月，安禄山以诛杨国忠为名，在范阳起兵，率十五万军队南下。由于唐统治集团的腐朽和内地防务空虚，一些地方官抵挡不住叛军的进攻，或弃城逃跑，或开门投降，唐军节节败退，叛军没遇到多少抵抗就渡过了黄河，虎牢关战役，唐军又败，当年十二月攻占洛阳，唐军退守潼关。天宝十五年(756年)一月，安禄山在洛阳称大燕皇帝。当年六月，叛军长驱直入潼关，唐玄宗见大势已去，六月三日，便匆忙带领杨国忠、杨贵妃兄妹和后妃、太子、亲信大臣放弃长安，向四川逃去。六月八日，到马嵬驿(今陕西兴平西)，军队哗变，杀杨国忠，又迫玄宗缢死杨贵妃，众怒始息，七月二十三日玄宗至成都。宦官李辅国挟太子李亨至灵武即位，是为肃宗，叛军很快攻入长安。

▲杨贵妃墓

公元763年　平定安史之乱

叛军虽然取得很大胜利，但他们内部却因争权夺利而矛盾重重，特别是由于他们到处烧杀抢劫，引起了广大人民的反抗，使其非常孤立。由于叛军内部斗争激化，至德二年(公元757年)正月，安禄山为其子安庆绪所杀。安庆绪自称皇帝，取得了叛军的领导权，但大将史思明不服，在范阳拥兵独立，叛军内部发生分裂。九月，唐肃宗组织各节度使的兵力，又借回纥兵十五万，向长安发起反攻，很快收复长安，十月唐军收复洛阳。乾元二年(公元759年)史思明杀安庆绪，在范阳自称大燕皇帝，随后南下，又攻占汴州(今河南开封市)、洛阳。上元二年(公元761年)，史思明再败唐将李光弼，矛头直指潼关，形势又复恶化。后由于叛军内部矛盾激化，史思明为其子史朝义所杀，史朝义还军洛阳称帝，致使叛军内部更加分裂，安史旧将不听其指挥，叛军力量从此大为削弱。宝应元年(公元762年)，唐肃宗死，代宗即位，再次借回纥兵，又调集各地军队，向叛军发起反攻，再次收复洛阳，史朝义节节败退，其部下多降唐。广德元年(公元763年)，史朝义在唐军的追击下，力穷自杀。长达八年之久的安史之乱至此结束。

▶李光弼像

始建于唐天宝元年的万寿寺

唐朝的衰落

唐朝二百八十多年的历史，以安史之乱为分界线。755年以前为唐朝前期，以后为唐朝后期。唐朝后期，中央政治权力明显削弱，地方节度使的势力越来越大，出现了藩镇割据的局面。藩镇之间、藩镇和中央之间，不断争战，社会经济继续遭到破坏，这种局面一直持续到唐朝灭亡。后期的唐朝，中央统治集团内部矛盾十分剧烈，出现了宦官专权和朋党之争。其间，虽然有过昙花一现的“永贞革新”，但也没能挽救唐朝衰落的命运。

▲安史之乱和藩镇割据形势图

公元762年 李豫即位

唐代宗李豫，原被封为广平王。后进封为楚王，马嵬坡事变后，他随肃宗北上，任为“兵马大元帅”，统帅诸将收复两京，公元758年被立为皇太子。起初，肃宗皇后张良娣与宦官李辅国互相利用，后来却有嫌隙。张皇后想杀李辅国，废掉太子李豫立自己的儿子。公元762年4月，李辅国与程元振将张皇后杀死。肃宗因此被惊死，李辅国于同月拥立李豫为帝，改年号为“宝应”。代宗继位后，李辅国以立帝有功，恃此骄横。代宗虽然心中不满，但慑于他手握兵权，尊称他为尚父(可尊尚的父辈)，事无大小，都要与他商量后才能决定。不久，代宗乘李辅国不备，派人扮作盗贼刺杀了李辅国，然后假装下令追捕盗贼，并派宫中使者慰问其家属。然而，李辅国死后，先后有宦官程元振、鱼朝恩执政，造成了宦官乱政的严重局面。

▲唐代宗李豫像

▶李辅国像

李辅国

宦官专权几乎贯穿了唐朝的中后期，一批批的宦官逼宫弑帝，专权横行，无恶不作。李辅国，本名静忠，后赐名护国，又改为辅国，唐肃宗时当权宦官。他少时为宦官高力士的仆役，四十岁以后开始掌闲厩，后入侍太子李亨。安史之乱期间，唐玄宗逃往蜀地，他随太子至马嵬驿（今陕西兴平西），谏太子杀杨国忠，又谏麾兵北至朔方，以谋复兴。太子至灵武（今宁夏灵武西南）后即位，是为肃宗。静忠因功加封为元帅府行军司马，开始掌握兵权，于是改名辅国。后随肃宗回到长安，封郕国公。辅国设“察事厅子”，以侦察官员活动。玄宗返回京师后，被尊为太上皇。辅国疑太上皇左右有拥护玄宗复位的阴谋。上元元年（760 年），他逼迫太上皇迁居西内太极宫，而玄宗亲信高力士等人则被贬谪或罢官。宝应元年（762 年），玄宗忧郁而死。此时由于肃宗也病危，张皇后欲谋杀太子豫而立越王系。辅国则拥立太子豫（即唐代宗），杀张后、越王系。自此辅国开始骄横。他曾对代宗说：“大家（指皇帝）但内里坐，外事听老奴处置。”代宗不快。同年，程元振掌握了一部分禁军，夺辅国权，代宗罢之官职，进封其为博陆王，以元振代元帅府行军司马。不久，又派人刺死辅国。李辅国死后，宦官程元振专权，其骄横情状较李辅国竟有过之而无不及。唐德宗贞元年间，宦官窦文场、霍仙鸣分别就任左、右神策军中尉，从而把持了中央禁军的统帅权。以典掌禁军为基础，唐代后期宦官权焰日炽，并上演了一幕幕逼宫弑帝的丑剧。

◀高力士雕像

公元 781 年 ~ 公元 785 年　藩镇五年之乱

唐德宗李适是代宗长子，他即位之初，试图裁削藩镇势力，加强中央集权。建中二年（781 年）正月，成德节度使李宝臣死，其子惟岳求袭父职。德宗蓄意削藩，坚决不许。于是，李惟岳连结魏博节度使田悦、淄青节度使李正己、山南东道节度使梁崇义起兵反唐，形成四镇联兵的严重局面。唐廷派神策军将领李晟与一些镇将合兵征讨，大败叛军。不久，李惟岳为部将王武俊所杀，梁崇义兵败自杀，四镇之乱告一段落。

▲唐德宗李适像

平藩斗争虽然取得重大胜利，但未能铲除藩镇割据的基础。建中三年(782 年)春，叛乱又起，卢龙镇朱滔称冀王，成德镇王武俊称赵王，魏博镇田悦称魏王，淄青镇李纳(李正己子)称齐王，四镇公开脱离唐朝。与此同时，淮西节度使李希烈也举兵叛唐，自称天下都元帅，号楚帝，北上攻取中原。唐廷派大将哥舒曜率军征讨，又调遣泾原节度使姚令言率军南下增援。泾原军路过长安，士卒哗变，攻入长安，德宗逃往奉天(今陕西乾县)。叛军拥戴曾经担任卢龙节度使的朱泚为帝，朱泚自称大秦皇帝。随后进兵奉天，围攻德宗。此时唐将李晟与朔方节度使李怀光从河北平叛前线回援京师，遂解奉天之围。

▶唐·白玉镂雕龙纹饰件

兴元元年(784 年)二月，唐德宗与河北叛镇妥协，王武俊、田悦、李纳皆去王号，向唐廷谢罪称臣，形势有所缓解。不久，李怀光叛唐，与朱泚联合，德宗被迫出奔梁州(今陕西汉中)。五月，李晟率领各路唐军经过苦战之后攻克长安，迎德宗回京，六月，朱泚为部将所杀，泾卒之变终被平定。贞元元年(785 年)，朱滔病卒，李怀光兵败自缢，李希烈亦为部将所杀，持续 5 年之久的战乱宣告结束。

公元 805 年 永贞革新

唐王朝在经历了唐太宗贞观时期、武则天时期后，到唐玄宗开元天宝年间，其政治军事上的强大、经济上的繁荣，也就达到了顶峰。在一片欣欣向荣的背后，也隐藏着巨大的危机。安史之乱使唐王朝几乎灭亡，从此走上下坡路。永贞元年(805 年)正月，唐德宗死，太子李诵即位，是为唐顺宗。他关心朝政，从旁观者的角度对唐朝政治的黑暗

◀唐顺宗李诵像

有深切的认识。唐顺宗即位后重用王叔文、王伾等人，针对藩镇割据势力强大和宦官专权的弊政进行改革：罢宫市、五坊使；取消进奉；打击贪官；打击宦官势力，裁减宫中闲杂人员；抑制藩镇。这些改革都具有进步性，但引起以俱文珍为首的宦官集团及与之相勾结的节度使的强烈反对。最后，俱文珍等人发动政变，幽禁顺宗，拥立太子李纯。王叔文被贬后赐死，王伾外贬后不久病死，柳宗元、刘禹锡、韩泰等 8 人均被贬为外州司马，因此，这次革新运动也叫“二王八司马”的革新运动。改革历时 146 日，以失败而告终。“永贞革新”失败后，宦官集团更为专横，政治更加黑暗。宦官拥立皇帝，朝官分成朋党，本来就有相沿成习的趋势，在唐宪宗以后，都开始表面化了。

◀柳宗元塑像

公元 806 年～公元 820 年 元和中兴

唐宪宗是唐顺宗长子，是唐朝第 11 位皇帝。唐宪宗统治的 15 年，是唐廷对藩镇积极进攻的时期。宪宗是唐中后期最有作为的皇帝，他鉴于“朝廷威福日削，方镇权重”之势，坚决主张削藩，消除积患。为此，先后重用力主削藩的大臣杜黄裳、武元衡、李吉甫、裴度等人执政统军，对叛唐藩镇连年用兵，并取得一系列胜利，其中战果最大的是平定淮西镇吴元济之役。淮西平定后，山东、河北诸镇纷纷归顺朝廷。至此藩镇割据告一段落，唐朝又恢复了暂时的统一。这些成果被称为“元和中兴”。但是，唐穆宗初(821 年)至唐懿宗末(874 年)，长期战争与社会矛盾使中央

▲唐宪宗李纯像

◀唐懿宗李漼像

实力大为削弱,河北重又出现割据局面。唐僖宗以后,藩镇相互混战、兼并,黄巢大起义瓦解了唐的统治,割据势力空前发展,兵战不休,一直延续到五代十国,北宋统一才结束割据局面。

公元 817 年　平定淮西之叛

淮西镇原名彰义慎,扼鄂、豫、皖咽喉,威胁运河漕运,成为唐廷心腹之患。元和九年(814 年),淮西节度使吴少阳死,子元济秘不发丧,以其父名义上表唐廷求为留后,宪宗不准。吴元济遂据镇叛乱,攻战略地,前锋直逼洛阳。宪宗派兵征讨,战争持续 4 年,未能取得重大进展。十二年,宰相裴度自请赴前线督师,宪宗委以淮西宣慰处置使之职,领淮西节度使,并从裴度之请罢除宦官监军,统一指挥,因而战局得到扭转。在平定淮西战役中,以随邓唐节度使李愬战绩最为卓著。愬善骑射,有谋略,善于以政治手段瓦解敌人。十二年(817 年)十月,在一个风雪弥漫的深夜,他以淮西降将李祐为向导,率精兵 9000 人奇袭蔡州,活捉吴元济,传送京师。未几,吴元济在长安被斩决,淮西之乱遂平。

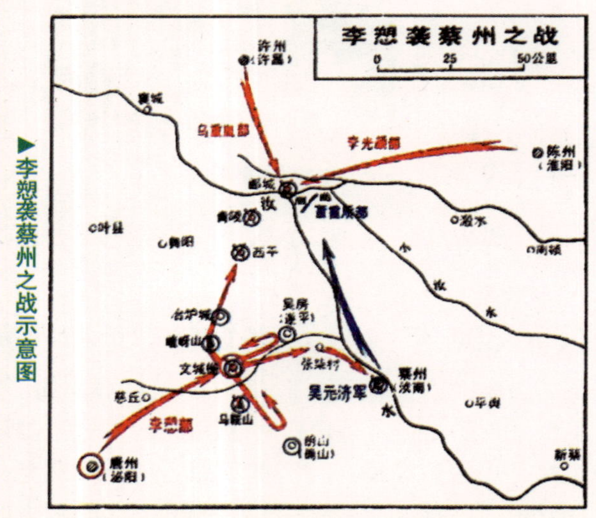

▶李愬袭蔡州之战示意图

公元 821 年 ~ 公元 848 年　牛李党争

安史之乱后,随着社会矛盾的尖锐、宦官的专权跋扈,统治集团内部争权夺利的斗争也激烈起来。唐朝廷官员主要通过门荫和科举进入仕途。前者在政治上倾向于没落的门阀士族,后者在政治上倾向于庶族地主。两种出身的官员,自成一派,排斥异己,明争暗斗。唐朝后期,这两派官员都勾结宦官,结成朋党,展开争权夺利的斗争,即"朋党之争",亦称"牛李党争"。"牛党"是指以牛僧孺、李宗闵为首的

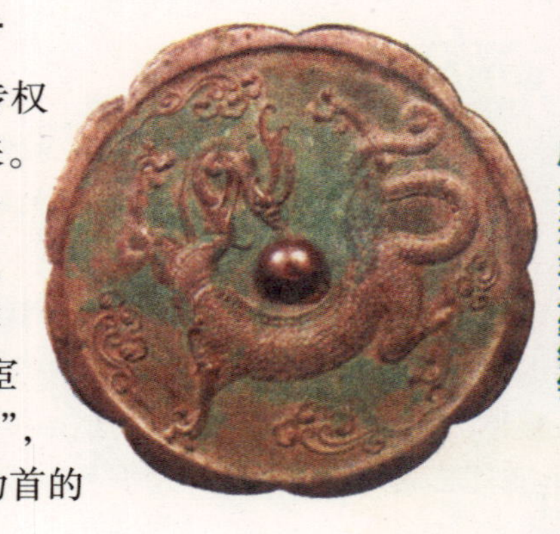
▶唐·葵形盘龙纹铜镜

科举出身的官僚集团;“李党”是指以李德裕为首的出身世家大族的官僚集团。宪宗元和三年(808年),应试贤良方正科的牛僧孺、李宗闵等斥责时政,得罪了宰相李林甫,结果两人未被任用,双方由此结怨。穆宗长庆元年(821年),牛僧孺任宰相,把李德裕排挤出朝廷,两方斗争表面化。此后,两党争斗不断。大中元年(847年),宣宗即位,牛党成员白敏中任宰相,牛党又纷纷被重新启用,李党全遭罢斥。李德裕被赶到遥远的崖州,不久忧郁而死。至此,历宪宗、穆宗、敬宗、文宗、武宗和宣宗六朝的牛李党争方告平息。牛李党争的焦点是:通过什么途径来选拔官僚和如何对待藩镇。牛李党争是统治阶级内部的宗派斗争,目的在于争权夺势,加深了唐朝后期的统治危机。

◀唐穆宗李恒像

公元835年 甘露之变

“永贞革新”后,宦官集团更为专横。唐宪宗被宦官陈弘志等所杀,敬宗被宦官刘克明所杀,穆宗、文宗皆立于宦官之手。文宗即位后,欲惩治宦官,维护皇权。太和四年(830年),文宗任命宋申锡为宰相,并谋划诛除宦官,但事泄失败,宋申锡被贬。太和九年(835年),文宗起用李训等人,开始逐步打击宦官,先后将与杀害宪宗有关的宦官王守澄等处死。十一月,李训等又以左金吾卫石榴树上夜降甘露为名,诱宦官仇士良等前去观看,欲一举诛杀之。不料李训等人埋伏的士兵暴露,被仇士良等人发现,并胁文宗回宫,诛杀之计失败。仇士良乃率兵捕杀李训、舒元舆、王涯等人。在事发时,凤翔节度使郑注正率亲兵500人赴长安支援文宗,中途得知事败重返凤翔,也被监军杀死。史称“甘露之变”。因此事受株连者达千余人之众。甘露之变以后,由于官吏大批遭杀,朝臣空员极多,无人理事。宦官更加专横,文宗不久即含恨而死。

▲毒杀王守澄

唐·周昉·内人双陆图(局部)

后期的经济改革和变化

唐自安史之乱发生后,战争连绵不断,政府养兵、用兵之费空前激增。国家的财政支出十分拮据,有时甚至百官俸禄也不能正常发放。为了整顿财政税收,唐王朝从代宗到德宗时期先后起用大臣刘晏和杨炎进行理财和改革税制的工作。经过他们的努力,使唐王朝财政收入逐渐趋于稳定。安史之乱使北方的社会经济遭到严重破坏,此后这一地区又成为藩镇割据纷争的战场。因此,北方社会经济的恢复比较缓慢。江南地区虽然也受安史之乱的影响,但社会秩序比较安定,北方人口又不断南流,社会经济得到相应地发展,全国经济重心开始由北方移向南方。

田庄经济的发展

玄宗开元、天宝年间,随着土地兼并的加剧,大土地私有制空前发展,贵族官僚地主的田庄遍及全国。如诗人王维在蓝田的辋口庄,连疆接畛,既是农业生产的庄园,又是游憩的别墅。至唐中后期,随着均田制的瓦解,占田数额和土地买卖的限制取消了,官僚地主更是肆无忌惮地占有土地,如代宗时宰相元载在长安城南拥有大片土地,腴美别墅竟数十所之多。唐代田庄大致分皇庄、官庄、私庄和寺院田庄数种。皇庄是皇帝私人的田庄,由宦官任内庄宅使、内园使或内宫苑使进行管理。官庄是政府掌管的田庄,包括屯田、营田、职分田和公府田,由司农寺和工部屯田郎负责经营。私庄指贵族、官僚、普通地主和商人地主私有的田庄,散布地区广,数量多,或由庄主自己管理,或由仆役经营。寺院田庄是佛教、道教、摩尼教、伊斯兰教等的寺庙田业,在田庄经济中占有重要地位。

▲唐·墓室壁画·宴饮图

公元 762年　刘晏整顿财政

唐中期，由于藩镇割据，政府直接控制的区域不断缩小，户口锐减，导致税源枯竭，财政匮乏，物资短缺，物价腾贵。同时，自安史之乱起，北方战祸连绵，赋税日减，唐政府的财政收入只好仰赖江淮。残酷的搜刮，迫使东南各地农民纷起反抗。面对严重的经济危机和咄咄逼人的阶级斗争形势，唐政府不得不进行财赋制度的整理。刘晏的财政整顿就是在这样的历史背景下展开的。刘晏是中唐杰出的理财家，历经玄宗、肃宗、代宗、德宗四朝，长期担任度支、盐铁、转运诸使，曾一度入相。公元 762 年，刘晏任京兆尹、户部侍郎领度支转运使，分管财政，当时唐朝经济十分萧条，刘晏采取一系列有效措施，发展生产，开源节流，使唐代财政逐步好转。在他执掌财权的 20 年间，对国家的财政积弊作了一系列的整顿，如改革盐法，实行食盐统购，严禁私盐贩卖；疏浚河道，组建船队，提高漕运能力；实行常平法，储米备荒，平抑粮价等等。刘晏的财政改革，使紊乱不堪的经济秩序得到良好的整理，增加了国家的财政收入，从经济上巩固了唐王朝的统治。

▲唐代宗元陵

公元 780 年　推行两税法

唐中期以后，均田制度破坏严重，农民逃亡，租庸调制很难维持。与此同时，按垦田面积征收的地税和按贫富等级征收的户税逐渐重要起来，安史之乱以后，国家失去有效地控制户口及田亩籍帐的能力，土地兼并更是剧烈，加以军费急需，各地军政长官都可以任意用各种名目摊派，杂税林立，赋税制度非常混乱，阶级矛盾十分尖锐，江南地区出现袁晁、方清、陈庄等人的武装起义，苦于赋敛的人民纷纷参加。这就使得赋税制度的改革势在必行。建中元年（780 年），唐德宗接受宰相杨炎建议，推行两税法。它的主要内容是：①取消租庸调及各项杂税的征收，保留户

▲始建于唐中期的仙岩寺

税和地税。②量出制入，政府先预算开支以确定赋税总额。③户税是按户等高低征钱，户等高的出钱多，户等低的出钱少。划分户等，是依据财产的多寡。④地税按亩征收谷物。纳税的土地，以大历十四年（779年）的垦田数为准。⑤无论户税和地税，都分夏秋两季征收，夏税限六月纳毕，秋税限十一月纳毕。因为夏秋两征，所以新税制称为两税法。⑥对不定居的商贾征税三十分之一（后改为十分之一），使与定居的人负担均等。两税法变租庸调以人丁为征收赋税标准的原则为以财产、主要是土地为征收标准的原则，是土地占有状况发生改变后的反映，是中国古代税制上的一次重大变革。两税法实行初期，统一了紊乱的税制，扩大了赋税的承担面，在一定程度上减轻了人民的负担。但不久，腐朽的统治者又想尽办法搜刮，增添了许多苛捐杂税，再加上其它原因，人民的负担成倍增加，生活比以前更加困苦。

◀唐·花釉罐

均田制的瓦解

唐代均田制中对土地买卖限制的进一步放宽以及官僚普遍受田的规定，从法律条文上为地主兼并土地及合法霸占土地开创了条件，社会经济的发展则刺激着地主阶级扩大私有土地以增加剥削量的欲望。地主兼并土地的现象，唐初已显端倪，高宗和武则天统治时期开始日益严重，到了玄宗开元、天宝年间更加达到十分严重的程度。至此，均田制实际上已完全失去对土地买卖和违法占田的法律约束。安史之乱后的代宗大历年间，虽然又重新颁发了均田令，但已是徒具形式。德宗时期两税法的颁行，标志着实施近300年的均田制的彻底废止。

◀唐·壁画·提罐侍女

江南经济的发展

安史之乱以后，北方黄河流域及其以北成为藩镇割据称雄的角逐场所，社会经济的恢复和发展比较缓慢。但江南地区相对安定，又有不少北方人因躲避战乱迁移到江

◀唐·敦煌壁画·乐舞图

南,增添江南的劳动力。因此,唐后期,江南地区的社会经济保持了迅速发展的趋势,其总体水平逐渐超过了北方。农业方面:①兴修水利掀起高潮,水利工程的增修使南方的开发速度大为加快。唐代修筑的水利工程,在前期北方多于南方,在后期则南方多于北方。②农业生产工具有所改进。③唐后期,江南的粮食生产已居全国首位,漕运粮食到京师已成为维系唐政权的命脉。④商业性农业,如茶业空前发展。

手工业发展迅猛:①纺织业,南方已超过北方。吴越地区成为江南地区的纺织中心。著名的越州贡品多。②造纸业在唐代达到新水平,重要的产地多在南方。如宣、歙、杭、婺、衢、越、均(湖北均县)、益(麻纸)、韶(竹纸)等州,都是著名的纸产地。③造船业,唐后期发展显著。刘晏任诸道盐铁转运使时,在扬子县设立了十个造船场,派专知官督造千石大船,不用铁钉。

商业活跃:①城市商业繁荣:扬州“雄富冠天下”,是漕米、海盐、茶叶等货物集散地,有“十里长街市井连”,“夜市千灯照碧云”之赞。益州成为西南地区政治经济中心,其锦绣、井盐、纸张、瓷器、茶叶等物。史称“扬一益二”,其地位超过了长安、洛阳。杭州、广州、泉州、明州皆空前繁荣。②大城市出现了夜市,商业活动逐渐冲破了先前的坊、市分离制,不少商人已开始在民坊内开设店铺。农村草市虚市更多。③出现了柜房和飞钱。柜房——代客商保管财物,并凭帖或信物替存钱者支付款项,以此收取柜租。飞钱——亦称“便换”。是我国产生的最早的汇兑制度,产生于唐宪宗时,其办法是:商人在京城把钱交给地方某道设在京城的进奏院,或交给某军府、某使节、某富家,凭文券到指定地方取现钱。这解决了长途搬运大量铜钱的困难。以上反映出商业水平已发展到了一个新阶级。

▶唐·榆林窟壁画·诀别

茶叶生产

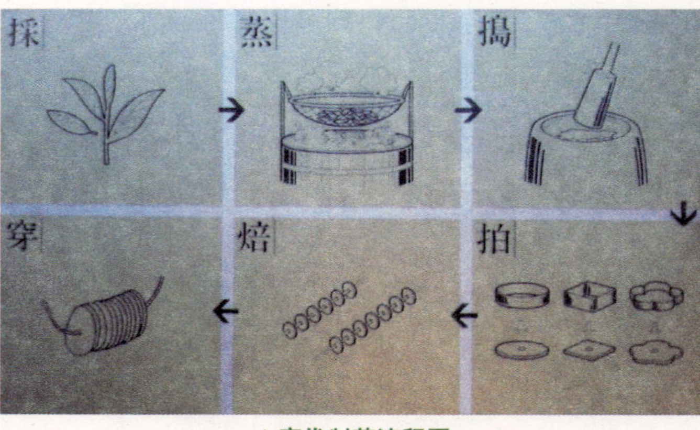

▲唐代制茶流程图

唐代茶叶生产在手工业中占有显著地位。西起四川，东至湖南、江西、浙江、安徽、福建、苏南等五十多州，都是产茶区，其中皖南与浙东是主要产区。当地群众多依靠栽培和焙制茶叶来维持生活。饮茶风气已由南方传到北方，甚至回纥人也经常到内地来购茶叶。由于社会需要量的增多，便进一步推动了茶叶生产的发展，一些地区甚至出现有大型茶园和制茶作坊。由于茶叶的生产和销路大增，征收茶税就成为唐后期财政收入的一项重要来源。

▲唐·茶叶末大执壶

◀唐·青釉弦纹执壶

《茶经》

▲《茶经》书影

在茶叶生产不断发展的前提下，唐代出现了我国第一部叙述茶叶的专著——《茶经》。作者陆羽生于中唐，曾隐居浙江吴兴茶产区，所著《茶经》约成于大历年间(766~779 年)，书中分别叙述有关茶的起源、采制工具、茶的品种与作法、烹饮茶具、煮茶方法、饮茶风俗、茶的产地与等级，以及有关茶的典故、传说和药方等。《茶经》是我国，也是世界上第一部茶叶学专著，对茶叶知识的传播与茶叶生产的发展起过积极的作用，在世界茶叶史上占有重要地位。

唐·韩滉·《五牛图》(局部)

农民起义与唐朝的灭亡

唐后期，战祸连年，统治黑暗、残暴，政治极为腐败，土地兼并异常激烈。地主官僚的田庄遍布全国，大量农民破产失去土地。所谓："富者有连阡之田，贫者无立锥之地。"两税法实行不久，由于钱重物轻和税额不断增加，农民所受的剥削日益加重。这种统治阶级内部的矛盾和阶级矛盾交织在一起，使广大农民日益贫困。面对各种社会危机的不断加深，统治集团腐败无能，束手无策，终于激起了大规模的农民起义。懿宗大中十三年(859 年)，裘甫在浙东领导起义；僖宗咸通九年(868 年)，庞勋领导徐泗地区的戍兵在桂林起义。这两次起义虽然被唐朝镇压下去，但却鼓舞了人民群众的斗志，为黄巢领导的唐末农民起义拉开了序幕。僖宗乾符二年(875 年)，王仙芝、黄巢又在山东揭竿而起。广明元年(880 年)，黄巢攻入长安，建立了大齐政权，给腐朽的唐王朝致命的一击，但是最后的果实却被农民军的叛徒朱温(全忠)所攫取。907 年，朱全忠废唐称帝，建立了后梁王朝。

公元 859 年　裘甫起义

大中十三年(公元 859 年)，裘甫首先在浙东发动了武装起义。浙东地区是唐政府统治力量比较薄弱的地区，"人不习战，甲兵朽钝，见卒不满三百"，所以裘甫领导的农民军很快攻下了象山县，附近农民也纷纷来归。义军又乘胜攻下剡县(今浙江嵊

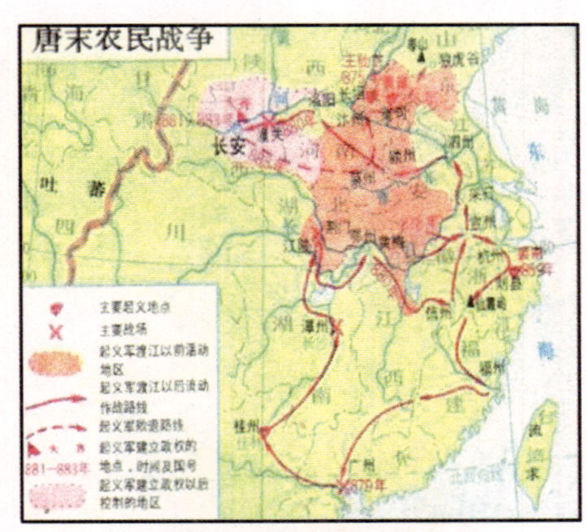

▲唐末农民战争形势图

县），并在剡县建立政权，裘甫被推为天下都知兵使，改年号“罗平”，铸印“天平”，表达了农民要求平均的愿望。农民军队伍的迅猛发展，使唐王朝极为恐惧，急忙派王式为浙东观察使率军镇压，并把留居浙东的吐蕃、回纥人征为骑兵，连同浙东的地主武装一起向农民军扑来。由于寡不敌众，起义军多次失利，最后退守剡县城，与唐军展开激烈战斗，就连城中妇女也编成女军，以石块投击敌人。但终因力量相差悬殊，剡县失守，裘甫被俘，起义失败，前后历时八个月之久。

▼回纥人牵引图

公元 868 年　庞勋起义

唐朝末期，唐政府处于内外交困之中，不仅国内动荡不安，与南诏的战争也一直不断，为了防御南诏，唐政府在徐泗地区招募二千士兵戍守岭南，其中八百人戍守桂林，并约定三年轮换。戍卒的生活十分艰苦，三年过去了，并未轮换。至公元 868 年，徐泗士兵戍守桂林已达六年之久，他们多次要求轮换，但徐泗观察使崔彦曾仍不允许，士兵们忍无可忍，便杀都将王仲甫，共推粮料判官庞勋为首领，自动结队北归。庞勋的队伍自桂林，经湖南，沿江东下，到达淮南时队伍已达到千人。不久，他们到达徐州城南，遭到崔彦曾的阻击。庞勋乃南下攻克宿州（安徽宿县），并散发城中钱财给穷苦百姓，大得民心，“亡命者从乱如归”，许多农民参加了庞勋的队伍，这次兵变很快转化为农民起义。在人民群众的支持下，庞勋率军一举攻下徐州，杀徐泗观察使崔彦曾等，声威大震。但是，庞勋攻下徐州后，“目谓无敌于天下”，与庞勋同时起事的人有些也十分骄横，甚至“夺人资财，掠人妇女，勋不能制”，致使“境内之民皆厌苦之”。所以，当唐军前来镇压，很快失去了人民群众的支持时，便连连失利。咸通十年（公元 869 年）九月，庞勋战死，起义军一万多人牺牲，这次起义前后历时共一年零二个月之久。

▲庞勋起义形势图

公元 875 年 黄巢起义

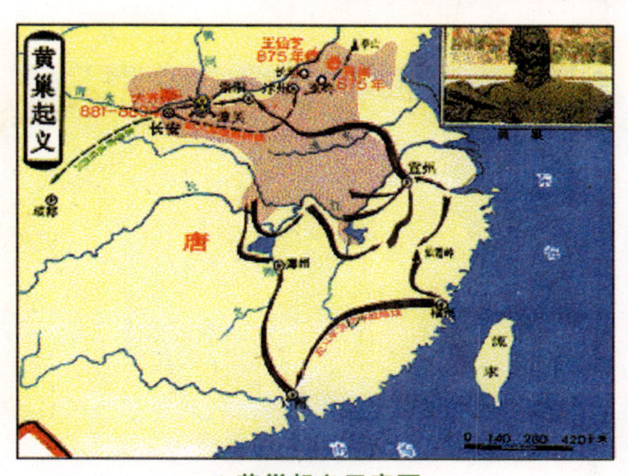

▲黄巢起义示意图

咸通十四年(873 年),山东、河南一带发生水灾,次年又遇旱灾,颗粒无收,而官府仍催逼租税,百姓无法生活下去,便起来反抗朝廷。乾符元年(874年),濮州(今河南范县南)人王仙芝率众在长垣(今河南长垣东北)起义,次年夏,黄巢在曹州冤句(今山东曹县北)响应。黄巢以贩盐为生,读过书,能骑善射,他曾组织武装盐帮,同唐政府进行过多次武装斗争。两军汇合后,很快发展到几万人。他们转战山东、河南、湖北诸地,给唐军以沉重打击。唐朝统治者受到农民起义军的沉重打击之后,用高官厚禄来收买起义领袖,瓦解农民革命队伍。乾符五年(878 年)二月,王仙芝部在湖北黄梅被唐军包围,五万多起义军战死,王仙芝也被唐军杀死,只有尚让率领一部分起义军突围,到亳州投奔黄巢,起义军受到重大挫折。中和元年(881年)十二月,黄巢率领农民军占领长安城。随后,在长安建立了新政权,国号“大齐”,年号金统。此时,逃往四川的僖宗,集结唐残余势力,向农民军反扑。由于大将朱温叛变降唐,严重削弱了起义军的力量。唐朝统治者又勾结沙陀族和党项族的贵族武装力量向农民军进攻。由于寡不敌众,起义军不得不撤出长安,经河南进入山东。中和四年(884 年)六月,黄巢在莱芜以北狼虎谷与唐将时溥决战,农民军多数阵亡,黄巢自杀,轰轰烈烈的唐末农民战争结束了。黄巢起义沉重地打击了魏晋南北朝以来的世族门阀势力和唐末藩镇势力,唐朝政权处于风雨飘摇之中。

▲黄巢像

大齐政策

大齐农民政权建立后,采取了三项重大措施:第一,镇压大官僚和唐宗室。农民军出于阶级的仇恨,杀掉了不少唐朝大官僚,史称黄巢“尤憎官吏,得者皆杀之”,“一时朝士或殍或戮者不可胜计”;在经济上,则没收官僚豪富们的财产,称

▲黄巢起义遗迹

为"淘物"。大诗人韦庄在《秦妇吟》中描写当时的情况是"内库烧为锦绣灰，天街踏尽公卿骨"，反映了农民军对地主阶级的仇恨。第二，救济贫民。起义军始进长安，就宣布"黄王起兵，本为百姓，非如李氏不爱汝曹，汝曹但安居无恐"，长安市肆晏然。起义军进入长安后，即开仓济贫，"凡贫者，往往施与之"，鲜明地反映了大齐政权的阶级性。第三，加强政权建设。大齐政权建立后，三品以上官员全部罢免，四品以下的留用，以尚让为太尉兼中书令，赵璋兼侍中，孟楷、盖洪为尚书左右仆射兼军容使，崔璆、杨希古为同平章事，费传古为枢密使，郑汉璋为御史中，皮日休等为翰林学士，黄巢起义军发展至极盛时期。

公元 907 年　朱温灭唐建梁

朱温(852~912 年)，宋州砀山(今属安徽)人。朱温参加黄巢领导的农民起义军，官至同州(今陕西大荔)防御使。唐中和二年(882 年)，朱温降唐，被任为河中行营招讨副使，赐名全忠。次年，为宣武节度使。中和四年(884 年)，朱全忠与沙陀族李克用(856~908 年)联合镇压黄巢起义军。此后，他以河南为中心，扩张势力，和李克用父子等人长年混战，致使黄河中下游地区的社会经济遭受严重破坏。混战中，他先后吞并了秦宗权、朱埴、朱瑾等藩镇，成为唐末最大的割据势力。平定农民起义后，朝廷内部的宦祸仍未结束。昭宗即位后，与宰相崔胤等共谋除去宦官，便结纳朱温作为外援。朱温带兵入长安，尽杀宫中宦官凡八百余人，唐朝的宦祸至此始宣告结束。朱温因诛杀宦官有功，被封梁王，专擅朝政。不久，朱温杀崔胤及昭宗，另立十三岁的哀帝。天祐四年(907 年)，朱温逼哀帝禅位，自登帝位，建国号梁，史称后梁，改元开平，定都于汴州(开封)。唐朝至此宣告灭亡，中国进入五代十国时期。

◀朱温像

松赞干布陵墓

唐代的边疆关系

唐代是我国历史上各民族间友好关系进一步加强的时期，也是统一的多民族的封建国家发展的重要阶段。当时在我国境内除汉族人数众多，有高度发展的封建经济和文化外，重要的少数民族有突厥、回纥、吐蕃、西域各族、南诏、靺鞨等族。这些民族有的还处于原始社会末期，有的已开始进入阶级社会，有的已处于封建社会较高的发展阶段。一些民族在其所住区域内建立了地方政权，但要经唐政府的“册封”(委任)，唐政府在各地没置了许多都护府和都督府，代表中央行施管辖权。各族统治者有时和唐统治者发生武装冲突，但和平往来是主要的；各族人民之间更是不断进行经济和文化的接触，促进各族的融合。在各族人民友好关系进一步加深的基础上，共同开发了祖国的资源，为缔造我们伟大的祖国做出了重要的贡献。

公元 626 年　渭水之盟

突厥是匈奴的别支，原来游牧于中亚的叶尼塞河上游，后来迁徙到高昌的北山（今新疆博格多山)。隋初，突厥分裂为东、西两部，隋末，东突厥在始毕可汗的统治下，势力强大，当时北方的割据势力纷纷向突厥请兵。唐初，突厥依恃强大，经常南下侵扰关中，李渊曾打算迁都避难。武德九年(626 年)八月，东突厥颉利可汗乘太宗继位不久之机，率 10 余万军长驱直入，抵达长安郊外的渭水北岸。唐太宗亲至渭水岸边，与颉利隔水相望。颉利在太宗“啖以金帛”的情况下，又见唐军军容威严，遂与太宗结盟，领兵而退。贞观三年(629 年)，突厥内部颉利可

▲李靖故居

汗与突利可汗不和，时其统治下的各族人民相率起义。唐太宗遂命李靖等率军十余万进攻东突厥。次年，大败突厥军，俘颉利可汗，东突厥灭亡。

公元 635 年　吐谷浑降唐

▲李靖像

隋时，隋炀帝于大业年间遣军出征吐谷浑，大破之，尽有其地。隋末，天下大乱，吐谷浑王伏允乘机进行复国活动。唐朝建立后，为了击灭割据河西之地的李轨，遣使至吐谷浑说服伏允出兵击李轨，并放还在长安的伏允子慕容顺。武德二年(619 年)，李轨灭，吐谷浑不断遣使至唐，要求互市，但又不时侵扰唐西部边境。为了保护西域通道，制止吐谷浑骚边，贞观九年(635 年)，唐太宗派大将李靖、侯君集、李道宗率军出击吐谷浑，伏允逃奔图伦碛(今塔克拉玛干沙漠)，慕容顺降唐。伏允被其部众杀死，慕容顺自立为可汗，唐封其为西平郡王。慕容顺为可汗后，吐谷浑内部动乱不已，顺为其部下所杀。唐立其子诺曷钵为王，并遣军入吐谷浑，平息动乱。诺曷钵请颁唐历，奉唐年号，遣子弟入侍。唐以诺曷钵为河源郡王、吐谷浑可汗，并以宗室女弘化公主嫁他，唐与吐谷浑的关系更加密切。

公元 640 年　设置安西都护府

唐王朝灭东突厥以后，通往西域的障碍就是西突厥。唐初，西突厥控制了西域地区，堵塞了通往西北的“丝绸之路”，并且构成了对唐西北边境的威胁。贞观四年(630年)，唐在灭东突厥后，乘西突厥内乱之机，出兵占据伊吾(今新疆哈密)，其周围的七个城市小国归附唐朝，唐政府改伊吾为伊州，作为进军西域的据点。贞观十四年(640 年)，唐派侯君集等率军攻取了高昌。唐军平定高昌之后，对究竟如何处置高昌，在唐太宗李世民主持的一次御前会议上，曾有过一场很大的争论，李世民力排众议，坚持在高昌王国的境域内“置西州，又置安西都护府，留兵以镇之”。642 年至 648 年，唐军接连讨焉耆，征龟兹，

◀唐安西都护府和北庭都护府地图

控制了天山南路，迁安西都护府于龟兹。唐高宗显庆二年（657 年），派苏定率军灭西突厥，控制了整个西域地区，以长安为起点的丝绸之路进入了全盛时期。

公元641 年 唐蕃和亲

吐蕃，是今天藏族人的祖先，以游牧为主，生活在我国青藏高原一带。隋唐以前，吐蕃族内派系林立，部落间兼并战争不断，和中原各族往来很少。隋唐之际，吐蕃杰出的领袖松赞干布统一了西藏高原，以逻些（今西藏拉萨）为都建立了吐蕃奴隶制王朝。他统治时期，汉藏两族的友好关系有了很大发展。松赞干布多次遣使向唐求婚，贞观十五年（641 年），唐太宗李世民将宗室女文成公主嫁给松赞干布。文成公主入藏时，带去了大批生产工具、菜种、手工业品以及经、史、诗文、历算、医药和工艺等书籍，还带去了各种工匠，成为传播中原先进的农业、手工业、文化科学技术的使者。文成公主入藏，对加强汉族和藏族的往来，发展藏族的经济文化，作出了巨大的贡献。唐中宗景龙四年（710 年），又将金城公主嫁给吐蕃赞普尺带珠丹，进一步加强了汉藏两族的友好关系，相互间的经济、文化交流更加频繁。

◀松赞干布塑像

公元 646 年 降服薛延陀

▶唐朝海船（模型）

薛延陀崛起于漠北，使唐北部边疆受到威胁。唐太宗为防范未然，乃优礼原突厥贵族阿史那思摩，赐姓李，名思摩，并册封他为乙弥泥孰俟苾可汗，统率归附唐朝的漠南突厥各部，以此作为唐北面屏障。真珠毗伽对此不悦。贞观十五年（641 年），真珠毗伽进攻漠南突厥李思摩部，李思摩向唐求救，真珠毗伽谢罪请和。此后，真珠毗伽与李思摩互有争战，而薛延陀却与唐保持良好关系。真珠毗伽死后，其少子拔灼杀兄夺位，自立为颉利俱利薛沙多弥可汗。

他杀戳任情，部属不服。贞观十九年(645年)，他乘唐太宗出征高丽之机举兵南寇唐朝夏州，被唐将击败。次年，为回纥所杀，部落亡散。其后，西遁的薛延陀余部立真珠毗伽兄子咄摩支为伊特勿失可汗。伊特勿失率部落7万余口请西归故地，后又遣派使者至唐，请居于都斤山，唐太宗先是派人安抚，后恐为漠北之患，又派大军追击至天山，伊特勿失请降，薛延陀汗国灭亡。贞观二十一年(647年)，唐太宗在漠北铁勒部故地设置七州和六个都督府，刺史、都督皆以铁勒诸部酋长充任。同年，又设燕然都护府，总管七州六都督府，唐政府委任汉官为都护。

▲唐太宗昭陵六骏之飒露紫

公元648年　设置安西四镇

隋唐之际，西域各族统治者分别建立了高昌(新疆吐鲁番一带)、焉耆(新疆焉耆)、龟兹(新疆库车)、于阗(新疆和田)、疏勒(新疆疏勒)等五个主要地方政权。唐初，各族统治者虽然先后“遣使入献”，和唐保持联系，但受西突厥控制，态度摇摆不定。西突厥贵族极力阻挠西域各族与内地的联系，同时在军事上构成对唐的严重威胁。为了确保中西商路畅通，解除西突厥的威胁，唐太宗于贞观十三年(公元639年)向西用兵，先后打败了高昌、焉耆和龟兹，于阗、疏勒也归附唐朝，西突厥势力遭到挫败。唐政府在新疆地区设安西部护府，下设焉耆等四都督府、州等地方行政机构。为了巩固西北边防，贞观二十二年(公元648年)，唐政府又设置龟兹、于阗、琉勒、碎叶(今吉尔吉斯斯坦北部托克马克附近)四镇，并把安西都护府从高昌西迁至龟兹。四镇是军事机构，由中央直接派镇将领重兵驻守，隶属于安西都护府，以加强边疆的军事保卫。

◀唐安西都护府西州、高昌、天山、蒲昌、柳中等地官印印模

公元 682 年　后突厥汗国建立

唐朝武后临朝时期，国内政局动荡，吐蕃连年侵扰，东突厥贵族乘机进行复国活动。永淳元年(682 年)，东突厥贵族阿史那骨咄禄纠集东突厥残部进据总材山，占黑沙城(今内蒙古呼和浩特北)，称颉跌利施可汗，重建东突厥政权，史称后突厥汗国。后突厥汗国建立后，颉跌利施不断南下抢掠，同时东击契丹、鞑靼，北征铁勒，据有东突厥故地，建牙帐于乌德鞬山(今杭爱山之北山)，以黑沙城为"南牙"。天授二年(691 年)，颉跌利施卒，弟默啜可汗继位，默啜常常率众族掠唐边境，并对周围各族进行扩张，还远征中亚各地，扩地万里，拥兵 40 万，是后突厥最强盛的时期。开元四年(716 年)，默啜可汗被杀，颉跌利施子阙特勤发动政变，杀默啜诸子，立其兄足默棘连为毗伽可汗。毗伽除征伐突厥旧时局部外，采纳大臣建议，对唐请和，唐廷允其在朔方西受降城互市。于是，大漠南北出现了"蕃汉百姓，皆得一处，养畜资生，种田末作"的升平景象。开元十九年(731 年)，阙特勤卒，唐派人前往吊祭，并为立碑，修建祠庙，刻石为像。开元二十二年(734 年)，毗伽可汗被大臣毒死，后突厥开始大乱。天宝四年(745 年)，后突厥白眉可汗为回纥军所杀，国亡。

▲毗伽可汗碑

公元 705 年　大祚荣归附

粟末部地处南端，主要活动在松花江流域。在靺鞨诸部中，其文化水平较高。圣历元年(698 年)，首领大祚荣统一周围各部，自号震国王，以旧国(吉林敦化敖东城)为都城。705 年唐派使前去招抚，大祚荣立即归附。713 年唐在其处设置渤海都督府，任命大祚荣为都督，加封左骁卫大将军、渤海郡王。此后粟末即以渤海为号，臣服于唐。渤海辖境北接黑水靺鞨，南至朝鲜半岛北部，东抵日本海。渤海和唐朝一直保持着密切联系，它的行政组织、兵制都模仿唐朝，甚至官吏服色也和唐朝一样。渤海王世代向唐请封号，并频繁地遣使朝贡。唐在青州(今山东益都)设置渤海馆，专门接待渤海使臣和管理贸易事宜。渤海王"数诣诸生，

▲渤海国遗址

诣京师大学，习识古今制度”，并不时遣使求写各种典籍，《汉书》、《三国志》、《晋书》等在唐玄宗时都传到了渤海。渤海学生参加唐朝科举考试的人也很多。由于渤海社会经济和政治文化都很发达，所以被称为“海东盛国”。天成元年（926 年）被契丹所灭。

公元 726 年　设置黑水都督府

▲唐·都督夫人礼佛图

靺鞨是满族的祖先，唐时部落散居，从事农业、畜牧和狩猎，其中最为著名的是黑水部和粟末部。黑水部居地最北，主要活动在黑龙江下游一带。唐初即已遣使入朝，唐在其地置燕州，封其首领突地稽为右卫将军、蓍国公。从 631 年起黑水靺鞨开始向唐纳贡，同唐关系日益密切。722 年，黑水靺鞨首领倪属利稽入朝，唐玄宗封他为勃利州（今俄罗斯哈巴罗夫斯克）刺史。725 年，唐在黑水靺鞨地区置黑水军，次年又在该地设黑水都督府，下辖数州，任命各部首领为都督、刺史。728 年，唐玄宗赐黑水都督姓李名献诚，并授于云麾将军兼黑水经略使。这样，唐就在黑龙江流域建立起较为完整的行政机构，进一步加强了这一地区同内地的联系。

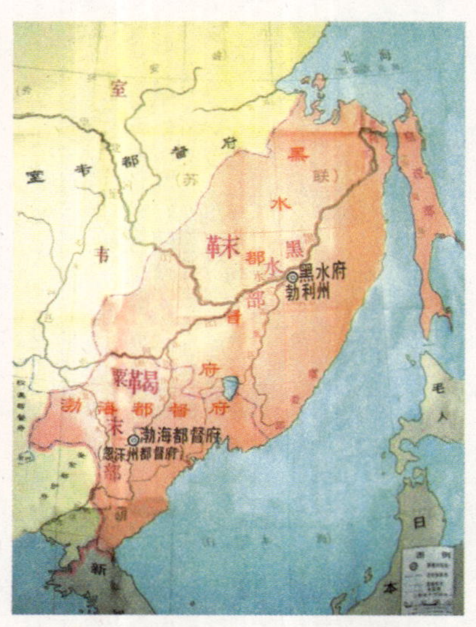

▲黑水都护府和渤海都督府形势图

▶南诏图传（祭柱）

公元 738 年　南诏建国

隋唐时期，在今云南地区杂居着许多部落，名号繁多，难以胜计。就种族来说，部落最大的主要有白蛮和乌蛮。其中，白蛮是战国以后迁往那里的汉族人和当地人融合发展而成的，他们居住在洱海周围，其文字、语言、风俗大致和汉族相同，他们过着农耕生活。而乌蛮居住在距离洱海较远的四周，比白蛮落后，大致过着畜牧生活。唐初，乌蛮部落不断向洱海地区迁移，并征服了当地的白蛮，建立了个六个诏，即六个王国。居于最南端的蒙舍诏，又称南诏，在唐高宗时吐蕃势力进入洱海湖区北部以后，南诏因为距离吐蕃最远，仍依附于唐朝。唐朝为了牵制吐蕃，便大力扶持南诏，支持南诏进行统一战争。到皮逻阁为南诏王时，南诏渐次消灭其他各诏，建立统一的南诏国，定都于太和城（今大理市南）。开元二十六年（738 年），唐玄宗册封皮逻阁为云南王。

◀南诏土主庙

天宝年间，由于边将腐败无能，重敛其税，引起南诏的武装反抗，双方多次交锋，互有伤亡，其中两次大的战役均以唐朝失败告终。唐德宗贞元十年（794 年），不满于吐蕃压迫的南诏，重新与唐朝和好，双方订立盟约，恢复了友好关系，但后来双方仍有战争。南诏和唐朝之间虽然也战争不断，但是，南诏的统一和归属唐朝，使其政权组织、经济制度、军事制度、思想文化都深受唐朝的影响，为此后该地区与内地经济文化交流的密切奠定了基础。

▲南诏太和城遗址

公元 744 年　唐与回纥交好

回纥是铁勒族的一支，游牧于色楞格河和鄂尔浑河流域。6 世纪中叶后，役属于突厥，遭受着残酷的压迫和剥削。605 年，回纥联合仆固、同罗、拔野古等部，起兵反抗突厥，势力渐盛。627 年，回纥首领菩萨与薛延陀联合，用 5 千精骑破突厥军 10 万，声震北方。东突厥灭亡后，回纥和薛延陀并为漠北两大势力。646 年，回纥首领吐迷度配合唐军灭薛延陀，占有其部众和地区。同年，吐迷度遣使入朝，归附于唐。647 年唐在漠北

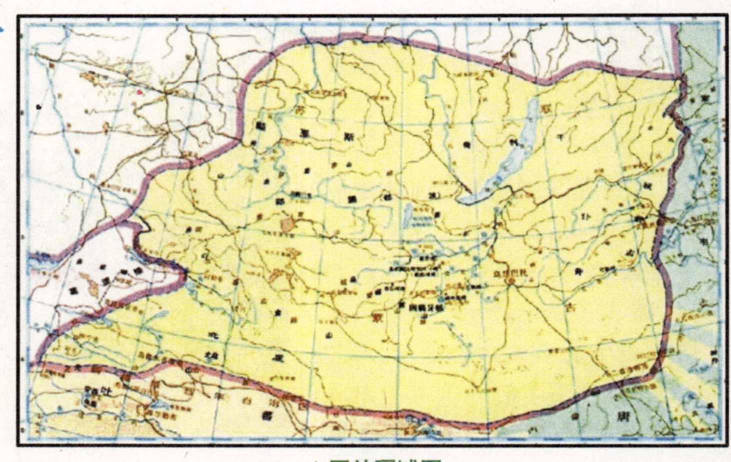

▲回纥疆域图

回纥所统地设置6都督府、7州，而总隶于燕然都护府。封吐迷度为怀化大将军兼瀚海都督，其他各部酋长分别任命为都督、刺史。唐太宗根据回纥诸部的请求，在回纥以南、突厥以北开辟一条“参天可汗道”，以通贡使。744年，回纥首领骨力裴罗统一回纥诸部，唐册封他为怀仁可汗。745年，怀仁可汗攻杀突厥白眉可汗，在东突厥故地建立起东自兴安岭，西到阿尔泰山，南控蒙古大沙漠的大汗国。

回纥政权一直和唐朝保持着密切关系，每一任回纥可汗都要经过唐朝册封。安史之乱爆发后，回纥两次出兵助唐平乱，唐政府因此每年输绢2万匹给回纥。为了取得回纥的支持，唐曾先后三次将公主嫁给回纥可汗。唐与回纥为邻，北方边境平静无事。另外，唐朝同回纥的经济往来也十分密切。回纥人经常用马匹和皮毛换取中原的丝和茶，并把其中一部分转运西亚，牟取厚利。回纥人到内地经商的很多，他们中有不少人久居内地，与汉人通婚。在唐的影响下，回纥人开始从事农耕，并模仿唐朝建筑城市和宫殿，逐步走向定居。

▶回纥男子的服饰

◀回纥妇女的服饰

玄奘取经回长安图

唐朝的对外交往

唐朝时候，由于中国封建经济文化的高度发展和海陆交通的发达，中国和亚洲各国的经济文化交流进一步频繁起来。唐政府对待各国文化采取兼收并蓄的方针。为了适应中外交流不断扩大的需要，唐政府还专门设立了接待外国使节的机构，并接收各国留学生来国子监（最高学府）学习，又设有接待各国商人的商馆及掌管对外贸易的“互市监”、“市舶司”等。当时，与中国有经济文化联系的国家很多，主要有朝鲜、日本、印度等国。在唐代的首都长安以及洛阳、广州、扬州等大城市中，有成千上万的外国人士在此留居，有的是短期出使或公干、旅行，有的是长期定居贸易，还有的通过科举考试做了唐朝的官吏。随着他们的到来，带来了各国人民的友谊、思想文化、生产技术、工艺技巧、名贵物品。中国人民从中吸收了不少有益的东西，从而丰富了自己的物质文化生活。他们也从各个方面向中国人民学习。于是以长安为中心，中国与当时亚洲各国之间形成了经济文化交流的巨大场面，促进了各国经济文化的发展，加强了世界人民之间的友好往来。

▼与朝鲜文化交流

与朝鲜的文化交流

唐初，朝鲜半岛上有三个国家：北部是高丽，西南部是百济，东南部是新罗。唐太宗在打败东突厥和高昌后，曾发动对高丽的战争，遭到失败。

后来唐高宗继续用兵，征服了高丽和百济，但不久退了出来。到唐玄宗时由新罗统一了朝鲜，一直和唐朝保持着友好的关系。新罗商人来唐贸易次数频繁，人数很多。北起登州、莱州，南到楚州、泗州等地，都有新罗商人的足迹。长安、登州设有新罗馆，文登县东界有新罗所，楚、泗二州各有新罗坊，是他们住宿交易的主要地方。

▲唐乐四仕女

唐朝统治者与高丽、百济的武装冲突，并没有阻止朝鲜和唐朝的文化交流，他们都向唐派留学生，新罗统一朝鲜后派遣的更多。唐文宗开成五年（公元 840 年）学成归国的学生一次就有一百零五人。留学生在吸收、传播唐文化上起了很大作用。新罗参考唐朝的政治制度，改革了自己的中央和地方的行政机构，并模仿唐朝设立国学，实行科举制度，以中国的儒家经典为考试内容，也常派人到唐请求汉文典籍。朝鲜半岛人民尤其爱好唐诗，伟大诗人白居易的诗集传布到半岛各地。七世纪末，新罗人薛聪创造约“吏读”，借用汉字标注国音，把新罗语言和中国文字密切结合起来，对朝鲜人民的文化普及和中国文化的传布起了很大作用。朝鲜文化对唐代文化也有不少影响，如高丽乐就是唐朝十部乐中的一部，而且居于重要位置。

日本“遣唐使”西来

中国人民和日本人民在经济、文化上早就有着密切的联系。唐朝时，两国的文化使者始终未断。据不完全统计，在这一时期，日本方面派出的“遣唐使”和迎、送唐使的使团即有十九次，人数多时一次即达五百余人。成员有大使、副使、判官、录事、翻译、医师及阴阳师等，还有众多的学问僧、留学生和各种文化技术人员随行。遣唐使团不畏艰险，冲破惊涛骇浪，对中日文化交流做出了贡献。遣唐使在中国广泛接触各方面人士，学习中国传统文化，回国时将中国典章制度、天文、历法、音乐、美术、建筑、雕刻以及一些生产技术输入本国。尤其日本天平时代（724~781 年），是唐代文化输入的极盛时期。不少留学生回国时还带去了大量中国书籍，并根据汉字楷书和草书的偏旁创造了日语字母——“片假名”和“平假名”，这种字母一直沿用到现代。

◀日本遣唐使

阿倍仲麻吕

阿倍仲麻吕于开元五年(717 年)来唐,汉文修养很高,取名晁衡,仕于唐,官至散骑常侍、镇南都护等。作为那时文化界著名人物,他善诗文,与大诗人王维、李白是亲密的朋友。公元 753 年,李白听到晁衡死于归国途中的误传,怀着悲痛心情作诗哭悼他:"日本晁卿辞帝都,征帆一片绕蓬壶。明月不归沉碧海,白云愁色满苍梧"。诗中洋溢着两国人民之间的深厚情谊,是当时中日友好关系的写照。后来晁衡死于长安。另一留学生吉备真备的学术造诣很深,留唐达十八年,在此期间,他全面考察了解唐代社会情况。开元二十二年(734 年),他回国时带回去许多重要文物典籍,对中日的文化交流贡献很大。

▲阿倍仲麻吕像

公元 742 年 鉴真东渡

▲鉴真第六次东渡图

鉴真原姓淳于,14 岁时在扬州出家。由于他刻苦好学,中年以后便成为有学问的和尚。天宝元年(742 年),他应日本僧人荣睿、普照邀请,东渡日本传法。先后 6 次东渡,历尽千辛万苦,终于在 754 年到达日本。他留居日本 10 年,辛勤不懈地传播唐朝多方面的文化成就。同去的人,有懂艺术的,有懂医学的,他们也把自己的所学用于日本。鉴真根据中国唐代寺院建筑的样式,为日本精心设计了唐招提寺的方案。经过两年,唐招提寺建成了,成

▲鉴真塑像

为日本著名的佛教建筑。广德元年(763年),鉴真在日本奈良逝世,被安葬在唐招提寺。鉴真在日本除了传播佛教以外,在传播汉文学、医药、雕塑、绘画、建筑等方面也做出了杰出的贡献,成为中日人民友好往来与文化交流史上值得纪念的光辉人物。鉴真东渡,对促进中日关系和文化交流,做出了重要贡献。

与昭武九姓的友好关系

唐时中亚有许多国家。在今锡尔河(唐名药杀水)、阿母河(唐名乌济河)中间一带,有康(萨马尔罕)、安(不花拉)、石(塔什干)、曹、米、何、火寻、戍地、史九国。据说此九国始祖是月氏人,本居甘肃祁连山北的昭武城(张掖西北),为匈奴所破,迁居此地,故名昭武九姓。这些国家善商贾,很早以来就和中国通商,把中国的丝织品运到西方去。人民能歌善舞,在长安城里,有他们的歌唱家和舞蹈家,丰富了唐代人民的文艺生活。在政治上他们倾向唐朝,和唐保持友好关系。西突厥强盛时,他们役属于西突厥,但希望得到唐朝的保护。唐平西突厥后,在这些国家设置了许多羁縻州,保持一定的隶属关系,这更便利了他们和唐朝的经济文化交流。唐太宗曾对安国使臣说,西突厥已投降,商旅可以通行了,安国及其他诸国都为此而高兴。可见当时的友好关系。

▲昭武九姓铜币

与阿拉伯的友好关系

阿拉伯唐代叫大食。七世纪上半期(唐太宗时),在伊斯兰教创始人穆罕默德及其继承人(哈里发)的统领下,统一阿拉伯各部并向外扩张,灭波斯,征服中亚,攻陷开罗,建立了强盛的阿拉伯帝国。唐高宗永徽二年(公元651年),大食使节到唐,正式建立了两国的国交。据中国史籍记载,从这年到德宗贞元十四年(公元798年)的一百四十八年间,大食遣使到唐共有三十七次之多。至于商人到中国的,更不计其数,长安、洛阳、扬州、广州、泉州等处都有大食商人在活动。阿拉伯人在唐朝也有学

◀唐·大食旅行者陶俑

习汉人文学并有一定造诣的。如唐宣宗大中二年(公元848年)大食国人李彦升在长安考中了进士,这是中阿友好关系史上的一段佳话。唐玄宗天宝十年(公元751年),唐朝边防军和大食军队在中亚发生武装冲突,唐军失败,有些人被俘,其中有造纸工人,大食用他们开设造纸厂,造纸术从此传入阿拉伯,以后又传到非洲和欧洲,对西方文化的传播起了推动作用。

▶唐·青玉兔形镇

《经行记》

《经行记》是唐代杜环所写的经历记录。唐玄宗天宝十年(公元751年)唐朝跟大食爆发战争,唐朝战败,杜环作为唐军俘虏的一员,在中亚、西亚及地中海等大食占据的地区停留十多年,著有《经行记》一书,介绍阿拉伯的宗教、风俗、物产及其周围国家情况。据他的记载,在当时大食的都城有汉人的绫绢机杼、金银匠和画匠,可见除造纸术外,中国的其他手工技术也传到阿拉伯去。可惜,原本书籍已经遗失,幸有他的族叔杜佑在《通典》及《西戎总序》中曾经引述部分内容。

与伊朗的友好关系

◀古波斯贵族浮雕

伊朗唐代叫波斯,从张骞通使西域以来即和中国有交往,以后连绵不断,唐代两国关系更为密切。波斯使节不断到唐朝来。波斯王子卑路斯与其子久居长安,终老于此。波斯商人到中国来的更多,长安、洛阳、扬州、洪州(南昌)、泉州、广州等城市,都有他们的足迹。在新疆的吐鲁番、乌恰、青海的西宁、西安、太原、三门峡、洛阳以及广东的英德县都发现过波斯萨珊朝的银币,而且有的数量很大,说明波斯和中国通商的频繁。他们贩卖珠宝、香药及西域、南海一带土产,收购中国的丝织品、瓷器等。唐代流行的马球即波罗球,也是从波斯传来。至于祆教、摩尼教和景教,也都从波斯传入。到中国的波斯人,有不少人定居不回,与中国人融合为一。

友好见证

在新疆吐鲁番出土的唐代织锦中，有一些织法和花纹风格同波斯的很相似。如“联珠骑士纹锦”的骑士纹面型属伊朗型，其肩后飘带则与波斯萨珊朝银盘、银币和石刻上王冠像后的飘带完全一致。“联珠猪头纹锦”的猪头纹也是波斯萨珊朝织锦所经常采用的图案，并都采用波斯锦的斜纹组织纬线显花的织法。这些由中国织工采用波斯锦新织法和新图案织成的丝织物，是我国当时由“丝绸之路”向波斯和其他西域国家输出的。它生动地体现了中、伊人民经济和文化交流的密切关系。

◀唐·联珠猪头纹锦

▲唐·瑜伽母像

与印度的文化交流

中国和印度、巴基斯坦、孟加拉交往的历史也很悠久，汉代的“身毒”、唐代的“天竺”，即指今天的印度、巴基斯坦和孟加拉。从七世纪下半期起，印度分裂成为几个国家，即东、西、南、北、中五天竺，当时和中国都有密切的关系。唐政府和天竺的贸易往来极为频繁，今日的孟加拉、印度南部东西两岸，在当时经常有大唐的商船往来；天竺商船也经常到广州、泉州进行贸易，我国的麝香、色绢、青瓷、铜钱、樟脑等不断输入天竺，由天竺输入我国的物品有胡椒、棉花、沙糖及奢侈品等。七世纪末，我国的纸已由中亚陆路传到了印度，以后又传去了造纸术，从此印度结束了用白桦树皮、贝叶写字的时代。天竺文化对唐代也有一定影响。在物质文化方面，贞观年间熬糖法传入中国。在文学方面，由于佛教经典的译述，产生了与佛经有密切联系的变文。在艺术方面，我国敦煌、云岗及麦积山石窟是世界闻名的艺术宝库，这里的雕刻、壁画和塑像，都直接受到了印度艺术的影响。

玄奘赴天竺

玄奘赴天竺求经，是中印文化交流史上的一件大事。他于贞观元年(627 年)离长安西行，取道中亚至天竺，贞观十九年(645 年)回国，在天竺住了差不多十五年。在这期间，他游遍了天竺各地，带回天竺经典六百多部。回国后，翻译经、论七十五部，共一千三百三十五卷，还撰写了《大唐西域记》一书。《大唐西域记》记载了关于中亚和天竺的历史、地理情况，是研究这些国家古代历史的可贵资料。玄奘是第一个把天竺佛教、历史、地理、风俗和人情等完整地介绍到中国来的人。他作为一个伟大的文化传播者，在他长期居留异国期间，也曾把中国文化介绍给天竺。如有名的《秦王破阵乐》成为天竺人民所喜爱的音乐；又将老子的《道德经》译成梵文，流传该地。

▶玄奘雕像

▲玄奘像

交好林邑

林邑，唐至德年间改称环王国，五代后周时又改名吕城，立国于今越南中南部。隋时与中国往来频繁，入唐，关系更加密切。武德年间，其王范梵志两次遣使聘唐。第二次使者来唐，高祖盛宴接待，并赐给锦、彩等丝织品。贞观年间，林邑频频派遣使者来唐，互赠礼物。林邑送来五色鹦鹉，太宗令史臣李百药为之写《鹦鹉赋》。高宗和玄宗时，林邑仍时时遣使访唐，贡使贸易不断。政府间的外交往来和民间的商业活动，使唐的典章制度、生产技术以及文化习俗传播到印度支那半岛的中南部，有利于当地社会的发展。

▲唐·墓室壁画·礼宾图

与真腊的密切邦交

▲唐·墓室壁画·乐舞图

真腊位于湄公河中下游，原为扶南属国，6世纪末崛起于今柬埔寨北部，7世纪中叶遂取代扶南成为印度支那半岛南部的强国。其全盛时的领土，包括今柬埔寨、老挝南部和越南南部部分地区。隋大业年间，真腊即遣使修好。唐初，两国邦交更加密切。武德六年(623年)至元和八年(813年)，真腊和唐朝贡使往来频繁。贞观二年(628年)，真腊与林邑使者同程来唐，太宗赏赐其丰。神龙年间，真腊分为陆真腊和水真腊两部。陆真腊又称文单，立国于今泰国、老挝、柬埔寨接壤处；水真腊位于今柬埔寨和越南西南部。唐玄宗时，陆真腊王子率属员26人访唐，玄宗授予果毅都尉的荣誉称号。唐代宗时，其副王婆弥和王后亲访中国，代宗待以国宾之礼。水真腊于唐元和年间亦遣使者李摩那访唐。唐朝与真腊民间商业往来频繁，真腊商船经常出现于中国东南沿海，广州是真腊商人来唐经商的主要口岸。他们运来犀牛角、象牙等特产，贩走丝织品及工艺品。真腊的舞乐也传入中国，“扶南乐”在隋代和唐初被列为九部乐之一，唐朝宫廷宴饮时曾演奏扶南歌舞。

▶唐·舞乐图

公元794年 骠国归服

骠国是7世纪缅甸骠人所建国家，其疆域东接陆真腊，西抵东天竺，北邻南诏，南至于海，据有今缅甸伊格瓦底河流域。其俗好佛，男女自幼出家，僧尼满国，以佛教音乐著称于世。佛教密宗曾从骠国传入南诏国。唐贞元十年(794年)，骠国王雍羌归服唐朝，几度遣使献乐。贞元十八年（802年），雍羌遣子舒难陀随南诏使者朝唐，献骠国乐22曲。随行骠国乐队及舞蹈家在长安表演，轰动一时，诗人白居易、元稹等皆赋诗志其事。唐德宗授雍羌为太常卿、舒难陀为太仆的荣誉称号，以示笼络。骠国与唐之南诏毗邻，有数条通道与中国交通，商旅往来不绝。骠国输出的商品有白布、玻璃器皿等，贩回的商品以丝绸为主。

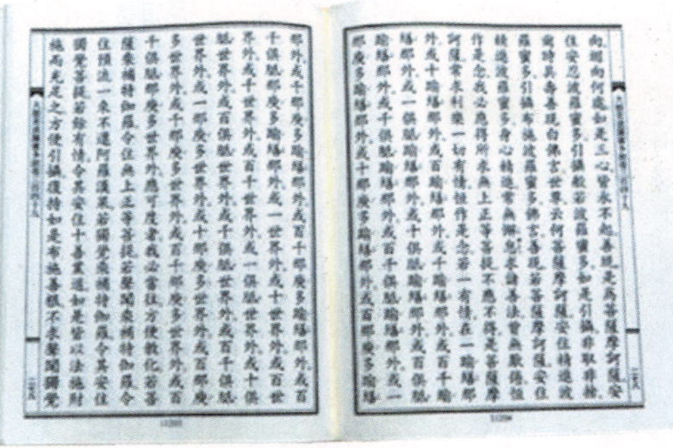
▲《大般若经》内页

交聘师子国

师子国即今之斯里兰卡，与唐有交聘关系。咸亨元年(670年)，国王海他达他曾遣使者至唐。天宝九年(750年)，又遣使臣来唐，并带来大珠、钿金、象牙等物。师子国是著名的佛教古国，唐朝高僧往天竺求法取经，凡行海路的多到师子国观礼佛牙。高僧明远、义朗、无行、僧哲、玄游、慧日等都到过该国，玄奘则在此留居。高僧不空在沟通唐朝与师子国关系上起了重要作用。不空出身北天竺婆罗门种姓，幼年随其叔来华，从金刚智三藏学佛，金刚智卒，他决意去天竺、师子国求法。开元二十九年(741年)，渡海抵师子国，征集密藏和各种经论500多部，然后去天竺。天宝五年(746年)返回长安，带回师子国王尸罗迷伽的国书及所赠钿金、宝璎珞和贝叶《大般若经》一部。

与拂菻的文化交流

▲东罗马金币

唐时，拂菻是指建都于拜占庭(今土耳其伊斯坦布尔)的东罗马帝国。唐初，东罗马国势衰微，其所属叙利亚、巴勒斯坦、美索不达米亚已相继被大食侵占。贞观十四年(643年)，拂菻王波多力遣使来唐，贡送赤玻璃、绿金精等物。唐太宗修书报聘，并赐丝织物。自此，拂菻使者使唐不绝。拂菻通过波斯和阿拉伯商人的转手贸易，大量购买中国的丝绸织品。近年来在西安和洛阳都发现东罗马金币，说明拂菻商人或许直接与唐通商。在友好往来中，罗马精湛的医术及变幻多端的吞刀吐火等杂技艺术也传入唐朝。

与非洲各国的往来

唐朝与非洲的交往很早，贞观三年(629年)十月，即有殊奈国遣使来朝。殊奈是指今索马里以南的黑人国家。史载，唐朝以阿拉伯商人为媒介，与非洲进行广泛的经济文化交流，中国的瓷器、丝织品、纸张及手工业技术往往通过阿拉伯商人输到非洲。近代考古学家曾在埃及开罗古城发现有唐朝的青瓷器，这是中非经济交流的历史见证。

敦煌莫高窟

唐朝的宗教与哲学

隋唐五代统治者为加强对人民的精神统治，积极提倡、扶植各种宗教。各种宗教思想都很活跃，其中以佛教和道教最为盛行。唐朝初年，高僧玄奘远赴天竺（现在的印度）取经657部，唐朝为此兴建了大雁塔来保存这些佛经。佛教经典的大量翻译以及中国僧人自身思想体系的逐渐成熟，使得中国佛教在此时期迎来空前的发展，中国佛教的各主要宗派大多在此时期形成或成熟。其他宗教如伊斯兰教、景教（基督教聂斯脱利派）和祆教也随着国际交流传入中国。唐武宗时对佛教采取高压政策，史称会昌灭法，使得除禅宗等少数宗派外，其他佛教派别从此一蹶不振。同时，中国传统的儒家思想仍然得到统治者真正的注意和高度的重视。儒、道、佛三家为争夺政治地位既互相斗争，又互相吸收。因此，这时期的哲学也呈现出纷繁复杂的景象。

西方宗教的传入

隋唐五代之际，随着对外关系的发展，许多西方宗教传入中国。从波斯传来的有祆教、摩尼教和景教，从大食传来了伊斯兰教。祆教亦名拜火教，波斯人所创，后成为波斯的国教。祆教可能在北魏时传入中国，但比较广泛地流传则是唐代。唐代长安、洛阳、武威、敦煌等地都设有祆祠，仅长安城内，即有胡祆祠、祆

▲唐·大雁塔

词、西祆伺、南祆词四所。会昌毁佛时，祆教亦同遭禁止。景教是基督教的一个教派，贞观九年(635 年)传到唐朝。3 年以后，在长安义宁坊建了一所寺院。天宝年间，景教寺改为大秦寺，除了长安以外，洛阳等大城市都设有大秦寺。摩尼教系波斯人摩尼所创，于延载元年(694 年)传入中国。唐代宗时，摩尼师到达长安，大历三年(768 年)，唐政府允许摩尼教徒在长安建寺，后来又在扬州、洪州、荆州、越州、太原、洛阳设摩尼寺。唐武宗灭佛时，摩尼教也受到打击。宣宗以后，逐渐恢复。五代以后，摩尼教常被作为组织农民起义的工具。伊斯兰教，阿拉伯人穆罕默德所创。高宗永徽二年(651 年)，大食遣使来唐，开元年间，大食使者和商人纷纷到长安、广州等地，伊斯兰教也在这些地方流传。

◀唐·大秦景教流行中国碑

▲广州怀圣寺

伊斯兰教

唐永徽二年(651 年)八月，阿拉伯帝国使臣到达唐都长安，向高宗介绍了阿拉伯帝国和伊期兰教的教义。以后，伊斯兰教在中国的活动不断见于记载。阿拉伯、波斯的使臣和商人(时称“蕃客”、“蕃商”)往返频繁，广州出现了中国最早的清真寺——怀圣寺，“摩思览”(穆斯林的音泽)之名见于中国史籍。广州、扬州等地出现了穆斯林聚居区，时称“蕃坊”。

道教的极盛

在唐代，道教特别兴旺发达，其中一个重要的原因就是李唐皇朝的统治者，为了提高其门第，神化其统治，假借神权以巩固其皇权，利用道教所奉的教主老子姓李，唐皇朝帝系也姓李，便与老子叙家谱、尊之为始祖，从李渊起皇帝就以教主的后裔自居。乾封元年(公元 666 年)，高宗下令尊老子为太上玄元皇帝。玄宗设崇玄馆，以道士为宗室，教人画老子像颁于天下，令王公以下皆习《老子》，并亲自为《道德经》作注疏。又封庄子为南华真人，文子为通玄真人，列子为冲虚真人，庚桑子为洞灵真人。在科举中也增设了庄、老、文、列四子科，以壮大道教的势力。所以，道教在唐代达到了它的极盛期。

◀《道德经》内文（局部）

▲潘师正像

正一派和上清派

唐朝道教著名流派有正一派和上清派。正一派尊奉东汉张道陵为正一天师，故又称天师派。该派讲究符箓、辟谷、导引之术，著名法师有玄宗时的张万福和唐末杜光庭。上清派重丹鼎之术，以炼制金丹和变化黄白为主要活动，著名的道士有王远知、潘师正、司马承帧、吴筠、张果等人。唐代地位显要的道士多来自茅山，故时有“茅山为天下道学所宗”之誉，上清派亦被称为“茅山宗”。

▶唐·敦煌壁画·菩萨图

佛教在唐的发展

佛教自西汉末年传入中国以后，经过五、六百年的传播，到唐朝达到了极盛期。唐初，高祖李渊、太宗李世民是崇道抑佛的，唐武宗时还曾有过“灭佛”之举，但整个唐朝实际上佛教势力一直在迅速发展。武则天时代出现了第一次崇佛高潮，肃宗、代宗时为第二次高潮，懿宗时兴起了第三次高潮。唐代佛教进一步发展，主要表现在：寺院众多，寺院经济发达；僧尼众多，而且僧侣地主的上层人物和唐朝最高统治有密切关系；佛经翻译数量之多是以前任何时期所不可比拟的，隋唐时期是我国佛经翻译史上最辉煌的一个时期；我国佛教史上一些有影响的教派，也大多数在隋唐时期形成，如天台宗、禅宗、密宗等等。入唐以来的佛教由于急速的发展，它和道教不但在政治地位上时有高下优劣之争，在思想上也加剧了冲突。从隋代至唐以来，佛教徒一贯以人天教看待儒家，说儒道都是外道。儒道佛在矛盾冲突的同时，有着明显的融合趋势。唐代佛教的发展，也对文学、艺术等方面带来不少影响。首先在文学方面，由于俗讲流行，创作了变文等作品。其次在艺术方面，促使佛教艺术更有所推进。唐代雕塑艺术的发展达到了高峰，如敦煌莫高窟的敦煌壁画是唐艺术宝库中的奇葩。唐代佛教的发展也在国外发生影响。当时新罗和日本的学僧很多来中国得到各宗大师的传承，归国开宗，中国高僧也有去日本传教的，如此相承不绝。

▶莫高窟 45 窟菩萨雕塑

▶李德裕塑像

公元 845 年　会昌毁佛

寺院经济的发展必然要大量占有土地，享受免税特权，而且控制大批劳动力，这都影响唐王朝的财政收入，于是政府与寺院在经济上存在矛盾，终于导致了唐武宗毁佛事件。唐武宗李炎为了遏止寺院经济的恶性膨胀，在宰相李德裕的鼓励与支持下，于会昌五年(845 年)采取大规模的毁佛措施，史称会昌毁佛，佛称会昌法难。会昌毁佛是对佛教的一次重大打击，但佛教毕竟是统治者进行思想统治的有力工具，所以唐宣宗以后统治者又大力提倡佛教。

唯心主义哲学

韩愈和李翱是我国哲学史上有影响的两位唯心主义哲学家。他们的哲学是宋代理学的先声，对于宋明理学的产生起了催生作用。韩愈认为，君主统治百姓，百姓服侍君主，臣下帮助君主统治人民，这是一个永恒不变的道，是由上古传下来的，有自己的道统。道统说还把历史的发展归功于“圣人”。在提出道统说的同时，韩愈还继承了董仲舒的"性三品"说。他说:上品的人生来就是善的,中品的人通过学习和教育才能从善,下品的人则是天生的劣性,只有用严刑峻法使他们"畏威而寡罪"。韩愈还认为性是情的基础,随着人性的三品差异,人情也有上、中、下三品之分。韩愈用人性论把地主阶级压迫剥削人民说成是合理的,封建帝王是天生的上等人,劳动人民是天生的下等人,"上者可教而下者可制"。这套理论适应了统治阶级的需要,因而得到了最高统治者的提倡。韩愈的弟子李翱对善恶的起源作了进一步阐述,提出了"复性灭情"说。他说,只要人们"复性灭情",即去掉情欲,恢复善性,这样就可达到至善。实际上这是要人民群众放弃反抗,安分守己,服从封建统治。

▲韩愈祠

▶李翱像

韩愈反佛教

▶韩愈像

韩愈认为佛教徒不事生产,讲什么"清静寂灭",是浪费农民、工人和商人创造的财富,是使人民"穷且盗"的祸根;佛教徒不事父母,不敬君长,是违反封建的纲常秩序。他大声疾呼要"人其人,火其书,庐其居",就是叫僧道徒还俗,烧掉他们的书,把寺院改为民房。元和十四年(公元819年),唐宪宗把一节"佛骨"迎入宫中,一时轰动了长安城。韩愈却甘冒危险,上表极谏。他说,历史上信佛的帝王都活不长或不得好死。佛是外国人,"不知君臣之义,父子之情",佛活着到中国也不过接见一下,护送出境,何况是块发臭的枯骨。他要求把它"投诸水火",以"永绝根本,断天下之疑,绝后代之惑"。宪宗见表大怒,要杀韩愈。经群臣解救,贬为潮州(今广东潮州)刺史。韩愈作诗说:"欲为圣明除弊事,肯将衰朽惜残年",表示他反对佛教的坚决态度。

▶柳宗元像

唯物主义哲学

柳宗元的世界观是唯物主义的。他认为，宇宙是由混沌的、运动着的元气所构成，一切自然现象诸如节气变化、山崩地震等都是元气运动的结果。柳宗元的历史观是进步的，他认为整个人类历史有一个自然发展的过程，它有自己的客观规律。唐代另一位著名的唯物主义思想家是刘禹锡。刘禹锡，字梦得，彭城（江苏徐州）人。他补充和发展了柳宗元的唯物主义思想，提出了著名的“天人交相胜”说，即自然界和人类社会各有自己的特点和规律。二者各有自己的功能，天能做的，人不能做，人能做的，天也不能做。天能“生万物”，人能“治万物”，所以天与人能够“交相胜”。这是刘禹锡对唯物主义思想做出的巨大贡献。

▲柳宗元衣冠冢

吕才批判阴阳迷信

◀高昌故城的摩尼教壁画

吕才（公元600~665年）学识渊博，对天文、医学、音乐、阴阳方位之书都有研究。唐太宗叫他整理阴阳迷信（包括算命、选葬地、看住宅方位等）的书籍，他却用这个时机对这些迷信风气进行了批判。他利用历史上的事实，揭露了算命、看风水等的不可靠。他举例说，秦始皇的出生年月，按“算命书”应该是没有官爵而长寿，但秦始皇却当了皇帝，只活到五十岁。对迷信埋葬风水，他指出这是阴阳家骗人财物瞎搞出来的。人的富贵贫贱，同安葬他祖先的日期和地点无关，而是根据本人的行动。他对阴阳迷信的批判虽然不很彻底也不科学，但具有一定的唯物论因素，在当时是很了不起的举动。

唐·白凤首壶

唐·墓志罐

唐·金花鹦鹉纹提梁银罐

唐代史学

唐朝是史学繁荣时期。这个时期修撰的史书数量众多，体裁上也有创新，还开始了对史学理论的系统探讨，国家对史书修撰的控制较前代加强。唐代史学发展的盛况，主要体现在官修史书制度的奠定、史学理论专著的出现和通史式政书的修撰等方面。在唐朝以前，史书多出自私人撰述。贞观三年(629年)，唐太宗因为感到武德年间萧瑀等修史未成，实有改组史馆、建立修史制度的必要，于是“始移馆于禁中，在门下省北，宰相监修国史，自是著作郎始罢史职”。完备的组织机构，再加上政府的重视，使唐代的史书编撰工作取得了很大成绩，产生了唐官修前“六代史”及李延寿修“二史”共八部正史。唐代史学的另一重大成就是史学理论专著的出现。唐代著名史学家刘知几完成了我国历史上第一部系统的史评类专著《史通》。通史式的政书，即记载历代政治、经济、文化等典章制度沿革史的专书。《通典》是我国第一部记载历代典章制度沿革的通史。

公元629年

史馆制度的确立

隋唐以前，史书大都是私家著作。开皇十三年(公元593年)，隋文帝下诏，禁绝私家著史。这一措施，为唐官修史书创造了条件。及至唐代，官修史书就成为定制。我国官修史书开始于《东观汉记》。魏明帝始于中书置著作郎，晋惠帝元康二年(292年)改置秘书省。北魏始置著作局。北齐时，著作局亦称史馆。贞观三年(公元629年)，唐太宗别置史馆于禁中，

◀唐·张萱·虢国夫人游春图卷(局部)

专修国史，由宰相监修，下设史馆修撰、直馆，从事编纂工作。自此，纪传体正史的编纂大权全由政府掌握，而宰相监修国史也就成为以后历朝修史的定制。

唐代以后，史馆组织人力，按其专长，分撰纪传志，这种分工合作之法，成书快而质量较佳。但官修史书也有种种弊端。如封建朝廷设馆修史，首先要依自己的标准来撰写，参与撰写者只能写官样文章，有才华的史家因难以施展而不愿进入史馆，加之监修又非其人，致使纪传体正史的编撰越来越僵化。

▲《隋书》书影

官修前代史

唐武德四年（621 年），担任起居舍人的令狐德棻向唐高祖提出撰述前代史的建议，为唐高祖采纳，并于次年下达了《命萧瑀等修六代史记》。但这次修史工作未能取得具体成果，“历数年，竟不能就而罢”。唐太宗继位后，于贞观三年（629 年）复下诏撰述，于中书省置秘书内省司其事，命令狐德棻修北周史，李百药修北齐史，姚思廉修梁史、陈史，魏征修隋史，以房玄龄、魏征监修。贞观十年（636 年）五史俱成：《梁书》56 卷，《陈书》36 卷、《北齐书》50 卷、《北周书》50 卷、《隋书》55 卷，共 247 卷。“五代史”全为纪传而无书志，故亦称“五代史纪传”。“五代史”虽成，但只有纪传而无书志，未为全史。因此，唐太宗于贞观十五年（641 年）又命修撰《五代史志》，亦称《隋志》，至唐高宗显庆元年（656 年）成书，凡 10 志，30 卷。始则单独成书，后附于《隋书》之后。贞观二十年（646 年），唐太宗鉴于东晋、南朝时所撰诸家晋史已不适应唐代政治统一的需要，下诏重修晋史，首尾不足 3 年而成。《晋书》本纪 10 卷、志 20 卷、列传 70 卷、载记 30 卷，凡 130 卷。由于唐太宗为《晋书》的《宣帝纪》、《武帝纪》、《陆机传》、《王羲之传》写了 4 篇史论，因此当时把整部《晋书》题为“御撰”。唐官修《晋书》成而先前诸家晋史逐渐不传。

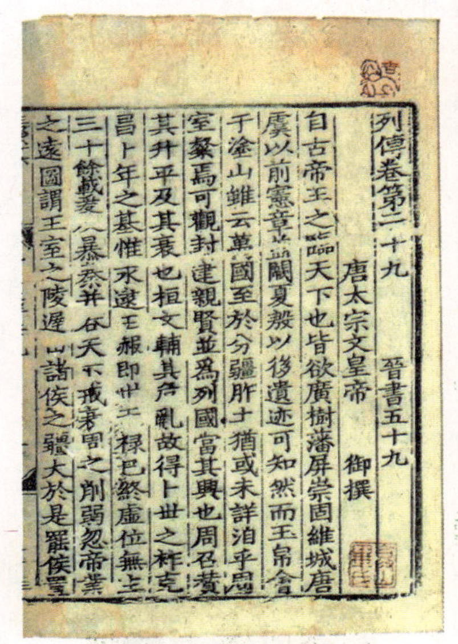
列傳卷第二十九　晉書五十九
唐太宗文皇帝　御撰
自古帝王之臨天下也皆欲廣樹藩屏崇固維城唐
虞以前憲章蓋闕夏殷以後遺迹可知然而玉帛會
于塗山雖云萬國至於分疆胙土猶或未詳洎乎周
室粲焉可觀封建親賢並為列國當其興也周召贊
其升平及其衰也桓文輔其危亂故得卜世之祚克
昌卜年之基惟永逮王赧即世天祿已終虛位無主
三十餘載爰及暴秦并吞天下懲周室之削弱忽帝業
之遠圖謂王室之陵遲由諸侯之彊大於是罷侯置

▲《晋书》内页

李延寿的《南史》和《北史》

▲李延寿像

李延寿字遐龄，相州（今河南安阳）人。贞观中，官太子典膳丞，崇贤馆学士，参预编修《晋书》、《隋书》、《五代史志》。其父也是一位历史学家，曾着手撰写一部编年体的南北朝通史，书未成而卒。李延寿继承其父未竟之业，改编年为纪传，利用参加史馆修史之余暇，抄录勘究，参酌杂史，奋笔16年，撰成《南史》和《北史》两书。《南史》起自宋永初元年（420年），止于陈帧明三年（589），记载了南朝宋、齐、梁、陈四朝170年的历史，有本纪10卷，列传70卷，共80卷。《北史》始于魏登国元年（386年），终于隋义宁二年（618年），记载了北朝魏、西魏、东魏、齐、周、隋六朝233年的历史，有本纪12卷，列传88卷，共100卷。《南史》、《北史》注重南北统一的著述宗旨，继承《史记》所开创的通史家风，在文学表述上简捷扼要，对后人研究南北朝史发挥了积极作用。

刘知几和《史通》

刘知几，字子玄，彭城（江苏徐州）人。他于高宗永隆元年（680年）举进士进入仕途，从武则天长安二年（720年）起任文职，直至去世时止，大部分时间都致力于修史工作。刘知几一生著述甚多，可惜大都亡佚，今仅存《史通》一书。《史通》20卷，分内外两篇。内篇原为39篇，其中《体统》、《纰缪》、《弛张》三篇早已亡佚，实为36篇，着重讲文书的体裁、体例、史料采集、表述要点和作文原则；外篇13篇，着重论述史官制度、史籍源流并杂评古人得失。《史通》的价值在于它是中国第一部史学通论。作者对此前的历史著作全部作了批评与总结，并提出自己一套编纂历史的原则与方法，以及修史的主张。他主张一个优秀的历史学家，必须具备才、学、识“三长”。对于“识”尤其强调。对于写史，他提倡直笔，反对曲笔，主张“良史以实录直书为责”，要求做到“不掩恶，不虚美”，“不避强御”，“无所阿容”。刘知几在《史通》中明确提出了历史进化的观点。他认为，“世异则事异，事异则治异”，历史是变化发展的。

▲刘知几和《史通》

公元 801 年　杜佑撰《通典》

杜佑(735~821 年),字君卿,京兆万年(陕西西安市)人,是唐中叶著名的政治家和史学家,所著《通典》一书是我国第一部记述典章制度的专史。杜佑出生于大唐盛世,20 岁又目睹安史之乱,他历仕五朝,久管财赋,并为三朝宰辅,熟悉历代政治、经济等典章制度,对唐代政治、经济等方面的弊病亦有所洞察。在历代政书和正史书志的启发下,他用了 30 余年时间,于唐德宗贞元十七年(公元 801 年)撰成《通典》200 卷,分食货、选举、职官、礼、乐、兵、刑、州郡、边防 9 门,把食货列为第一位,而食货又以田制为先,看出了经济发展对于历史的重要性,并初步认识到经济是一切政治的基础,这是杜佑的首创和卓识。历代史家对《通典》的评价都很高,认为它义例严谨,内容丰富,考订有据,详而不烦。此书不仅具有极其重要的史料价值,而且为后来的典章制度分类专史开创了先例。

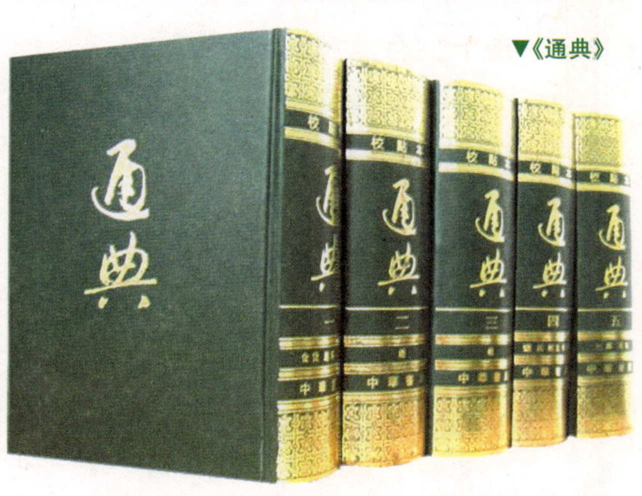

▼《通典》

▶崇文书局出版的《贞观政要》封面

《贞观政要》

《贞观政要》是一部论政著作,编撰者吴兢,是武后至玄宗时的著名史学家,长期在史馆任职。本书共十卷,四十篇,每篇皆列篇目,如《君道》、《政体》、《任贤》、《纳谏》等。它记载了贞观年间唐太宗君臣论政的言论与贞观政绩,凡治国方略、选贤任能、虚怀纳谏、建立法制等等,皆有论述。此书为唐朝及历代统治者所重视,是帝王及宰臣的政治读本,对后代政治有一定影响,唐后期传入朝鲜、日本,颇受重视。

唐·张萱·虢国夫人游春图卷

唐代的文学艺术

在唐朝文学中，成就最为辉煌的是诗歌。其数量之众多，内容之丰富，风格流派之多样，远远超出了过去任何一个朝代，著名诗人层出不穷。在南北朝时期占统治地位的骈文，一味追求声律、词藻、用典，文风萎靡，形式僵化，内容空洞，不能反映丰富的现实生活。随着唐朝庶族地主势力日益占据优势，士族地主势力迅速衰微，这种贵族文体也就越来越不能适应社会的需要，于是出现了提倡古文的运动。唐朝中后期由于城市经济的繁荣，于是产生了与之相适应的传奇小说。从唐传奇起，小说真正开始有完整的故事结构和人物关系，并开始反映社会现实。当时，佛教僧侣在对普通人进行宣讲时还出现了一种新的文学体裁——变文。唐朝的雕塑艺术，以石雕和泥塑最为多彩。如洛阳龙门、永靖炳灵寺等石窟中，有许多唐代的石雕造像，都有很高的艺术价值。唐朝绘画不仅名家辈出，而且在题材内容、绘画技法方面都有很大进步，为后世留下了宝贵的形象化资料。唐朝是中国书法史上继往开来的重要阶段，楷隶行草诸体皆有发展，涌现出欧阳询、虞世南、褚遂良、颜真卿、怀素、柳公权等一大批著名书法家。唐朝在融合国内各民族乐舞的特点和吸收外来乐舞养份的基础上，创造了风格多样、优美和谐的中国民族乐舞。

盛唐诗歌

唐玄宗统治时期，国家统一，经济繁荣，政治开明，文化发达，对外交流频繁，社会充满自信，不仅是唐朝的高峰，也是中国封建社会的鼎盛期。盛唐涌现出的李白、杜甫、王维为代表一大批诗人，众多著名诗人同时出现使诗歌创作大放异彩，形成唐诗的鼎盛时期。许多千百年来脍炙人口、广为传诵的诗篇，便是在这一时期产生的。热情洋溢、豪迈奔放、具有郁勃浓烈的浪漫气质，是盛唐诗的主要特征；而即使是恬静优美之作，也同样是生气弥满、光彩熠熠的。这就是为后人所艳羡的“盛唐之音”。盛唐诗歌给人的总体印象是：博大、雄浑、深远、超逸，充沛的活力、创造的愉悦、崭新的体验，以及通过意象的运用、意境的呈现、性情和声色的结合，而形成的新的美感——这一切合起来就成为盛唐诗歌与其它时期的诗歌相区别的特色。盛唐可以分为前后两期。在前期，盛唐气象主要表现为：投身社会和参预政治的热情，高度的自信和自尊。后期，李林甫、杨国忠等奸相当政，这时盛唐气象主要表现为：敏锐的洞察力，暴露社会矛盾的勇气，对国家的责任感，以及对社会危机即将到来的忧虑。标志着盛唐诗歌最高成就的，是李白和杜甫。

▲颜真卿像

▲唐·耀瓷拔火罐

诗仙李白

李白是伟大的浪漫主义诗人，杜甫是伟大的现实主义诗人，他们的创作不仅是唐代诗歌的高峰，也是我国古典诗歌的高峰。李白现存诗900多首，内容丰富多彩，其名篇多半成于安史之乱前，亦有一部分作于变乱发生后，其中有对黑暗政治的深刻揭露，有对叛乱势力的严厉斥责，有对民生疾苦的真实反映，有对拯物济世的宏伟抱负的抒写，有对个性自由解放的追求，有对爱情和友谊的讴歌，也有对祖国大好河山的歌颂，从多方面反映了唐王朝由全盛向衰败转折期的社会生活与时代心理。李白的诗歌，内容博大精深，感情一泻千里，理想主义、叛逆精神和英雄气概构成浪漫主义的思想基础。善于运用豪迈、热烈、夸张的语言，借神话传说而极力驰骋幻想，创造出壮丽奇谲的意境和巨大的艺术形象，形成了放浪纵恣的独特艺术风格。总之，李白极大地开阔了诗歌的美学境界，发展了古典诗歌浪漫主义传统及其表现艺术，登上了我国古典诗歌浪漫主义的光辉顶点。

▲李白像

诗圣杜甫

较李白稍晚，以诗歌反映盛唐向中唐过渡时期社会现实的，是与李白齐名的伟大现实主义诗人杜甫。杜甫的诗忠实地记录了国家的变乱和人民的苦难，对受迫害者寄予了深挚同情，成为后来白居易等人倡导新乐府运动的先声。他善于把时事政治和个人身世遭遇紧密地结合起来，既有生活场景的典型概括，又有主观情感的浓烈发抒，熔理、事、情于一炉，包孕深闳，形成沉郁顿挫的独特风格。在我国现实主义诗歌的发展过程中，杜甫占有继往开来的重要地位。我国诗歌的现实主义传统始于周代民歌，两汉乐府民歌和建安诗歌继承和发展了这一传统，这一现实主义的传统却未能得到进一步发扬，直至初唐陈子昂横扫齐梁诗风，倡导汉魏风骨，现实主义诗歌才略有起色。总结并发扬我国现实主义优良传统这一伟大历史任务，是由杜甫来完成的，他把现实主义推向了一个新的更高更成熟的阶段。杜甫诗歌历来被称为“诗史”，它们确实是安史之乱前后唐代社会的一面镜子，也是整个封建社会的一面镜子。杜甫和李白是唐代诗坛上两颗最灿烂的巨星，他们的创作实践为文学事业开辟了广阔的道路，韩愈说得好：“李杜文章在，光焰万丈长！”他们对后代文学的发展产生了极为深远的影响。

▲杜甫像

▲杜甫墓

中晚唐诗歌

中唐诗歌是盛唐诗歌的延续，这一时期的作品以表现社会动荡、人民痛苦为主流。白居易是中唐时期最杰出的现实主义诗人，他继承并发展了《诗经》和汉乐府的现实主义传统，从文学理论上和创作上掀起了一个现实主义诗歌的高潮，即新乐府运动。元稹、张籍、王建都是这一运动中的重要诗人。

晚唐政局动荡，危机四伏，国家一天天衰微，知识分子普遍都有一种失落感，诗坛

▶李商隐像

风气为之一变，华艳、颓废的诗风卷土重来，诗歌中笼罩着哀婉感伤的情调，这是晚唐诗坛的主流，杜牧、李商隐是这一时期的代表。但是晚唐深刻的社会矛盾，也促进了一个现实主义诗派的形式，代表诗人有皮日休、聂夷中、杜荀鹤。他们直接继承新乐府运动的传统，面对现实，正视人生，揭露矛盾，痛贬时弊，对广大人民寄予深切的同情。

白居易

白居易，字乐天，原籍太原，后迁下邽(陕西渭南县)，晚年居香山，自号香山居士，是唐后期杰出的现实主义诗人。白居易提出:“文章合为时而著，歌诗合为事而作”，主张诗歌应反映现实，为政治服务，以达到“救济人病，裨补时阙”的目的;还主张诗歌应该反映人民疾苦，将诗歌与政治和人民生活结合起来。这种激进的文艺思想是以前的诗人所不及的，他的《新乐府》五十首和《秦中吟》十首，充分反映了这一思想。白居易诗歌最突出的一个特点是通俗易懂，生动形象，即使当时的劳动群众、妇女儿童也都能吟唱他的诗，对后世影响很大。但是，白居易晚年，信佛崇道，意志消沉，其诗作的思想性和前期相比较差。

◀白居易像

▶唐·敦煌壁画·露台图

唐壁画

唐代是中国壁画发展史上的黄金时代。唐代壁画超过了以前任何时代，也是隋唐绘画艺术的主流。唐代壁画主要分宗教壁画和陵墓壁画，二者都发展到了最高水平。唐代还有很多宫殿壁画，其中有些还出自大师的手笔，如阎立本绘的《凌烟阁功臣图》。相传李思训、吴道子各在大同殿绘有一幅《嘉陵江山水》，一幅工笔一幅写意，各有千秋，此外还有薛稷画的鹤、韦偃画的马。唐代的宗教壁画又分平原寺庙壁画和山区石窟壁画两大类。唐时的长安、洛阳两京的大寺都有壁画，其中有不少大师的手笔，如阎立本、尉迟乙僧、吴道子、王维等都曾在寺庙中画壁画，画的都是规模宏大的经变画。

◀吴道子像

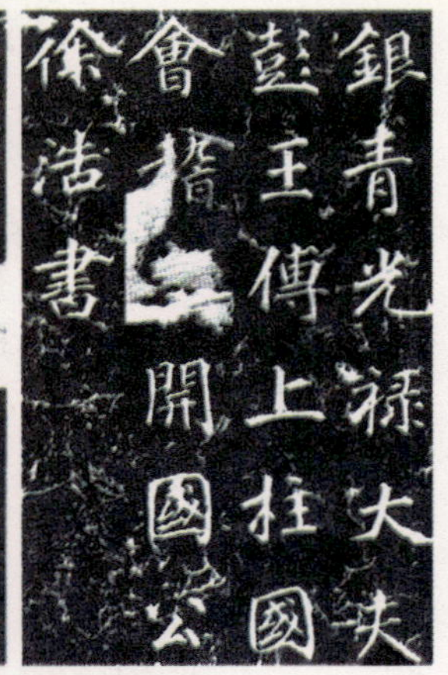

▲唐·徐浩·不空和尚碑

唐代书法

唐代书法，以楷书的成就最为突出，对后世书法有很大的影响。唐初，盛行江南的二王书法。虞世南入唐后，和欧阳询、褚遂良、薛稷被并称“欧虞褚薛”，都以王体名重当时，瘦劲秀美，又各有特色。唐中期的楷书，以颜真卿为代表。他的楷书肥厚大方，端庄雄伟，打破了王体的娇媚，使书法开创了新局面，对后世影响极大，作品有《颜氏家庙碑》、《颜勤礼碑》、《多宝塔碑》等。唐后期的柳公权也以楷书见长，能汇合古今诸家笔法，自成一家，称为柳体。柳体点画爽利挺秀，骨力遒劲，方起圆收，结体中密，作品有《玄秘塔碑》、《神策军碑》等。

唐代草书名家有孙过庭、张旭和怀素。孙过庭草法谨严，纵肆中有理趣，作品有《书谱》。张旭的草书，体势飞动，奇幻多变，作品有《古诗四首》。怀素的草书运笔连绵，结体奇逸，是古典浪漫主义书法艺术的珍品，《自叙帖》是他的代表作。

▼唐·孙过庭·《书谱》(局部)

▶唐·昭陵六骏·青骓

唐代雕塑

唐代雕塑艺术广泛应用于石窟、寺观、宫廷、陵墓的雕像和陶瓷、玉石等工艺品中，各方面都达到前所未有的完善程度。唐太宗陵前的昭陵六骏，以浮雕手法刻划随李世民统一天下建立功勋的战马，动态各异，表现了雄健的外形和英骏的气质。唐高宗乾陵前的石狮，昂首挺胸，前腿挺立，颇有气势。石窟雕塑以开凿于高宗时的龙门奉先寺最为杰出，高 27 米的卢舍那大佛，形象端庄而优美，是石雕中的上乘之作。四川乐山的石雕大佛坐像，高 71 米，雄伟自然，是我国最大的石佛像。太原天龙山、永靖炳灵寺石窟的菩萨雕像身躯婀娜，面相丰腴。敦煌的唐代立体泥塑佛像形态各异，栩栩如生，放射出健美的光彩。唐代的陶俑样式众多，描金饰彩，特别是三彩陶俑更是华丽，以洗练的手法表现文吏、男女侍者种种形象和微妙动态。一些动物俑，如马俑，或昂首长嘶，或悠然自得，不仅骨肉均匀，而且突出了神骏的气概；骆驼俑身负重载，表现出坚韧温顺的品性。

◀唐·三彩骆驼俑

唐代绘画

◀唐·阎立本·《步辇图》（局部）

唐代画家有姓名可考者约有 400 人之多，他们画人物、画山水，还画花鸟禽兽，题材十分广泛。唐初阎立德、阎立本兄弟以善画人物著称。阎立本曾为唐太宗画过“十八学士肖像”和“凌烟阁二十四功臣图像”，保存下来的有《步辇图》和《历代帝王像》等，都很生动逼真。盛唐时的吴道子是古代绘画史上有很大影响的巨匠。他集诸家之大成，既善于画人物，又善于画山水，被誉为“画圣”。他的人物画，熟练运用晕染法，富有立体感。他在寺院绘制了300多幅壁画，画中人物形象丰富生动，千姿百态无有同者，衣服飘扬犹如被风吹动，人们称之为“吴带当风”。他的山水画重在写意，因而成画迅速。王维也是一位大画家，他首创水墨山水画，务求淡雅。他又善于作诗，诗画统一，任意用来表达自己的想象，被后人称为“诗中有画，画中有诗”。李思训也擅长山水画，他的艺术特点是描绘工细，设色绚丽，景物逼真。此外，张萱、曹霸、韩干、韩滉等人的绘画都很有名。

◀王维像

唐朝舞蹈

唐朝舞蹈主要分为健舞和软舞两种，舞时配以音乐。健舞姿势雄健，软舞姿势柔软。霓裳羽衣舞是唐舞的代表作，这是宫廷艺人依据唐玄宗创作的乐曲而编排的舞蹈。舞者装饰华贵，技艺高超，这种舞蹈只能在宫廷权门中演出。在民间流传较广的首推《绿腰》舞，舞者身着长袖、大襟、窄身的长舞衣，轻盈回旋，如凌风而去。刚健英武的剑舞在唐代有很高的造诣，杜甫的《观公孙大娘弟子舞剑器行》，脍炙人口。唐代，西域舞蹈普及到中原，深受汉族人民的欢迎。快速旋转的胡旋舞，以高难度见长，大幅度腾跳的胡腾舞，既能自娱又能娱人。最使唐人倾倒的是《拓枝舞》，在教坊、军营、士大夫之家广为流传。胡舞还引进唐朝宫廷，成为大宴的庆典之一。

◀唐·白玉雕双人女乐俑

▲唐·陶女舞俑

唐朝音乐

唐朝初年沿用隋9部乐，至唐太宗时增为10部，即燕乐、清商乐、西凉乐、天竺乐、高丽乐、龟兹乐、安国乐、疏勒乐、康国乐、高昌乐。这10部乐原是按乐种、地区或国别分的，各有民族、地区或外来音乐特点，但后来逐渐被“坐部伎”和“立部伎”所代替。坐部在堂上坐着演奏，立部在堂下站着演奏。这两部伎的内容，至唐玄宗时确定下来。它们吸收10部伎和其他乐舞因素，或者改编外来乐舞而形成了以传统和民间乐舞为基础的大型乐舞。

唐朝著名音乐家有祖孝孙、王长通、白明达、殷盈孙等人。唐初乐律，主要是由祖孝孙所制。有专长的音乐家也很多。如曹保、曹善才、曹刚三代，均擅长琵琶；李龟年为吹笛能手；米嘉荣则为有名的歌者。唐玄宗也是一位音乐家，他不仅长于作曲，并且善于打羯鼓。他曾选坐部伎子弟300人和宫女数百人，教于梨园，号称“皇帝梨园弟子”，反映了当时音乐的盛况。

◀唐代古琴『枯木龙吟』

词的兴起

▶温庭筠像

词是唐代文学园地里绽开的一朵新花，它是由民间词发展演变而来的。敦煌发现的民间词，内容丰富，题材广泛。安史之乱后，一些文人如张志和、韦应物、白居易、刘禹锡等开始采用民间词的形式进行创作。唐代宗大历以后，词在继续发展，著名的词人有温庭筠和韦庄。温庭筠的词上承南朝宫体诗的诗风，下为花间词人开辟道路，多数是

▶刘禹锡像

描写妇女的服饰、容貌和情意。韦庄是另一位花间词人，但风格与温庭筠不同，他主要是通过离情别恨的爱情题材来寄托自己的身世感。到了五代十国，词日益发展起来，善于填词的名家为数不少。但总的说来，唐末五代的词，内容贫乏，思想消极。到了宋代，词的内容才日益丰富，境界也日益开阔。

变文

◀唐代佛像壁画

唐代流行着一种变文，这和佛教的传布关系甚切。当时佛教徒宣讲经文，分僧讲和俗讲两种。僧讲专对僧徒，俗讲则以普通人为对象。为了吸引听众，争取信徒，佛教僧侣在对普通人进行宣讲时，往往把经文通俗化、故事化，散文和韵文结合，夹叙夹唱，并配有图画，以加强效果。这种讲唱形式，就叫俗讲。俗讲的话本，称为变文。由于这种形式生动活泼，为人民所喜闻乐见，甚至传入宫廷，为帝王所欣赏。因此，俗讲很快风行于世。不仅佛教有俗讲，道教也有。变文的内容也由专讲宗教故事发展到包括世俗故事在内，形成一种新的文学体裁。唐代著名的佛经变文有《维摩诘经变文》、《大目乾连冥间救母变文》、《降魔变文》、《破魔变文》等，大多构思奇妙，想象惊人，绘声绘色，令人惊心动魄。世俗故事的变文如《伍子胥变文》、《孟姜女变文》、《张议潮变文》等，或为历史故事，或为民间传说，或为当代实事，内容丰富多彩。唐代变文对当时的传奇小说，后来的宋人话本以及民间的弹词说唱都有很大的影响。

唐代古文运动

唐代古文运动是中唐时期韩愈、柳宗元倡导的一次具有广泛深远影响的文体、文风革新运动。唐代以前，在文章写作上并没有“古文”这一概念。这一概念的提出与明确始于韩愈。他把自己创作的单句散行、上承先秦两汉文章体式与精神的散文名为古文，以区别于魏晋以来盛行的浮华夸饰、对仗骈俪的骈文。唐代古文运动就是以恢复儒学道统为号召，用质朴刚健的散文取代所谓“俗下文学”的骈文，以达到张扬儒学、为文健康的目的。实质上，这也是中唐时期兴起的社会改革思潮在散文创作领域的反映。韩愈强调写文章不要受形式束缚，要有思想内容。他的散文感情真挚，气势雄伟，文字精炼生动。柳宗元用散文揭露政治的腐朽和社会的黑暗。他的寓言寓意深刻，他的山水游记写景如画，给人清新优美的感觉。

传奇小说

唐代中后期，随着城市经济的繁荣，市民阶层的成长和壮大，产生了与之相适应的传奇小说。唐代传奇小说虽是从六朝志怪小说演变而来，但与六朝志怪小说相比，它不再是封建正史的附庸，已经有了独立的文学意识，具备了小说体裁的必备要素，不但有人物、情节，而且有充分的叙述和描写。另一方面，唐传奇小说更多地面对现实，主要题材已经不是鬼怪神灵，主要角色已经不限于士族阶层，它向人们展示了一个丰富多彩、充满喜怒哀乐的人间凡俗世界。唐代传奇小说的出现，标志着中国古典小说的形成。

▲元稹像

唐代传奇小说题材丰富，而以表现爱情与侠客为主。沈既济《任氏传》，写人狐恋爱，为《聊斋》先导。元稹《莺莺传》写张生对莺莺始乱终弃，还为自己文过饰非，是为《西厢记》的蓝本。著名的还有李朝威的《柳毅传》、白行简的《李娃传》、蒋防的《程小玉传》等。表现侠客的有李公佐的《谢小娥传》、袁郊传奇专集《甘泽谣》中的《红线》、裴硎《传奇》中的《聂隐娘》。其他题材的作品成就也十分可观。

▲《西厢记》插图

总之，唐代传奇小说成果辉煌，对后世的文言短篇小说、话本小说、诸宫调讲唱文学、元人杂剧、明清传奇都产生了深远的影响。

唐大明宫遗址

唐代的科学技术

天文学家僧一行在世界上首次测量了子午线的长度，他编修的《大衍历》在当时居领先地位，而且对后世产生了很大影响。唐代医学有很大的发展，不但分科较细，而且名医辈出，其中最杰出的是京兆华原(陕西耀县)人孙思邈，他的《千金方》是不可多得的医书。唐朝医学的另一个杰出成就，是在显庆四年(659年)由苏敬等人集体编修的、图文并茂的药物学专著《唐新本草》。唐代土木结构的建筑已经达到相当成熟的阶段，当时首都长安城就是一个规模宏伟、世界上仅有的建筑群。印刷术是中国古代四大发明之一。最早的印刷术是雕版印刷，唐后期雕版印刷已相当发达，中国《金刚经》的印制是世界上已知最早的雕版印刷。

天文历法

唐代著名的天文学家有僧一行、李淳风、博仁均等，其中贡献最大的是僧一行。僧一行(683~727年)，本姓张，名遂，魏州昌乐(河南南乐)人，一行是他的法名，他编修的《大衍历》，系统周密，结构合理，在当时居领先地位，而且对后世产生了很大影响。一行还和当时的天文学家梁令瓒合作，制作了黄道仪，用以观测日月星宿的位置和运动情况。通过观察，他发现了恒星位置移动的现象，比西欧天文学家哈雷发现恒星自行早了将近一千年。僧一行在天文学方面的贡献还表现为他进行了世界上第一次的子午线实地测量，经过测量，子午线每一度长351里80步(合现在129.22公里)，这个数字虽不很准确，但却是世界天文史上的壮举。

▶僧一行雕像

唐代数学

在天文学迅速发展的影响下，唐代数学也有显著进步。唐初著名数学家李淳风曾经广泛地整理了古代算学遗产，他注的《十部算经》，为后世研究中国古代数学提供了方便条件。另一位大数学家王孝通，著有《缉古算经》一书，最早提出三次方程式的正确解法，对中国古代代数上的方程式论有卓越贡献。

◀李淳风像

“药王”孙思邈

▶孙思邈像

唐代名医辈出，其中最杰出的是京兆华原（陕西耀县）人孙思邈。孙思邈一生从事医学实践和医学研究，治学态度非常严谨，所著《千金要方》和《千金翼方》（两书简称《千金方》），是我国古代医学上的伟大著作。《千金要方》是孙思邈积50余年的临床经验，结合历代医学典籍而著成的，书中内容包括中医基础理论和临症各科的诊断、治疗、针灸、食治、预防、卫生等，并把妇科病和小儿护理放在重要的地位。《千金翼方》是他集晚年近30年的经验而写成，作为对《千金要方》的补充，内容以本草、伤寒、中风、杂病、疮痈等记述最为突出。书中共收载当时所用药物800多种，对其中200多种药物的采集和炮制，作了详细的记述。由于他在药物方面的成就，被后世尊为“药王”。

《新修本草》

高宗显庆四年（公元659年），苏政等人集体编修了《新修本草》一书，这是唐代医学的又一杰出成就。《新修本草》内容包括本草、目录、药图、图经，共54卷，收载药物844种，其中考证过去本草经籍所载有差错的药物400余种，增补新药100余种。书中详细记述了药物的性味、产地、功效及主治的疾病。该书颁行后，很快流行全国，在统一用药方面起了很大作用。这是我国也是世界上由国家颁行的最早的一部药典。

▶雕版

雕版印刷术

印刷术是我国古代四大发明之一。最早的印刷术是雕版印刷术。雕版印刷术的原理是:将要印刷的文字或图像,书写(画)于薄纸上,再反贴于木板表面,由刻版工匠雕刻成反体凸字,即成印版。印刷时在印版表面刷墨,再将纸张覆于印版,用刷子均匀刷过,揭起纸张后,印版上的图文就清晰的转印到纸张上,从而完成一次印刷。据文献记载,在隋末唐初,雕版印刷术已经出现,到了唐代后期,雕版印刷术已经相当发达,大致用于三个方面:其一是宗教印刷,大量印刷佛像、佛经。现存世界上第一部标有年代的木版印刷品是咸通九年(868 年)的《金刚经》,全卷完整无缺,雕刻精美,刀法纯熟,图文浑朴凝重,印刷的墨色也浓厚匀称,清晰鲜明,刊刻技术已达到较高水平。其二是文学印刷,刻印诗集、音韵书和教学用书。唐代著名诗人的诗作已印刷成书广为流传。在敦煌还发现有唐末印刷的《切韵》残页。其三是科技印刷,用于历法、医药等科学技术书籍的印刷。印刷术的发明和推广应用,对人类文明和社会进步,产生了巨大的推动作用,因而被称为“文明之母”。

唐长安城

唐长安城是在隋大兴城基础上改建扩建而成。全城周长 35 公里,面积 84 平方公里,是现存明朝重建西安旧城的 7.5 倍。唐长安城布局严整美观,建筑规模宏伟。全城分为宫城、皇城和外廓城三部分。宫城在全城北部正中,是皇帝和皇族居住及处理政务的地方。皇城在宫城的南部,是尚书省、御史台等中央官署衙门的办公区。宫城和皇城之外是外廓城,为全城的居民区和商业区。在外廓城内,采用了左右对称的布局,以宽 155 米的南北向朱雀大街为中轴线,又由 11 条南北向和 14 条东西向的宽且直的街道纵横交错,将城划分为整齐的 108 坊和东西两市。朱雀大街的东西两边各有 54 坊和 1 市,坊是居住区,东

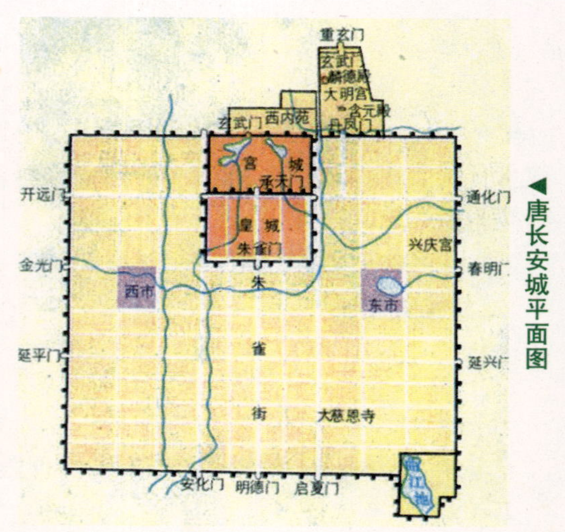

◀唐长安城平面图

▲唐长安城大明宫含元殿外观立面复原图

西市为商业区，居住区和商业区是严格分开的。唐太宗贞观八年(634 年)，又在宫城东北地势较高的龙首原上，建造了富丽辉煌的大明宫。高宗时加以扩建，此后，皇帝经常住在这里，除了大型仪式典礼在宫城内举行之外，大明宫成了日常政务的处理场所。唐长安城是当时全国政治、经济与文化的中心和最大的国际性城市。唐太宗开设弘文学馆，天下文儒云会京师。弘文殿藏书多到 20 余万卷，是全国最大的图书馆。唐太宗还设国子监，外国贵族子弟来此留学者不绝。此外，长安还是全国佛教的中心、东西方的交通枢纽。自西汉以来，西有以长安为起点的“丝绸之路”，东边海路通日本，南边海路可由广州到达印度。

唐代地理学

唐代地理学也有显著的进步，出现了很多关于我国以及中亚、商亚的地理著作和地图，最著名的地理学家是贾耽和李吉甫。德宗贞元十七年(公元 801 年)，贾耽绘成《海内华夷图》，长三丈三尺，宽三丈，图上一寸表示实际的一百里，古地名用黑字，当时的地名用红字。这个图已经遗失了。十二世纪中叶根据它缩绘的《华夷图》和《禹迹图》刻石，现在还保存在西安的碑林中。《华夷图》上所绘我国山川及平面地形的轮廓，大致和现在的地图近似。李古甫在宪宗元和八年(公元 813 年)撰成《元和郡县图志》40 卷，它记载了唐代各州的户口、物产、州县沿革状况以及山川险易、古迹史事等。书中有图有文，图在文前，对后世编修方志的体例，影响很大。

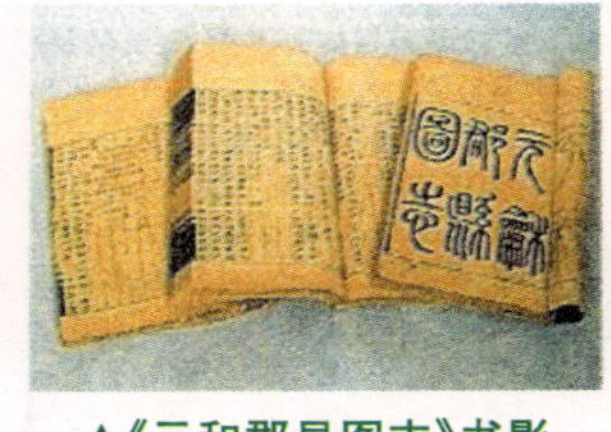

▲《元和郡县图志》书影

▲贾耽像

唐代的生活习俗

政治、经济、文化的发展，各民族之间的相互影响与融合以及对外交流的广泛，使唐时期的社会生活异彩纷呈，各具特色。例如，唐代国力强盛，政局较为稳定，经济繁荣，文化相当发达，又吸取了东西方的外来文明，衣冠服饰承上启下，丰富多彩，是我国古代服饰发展的重要时期。唐代饮食习惯同前代相似，主食南方多稻米，北方平民以菽麦为主。唐代交通工具仍以车马为主，但牛车仍为人们所习用。唐代婚制基本沿袭古代“六礼”仪式，但略有改动。

▲唐·玉镂雕丹凤纹簪头

▲唐官吏服饰

唐代服饰

唐代服饰的特点，除了普遍用乌纱帽以外，还受少数民族影响较大，胡服盛行，自天子到庶民都穿着。另外，还用衣服的颜色来区分士人的等级，庶民则穿白色。唐代皇帝的服饰有大裘冕、衮冕、通天冠、武弁、平巾帻、白帢等。大裘冕是皇帝祭祀天地时穿的礼服，包括礼帽和礼服。唐代一品官服衮冕，二品官服鷩冕，三品官服毳冕，四品官服絺冕，五品官服玄冕，六品至九品祭祀时服爵弁，武将朝参时服武弁，文官九品服弁服。文官朝参时戴进贤冠。圆领袍衫是唐代官员平时穿的服装，它用织有暗花的料子制成，在袍服下部通常有一道襕，名为襕衫。武则天时出现一种新式服装，即在不同职别官员的袍上绣有不同的图案。文官袍上绣飞禽，武官袍上绣走兽。唐代文武百官都着靴。当时不仅有皮靴，还有麻靴。麻衣即白袍，是唐代读书人尚未进入仕途时穿的服装。唐代新科进士也穿白袍。一般百姓的衣着是相当粗糙和简单的，勉强遮体御寒而已。唐代的戎服，“将军用袍，军士用袄”。武则天延载元年（公元694年）以后，在将帅袍服上绣狮、虎、鹰等图纹，以示勇猛。当时军队一半以上配有铠甲。甲胄形制有明光甲、细麟甲、山文甲等十三种。

▲唐朝妇女的装扮

唐代妇女发髻名目繁多，她们以各种金玉簪钗、犀角梳篦作装饰。到唐太宗时，妇女发髻渐高，发式变化多种多样。到晚唐五代，高髻上插有各种花卉，令人目不暇接。唐代妇女讲究面饰，有的脸上敷铅粉，有的涂胭脂。用丹脂涂脸颊，色如锦绣，叫绣颊。有的额上画有鸦黄，眼眉处用青黑色绘出各种式样，总称黛眉。唐妇女盛行阔眉，也称桂叶眉，用黛色淡散晕染，把眉毛画得又短又阔，略呈八字形。独具特色的花钿又叫五彩花子、媚子、花钗，以红、黄、绿为主，有圆形、尖形、花形及各种对称形，把它贴在额间、鬓角、两颊、嘴角。唐代妇女面颊上用丹青、朱红等颜料绘出种种图形，有月形、钱形，这叫妆靥。有些妇女喜欢用浅绛的檀色来点唇。

唐代女服主要有襦裙、衫、帔等。妇女们着小袖短襦，有的裙长曳地，衫的下摆裹在裙腰里面，肩上披着长围巾一样的帔帛。开元年间，妇女普遍穿胡服戴浑脱帽。盛唐以后，女衫衣袖日趋宽大，衣领有圆的、方的、斜的、直的，还有鸡心领、袒领。袒领，即袒露胸脯。有些女服非常艳丽，纹饰变化很多。妇女裙色有红、紫、黄、绿等，最流行的是红色裙。唐贵族妇女最流行的衣着还有百鸟裙、花笼裙、褶裙。还有一种云肩，即披肩，形制如四垂云，青缘，黄罗五色，嵌金。唐代中上层妇女中流行过四合如意式大云肩。可以说，唐代女服的质、色、式都胜过以往各个朝代。

▶唐代刺绣工艺

唐代的刺绣为美化女装提供了便利条件。在盛唐已有了镂空纸花版的使用，这对于提高织物的印染质量是一项重大突破。唐代流行的装饰是在绫罗上用金银两色刺绣和描花。唐代刺绣还有锁绣、平针绣，图案多为花、树、禽兽，针法细腻，色彩华美。

▶杜牧像

重视传统节日

唐人对传统节日似乎特别重视，唐诗中多有吟诵。如杜甫的《丽人行》，是写上巳节长安仕女到城南曲江水边洁身祓除不祥的情景。王维的《九月九日忆山东兄弟》，是抒写重阳节登高饮酒赋诗的情怀。杜牧的"清明时节雨纷纷"，更是吟咏清明的佳句。他的《七夕》写了乞巧节这天人们在清凉如水的夜色下卧看牵牛织女星的情状。

唐代饮食

唐代饮食习惯同前代相似，主食南方多稻米，北方平民以菽麦为主。北方食麦，多制成饵。不过富贵之家亦以稻米为美食，只有患难之中才偶而食菽麦。如安史之乱时玄宗逃难途中，便购买胡饼充饥。百姓献的粝饭，杂以麦豆，皇孙们争相掬食。隋唐生活水平虽有提高，但肉类并非常食。唐太宗禁止御史下地方时食肉，大臣马周视察郡县，每餐食鸡，竟为人所讥议。肉类不为常食，而莱蔬却是居家常食，甚至连士大夫家也以蔬食为常。庸人宴饮，虽御史之家，以豆莱待客，也不算简慢。

唐人尚茶之风大盛，士大夫或平民都嗜茶，街坊多茶肆，可见社会上嗜茶成风，当时人们贡献、馈赠，无不以茶，军中亦以茶为赏赐。陆羽精于茶道，著《茶经》三篇，人们奉他为茶神。唐代，酒的品种繁多，除传统的甜醴香醪之外，又用水果酿酒，唐诗中常有吟酒之作，如王翰的"葡萄美酒夜光杯"和白居易的"荔枝新熟鸡冠色"等著名诗句都是人们熟悉的。

我国古代的糖称为饴，即今之麦芽糖。它不溶于水，难以入菜调味，甘甜之味都是用梅调和。至唐朝才有蔗糖。蔗糠制造技术先是从西域传入内地，后唐太宗派人到印度学习，所制之糖，色味俱佳。从此，糖便成为日用的调味品。

▲茶圣陆羽雕像

▶宋璟像

唐代居室

唐代居室建筑较前代有了较大的发展。帝王及富贵之家都极力营建宫室府第，规模极富丽堂皇。民宅多以竹、茅构造，瓦房不多。地方官吏为了防火，常鼓励百姓改茅屋为瓦舍，如开元名相宋璟在广州任职时，教人烧瓦，改造店肆。王仲舒任苏州刺史，劝导百姓建瓦屋，绝火灾。民间居宅，以平屋居多，楼房尚少。唐代富贵之家，常织丝为毯铺地，称为地衣。著名诗人白居易新乐府《红线毯》中咏道："一丈毯，百两丝。地不知寒人要暖，少夺人衣作地衣。"

唐代行旅

▲唐代骑马像

◀张九龄像

唐代交通工具仍以车马为主。长途行旅或传递消息皆用马车或骑马，但牛车仍为人们所习用，不仅民间多以牛车载运，公卿大夫也有乘牛车的，招摇过市，以为时题。自晋以来开始有肩舆，俗称轿子。隋唐之世，起始只许年老重臣、贵妇人及残疾者乘肩舆，以示优礼。但后来宰相及一般朝臣都可以乘坐肩舆。唐代街道两旁多植树，以槐树居多，长安、洛阳二京，绿槐成阴。唐人已开始蓄鸽传信，出海商船多养鸽，船员常放鸽回家，以报平安。盛唐诗人张九龄善养白鸽，用以通信，称为"飞奴"。

唐代称呼

古人常以人的郡望、职官、任所称呼对方，唐人尤尚此俗。韩愈别名昌黎，便是以籍贯为名。杜甫曾任工部员外郎，故称杜工部。韦应物曾任苏州刺吏，人称韦苏州。柳宗元因流放柳州，又称柳柳州。唐人在诗文信礼中又往往以亲友的排行相称，如白居易称元镇为"元九"，韩愈称与自己同龄的侄儿韩老成为"十二郎"，这大概是表示亲昵的意思。

唐代婚嫁

穿盛装的唐代女子

唐代婚制基本沿袭古代“六礼”仪式，但略有改动，如“纳吉”改称“过细贴”或“定贴”。再则，经过魏晋南北朝各族互相通婚，汉族的传统婚礼也吸收一些少数民族的礼俗，婚娶礼仪显得有点紊乱。

我国历代王朝为了繁殖人口，增加劳动力，婚龄规定较低。唐初男 20 岁女 15 岁皆听婚娶，中唐男 15 岁女 13 岁以上皆得婚配，否则政府加以干预。婚龄差数习惯以男比女大 5 岁为宜。

隋唐时期，离婚似乎没有严格的限制，男子可以休妻，妇人也可以休夫。丈夫久别不归而且存亡未卜者，妻子可以改嫁。感情不和或恩断义绝者也可以离异，离婚不必有大故。世俗不以再嫁为耻，唐公主再嫁或三嫁者不乏其人。虽然社会上对妇女以贞为美，但不是人人都把贞操看得很重。武则天嬖幸男宠怀义及二张，虽为朝士所讥，可她自己却不加隐讳。韦后亦如此。寡妇不以守节为荣，改嫁是习见的事。可见唐代妇女贞节不如后代那样重视。

武则天为自己竖的『无字碑』